À ESCUTA DO OUTRO
Filosofia e revelação

Bruno Forte

À ESCUTA DO OUTRO
Filosofia e revelação

Dados Internacionais de Catalogação na Publicação (CIP)
(Câmara Brasileira do Livro, SP, Brasil)

Forte, Bruno
  À escuta do Outro : filosofia e revelação / Bruno Forte ; [tradução Mário José Zambiasi].
— 2. ed. — São Paulo : Paulinas, 2010. — (Coleção teologia filosófica)

Título original: In ascolto dell'Altro : filosofia e rivelazione
Bibliografia.
ISBN 978-85-356-1118-2

1. Filosofia e religião 2. Revelação I. Título. II. Série.

10-03356   CDD-231.7401

Índice para catálogo sistemático:
1. Filosofia e revelação : Teologia cristã   231.7401

Título original da obra: *IN ASCOLTO DELL'ALTRO:* Filosofia e rivelazione
© Editrice Morcelliana, 1995
Via Gabriele Rosa, 71 – 25121 Brescia

Direção-geral: *Flávia Reginatto*
Editora responsável: *Vera Ivanise Bombonatto*
Assistente de edição: *Valentina Vettorazzo*
Tradução: *Mário José Zambiasi*
Copidesque: *Jonas Pereira dos Santos*
Coordenação de revisão: *Andréia Schweitzer*
Revisão: *Caline Canata Devèze e
Anoar Jarbas Provenzi*
Direção de arte: *Irma Cipriani*
Gerente de produção: *Felício Calegaro Neto*
Capa: *Marta Cerqueira Leite*
Editoração eletrônica: *Fama Produções Gráficas*

2ª edição – 2010

Nenhuma parte desta obra poderá ser reproduzida ou transmitida por qualquer forma e/ou quaisquer meios (eletrônico ou mecânico, incluindo fotocópia e gravação) ou arquivada em qualquer sistema ou banco de dados sem permissão escrita da Editora. Direitos reservados.

Paulinas
Rua Dona Inácia Uchoa, 62
04110-020 – São Paulo – SP (Brasil)
Tel.: (11) 2125-3500
http://www.paulinas.org.br
editora@paulinas.com.br
Telemarketing e SAC: 0800-7010081
© Pia Sociedade Filhas de São Paulo – São Paulo, 2003

AGRADECIMENTOS

Os textos coligidos neste livro reproduzem em sua grande maioria as aulas por mim ministradas na Faculdade de Letras e Filosofia da Universidade de Verona de 2 a 6 de maio de 1994. Os numerosos colegas e estudantes que honraram, com sua presença e com suas intervenções, essas preleções estão também na origem da publicação dessas páginas. A todos expresso minha gratidão. Um agradecimento especial é dirigido àquele que fomentou essas lições e que com tanto entusiasmo encorajou sua publicação: o colega e amigo Umberto Regina, professor de história das idéias e pensador vigoroso. A ele dedico este livro em sinal de profunda comunhão de vida, de pensamento e de fé.

INTRODUÇÃO

"Se o professor resolver a questão somente por meio de argumentos de autoridade, quem o escuta ficará, sem dúvida, convencido de que as coisas são assim, mas não adquirirá nada em ciência e intelecto, e irá embora vazio."[1] Essas palavras de Tomás de Aquino mostram como o exercício nutritivo do pensamento consiste mais na formulação de verdadeiras questões do que no fornecimento de respostas seguras. Falando de filosofia e de teologia na era da pós-modernidade, um pensar não negligente investigará então, antes de mais nada, não tanto que respostas oferecem, mas sobretudo as verdadeiras questões com que se deparam. Poder-se-á assim, sem muita dificuldade, observar como o lugar de seu encontro mais profundo consiste na pobreza do questionamento inicial, na necessidade de se pôr à escuta do outro com tremor e temor. Diante do declínio da razão totalizante, protagonista da idade moderna, na experiência dos frutos daquela que é chamada a "dialética do Esclarecimento", o que singulariza aqueles que vivem a aventura do pensamento é a crise da identidade, a provação da diferença. A inquietude que a todos indistintamente toca é a inquietude da alteridade. Se o protagonista da modernidade é o eu, o mundo da identidade tanto em seu aspecto subjetivo, como em seu aspecto absoluto, a questão da emergente e inquieta pós-modernidade é o *outro*. Diante da noite do eu, que pode ser interpretada como naufrágio e abandono e, seja como for, como questão em aberto, resta indagar: onde e como o outro se apresenta?

O outro é o nada em relação ao tudo do eu: essa é uma primeira possibilidade de resposta, aquela privilegiada pelas formas do "pensamento fraco", pela assim denominada "ontologia do declínio", negação pura e simples do "pensamento forte", característico da metafísica do fundamento. Ou então o outro é a reciprocidade imediata que se apresenta no esplendor da exterioridade: é a solu-

---

[1] Aquino, santo Tomás de. *Quodl. IV*, a. 18: "Al ioquin si nudis auctoritatibus magister quaestionem determinet, certificabitur quidem auditor quod ita sit, sed nihil scientiae vel intellectus acquiret, et vacuus abscedet".

ção das propostas que, como a de Emanuel Lévinas, resolvem a questão metafísica em questão ética e reconhecem no esplendor da face dos outros a denúncia inequívoca dos limites da subjetividade enfatizada. Ou, ainda, o outro é o totalmente Outro, só atingível por meio do evento de seu doar-se e pelas formas de seu revelar-se. É a resposta teológica, para a qual se inclinam as filosofias da interrupção e da escuta, como do último Schelling. *Onde habita o outro?* Esse é o problema de que nos ocuparemos agora. Isto é, se o outro pode ser simples projeção da identidade, ou se, ao contrário, o outro deve ser acolhido na pureza de sua alteridade, no advento de seu dom, na originalidade de seu oferecer-se. Se o outro constitui objeto de nossa capacidade de pensamento, fruto da força do conceito; se o outro, pelo contrário, nos chega ao intelecto, alcançando-nos na interrupção da continuidade esplêndida de nosso pensar; se o outro se oferece no mundo da revelação e, portanto, esta é concebida como lugar de seu advento, de seu surpreendente exibir-se calando-se: essas são as verdadeiras questões com que temos de nos avir, para além da parábola da modernidade, no desnorteamento do naufrágio que se seguiu ao colapso das ideologias. Hoje, o *outro é a* questão do pensamento: e, por isso, a idéia de revelação, negada ou afirmada como lugar de irrupção da alteridade, está no centro e no âmago de uma "teorese" que se queira responsável, em face do tempo, por conduzir ao conceito. Quem quer que viva a inquietude do pós-moderno, suspenso entre a decepção da ideologia e o fascínio do niilismo, entre a busca de sentido e a abertura à pronunciabilidade do Nome, como guardião do sentido, encontra-se diante da questão do outro e de sua possível irrupção e, portanto, do *problema da revelação* como questão filosófica e teológica prioritária de nosso presente. Nesse sentido, filósofos e teólogos compartilham uma nova pobreza, a de um pensamento que poetiza, que se sabe incapaz de capturar o outro, mas que deve colocar-se à espera, à escuta temerosa e maravilhada de seu possível advento.

A metáfora heideggeriana da "noite do mundo" (*die Weltnacht*), cara ao pensamento romântico, expressa icasticamente a situação descrita: condição do tempo da pobreza, em que nos encontramos, essa noite não é a noite da ausência de Deus, e sim aquela bem mais dramática da incapacidade de sofrer por essa ausência. Não é a ausência do último Deus que constitui a crise do tempo em que vivemos, mas o não ter nostalgia do Último. É a ausência de pátria (*Heimatlosigkeit*), a perda do gosto de fazer-se a pergunta sobre o horizonte último, e, portanto, sobre o sentido do que é penúltimo. Nessa noite do mundo, formular a pergunta sobre o outro acaba sendo o único caminho a trilhar em busca da pátria perdida. Sem dúvida, é preciso estar ciente de que querer dizer o outro, querer trazê-lo à palavra, pode significar mais uma vez, de forma sutil, apresá-lo nas malhas da identidade, não salvaguardando sua diferença. Não obstante, a pergunta não pode ser eludida, porque o pensamento do outro não é indiferente, mas condição necessária sobre a qual se constrói o valor de nosso viver e de nosso morrer, a *ética* de nosso existir. A etimologia dessa palavra, que remete, por um lado, ao *ethos* como práxis e como costume (εθος), e, por outro, ao *ethos* como morada e como pátria (ηθος), indica que não é possível construir a práxis se não se tem morada: não se pode fazer verdadeiras escolhas, que fundem um costume digno de crédito, sem um horizonte e uma pátria sobre os quais estabelecê-las. Só quem pode responder à pergunta "onde habita o homem?" pode também dizer o que o homem é, e o que o homem faz ou deve fazer. A questão do outro, então, é decisiva, na medida em que concerne também à questão da morada, da salvaguarda do sentido; é o desafio que compromete quem quer que se esforce em dar uma resposta à necessidade de *ethos*, que a crise do pós-moderno tão profundamente evidencia. Se o que caracteriza a inquietude atual é o problema de uma ética exasperadamente relacionada com o protagonismo da subjetividade, com o individualismo tornado critério, não será exagerado dizer que a questão do outro é hoje a questão do Ocidente, aquela com a qual se mede a crise que esse vive e em cujo âmbito se abrem as possibilidades de superação do desnorteamento em que nos encontramos. Nesse sentido, é necessário escutar a voz dos poetas no tempo da pobreza: "Poetas são os mortais que... seguem os vestígios dos deuses fugitivos, permanecem nesses vestígios e, assim, retraçam o curso do retorno para seus irmãos mortais... Ser poeta no tempo da pobreza significa: cantando, inspirar-se no vestígio dos deuses fugitivos. Eis por que, na noite do mundo, o poeta canta o Sagrado".[2]

Portanto, o que inspira as reflexões a seguir não é tanto uma tese, e sim uma hipótese (υπο–θεσις), um submeter-se à tese, um viver a interrupção (εποχη), um demorar-se em um efetivo σχολη (ócio), que seja uma pausa reflexiva na problematicidade da busca, não para fixar uma resposta, mas para verificar, antes de mais nada, a consistência da pergunta. O fio condutor da exposição é uma espécie de *recherche du sens perdu*, busca não do *tempo*, mas do *sentido perdido*, espera interpeladora da possível manifestação de um sentido,

---

[2] HEIDEGGER, M. Perché i poeti? In: Idem. *Sentieri interrotti*. Firenze, 1984. p. 250.

não nos termos de uma tese que o funde, mas naqueles da verificação de uma hipótese que, de alguma maneira, ajude a problematizar nosso presente para além da queda da embriaguez do sentido, típica da modernidade. As etapas que serão percorridas para mostrar como a verdadeira questão é hoje a questão do outro, e por conseguinte — no significado mais puro da alteridade — da revelação e das conseqüências que ela tem para a fundação do *ethos*, referem-se a alguns pontos problemáticos que serão enfrentados de maneira ao mesmo tempo histórica e especulativa, em diálogo com autores, testemunhas diretas ou indiretas da busca do outro. O primeiro ponto é a *hermenêutica*, a questão do evento da linguagem, em que o outro faz-se encontro e vem à mente: será exatamente o tema hermenêutico que nos empenhará no diálogo com Hegel e o último Schelling sobre o conceito de "Offenbarung" (revelação). A segunda questão problemática é a *teo-lógica*, na qual o outro é compreendido na figura do advento como o ser-outro puro e forte, que vem oferecer-se a nós, o soberano *Deus dixit* da redescoberta barthiana; mas, onde o outro é percebido na forma da "cifra", o diálogo é com Jaspers. A terceira questão é a antropológica, em que o outro é percebido sobretudo na categoria do êxodo, do "ir-para" mundano: aqui o diálogo a ser empreendido é com Bultmann, Rahner e Mounier. Será necessário, contudo, precisar também a relação entre identidade e diferença, na tentativa de tematizar a condição do destinatário da revelação entre antropologia negativa e antropologia aberta: os interlocutores serão então Fédor Dostoiévski, o "advogado do homem", e Henry De Lubac, o teólogo da Graça. O quarto ponto problemático é a questão *metafísica*, de uma ontologia da história, em que o outro apresenta-se no evento da linguagem como doação, em uma espécie de advento do silêncio do ser na palavra. Aqui o diálogo que se impõe é com Martin Heidegger, especialmente naquela passagem da pergunta à escuta que caracteriza a grande reviravolta (*Kehre*) de seu itinerário de pensamento. Também a exigência de uma dissolução da questão metafísica na questão ética a partir da superação do horizonte de totalidade do eu na manifestação do infinito na face dos outros, que é a questão de Emanuel Lévinas, apresenta aqui toda a sua relevância. E como a mediação hermenêutica do ser no mundo do existir alude, inevitavelmente, à temporalidade, não menos relevante será o confronto com Friedrich Nietzsche sobre a alternativa radical que ele parece estabelecer entre redenção *do* tempo e redenção *a partir do* tempo. O quinto ponto problemático refere-se à *escatologia*, em que se toma a alteridade como iminência do futuro absoluto, e o outro se oferece como ulterioridade e custódia, tal como atestado na *querelle eschatologique* do século XX teológico. A incidência ética da dialética entre último e penúltimo sobre a plenitude do ser e do agir do fiel é testemunhada na forma mais elevada pela vida, pelo pensamento e pelo martírio de Dietrich Bonhoeffer, em que o tema do Outro e da responsabilidade para com os outros expressa-se na conjugação suprema de "resistência e revelação".

Essas várias abordagens mostrarão a maior ou menor plausibilidade da hipótese de que o outro seja a verdadeira questão de nossa atualidade: todas indicarão, porém, com bastante evidência, que a revelação, independentemente de como seja pensada, é questão iniludível do pensar especulativo, uma problemática filosófica, por excelência. "A questão é filosófica no sentido mais profundo da palavra: eis por que é iniludível, e o dilema daí resultante é peremptório. Inútil objetar que se trata, ao contrário, de questão extrafilosófica, exclusivamente religiosa, e, portanto, íntima e particular, que interessa somente a determinado tipo de pessoas. Como questão filosófica, que emerge da consciência crítica de uma situação histórica concreta, interessa a todos: diante das ruínas da cultura moderna, nasce o problema de uma nova cultura, de um novo mundo a ser construído, no qual todos tenhamos como viver (*de re nostra agitur*), e é aqui que a escolha a favor ou contra o cristianismo torna-se decisiva. Não menos que a questão, a decisão também é filosófica: é a filosofia que configura o dilema, que estabelece o *aut aut*, que exige a escolha. Não é possível subtrair-se: *il faut choisir.*"[3] Na linha da idéia de revelação encontram-se e separam-se, misturam-se ou distinguem-se a identidade e a diferença, a pretensão da ideologia e a da fé. Por isso, aqui se chega à ambigüidade suprema, e se formula a pergunta extrema, a última que a poesia verbaliza:

> Tudo sem sombra transparece.
> É essência, advento, aparência,
> tudo transparentíssima substância.
> Será isso o paraíso?
> ou luzente insídia,
> obscuro sorriso nosso,
> *ab origine* nunca vencido?[4]

---

[3] Pareyson, L. *Esistenza e persona*. 4. ed. Genova, 1985. pp. 11s.
[4] Luzi, M. *Viaggio terrestre e celeste di Simone Martini*. Milano, 1994. pp. 212s (versos conclusivos da obra).

Aqui nasce o itinerário filosófico-teológico dessas páginas: no umbral. Aqui ele gostaria de conduzir — em uma espécie de puro assombro, que é, ao mesmo tempo, temor e tremor e maravilha fascinante, aberta e acolhedora — ao advento do Outro, ao dizer-se calando-se do Deus Crucificado...

CAPÍTULO I

TRIUNFO E CRISE DA "OFFENBARUNG"

Hegel e Schelling

Enquanto o ato hermenêutico consiste precisamente na experiência da alteridade que se apresenta ao mundo da identidade e aí fixa morada, a revelação é, por excelência, um evento capaz de iluminar as condições de possibilidade de toda operação hermenêutica autêntica: é o que, aliás, demonstra o fato de que a hermenêutica como ciência teve origem no bojo da exegese cristã da Escritura. "Se a palavra se faz carne, e só nessa encarnação se atualiza perfeitamente realidade do espírito, isso significa que o *logos* se liberta de sua espiritualidade, que constitui também sua potencialidade cósmica. A pontualidade e a unicidade do evento da salvação assinalam também o ingresso da historicidade no pensamento ocidental e, por outro lado, fazem com que o fenômeno linguagem já não se confunda de todo com a idealidade do significado."[1] Desse modo, "a cristologia abre caminho para uma nova antropologia, que medeia, de forma nova, a relação entre o espírito finito do homem e a infinitude divina. O que chamamos de experiência hermenêutica encontrará aqui seu autêntico fundamento".[2] O modo de compreender a revelação torna-se, então, decisivo tanto para a própria intelecção do ato hermenêutico, e, portanto, da relação com o outro, como para a afirmação de sua consistência e dignidade em relação ao horizonte próprio do sujeito. A concepção

---

[1] GADAMER, H.-G. *Verdade e método*; traços fundamentais de uma hermenêutica filosófica. Petrópolis, Vozes, 1997. p. 609. (Coleção Pensamento Humano, v. 16.) Gadamer acrescenta: "Pois, diferentemente do *logos* grego, a palavra é puro acontecer: *verbum proprie dicitur personaliter tantum*". A citação latina é de santo Tomás de Aquino, *Summa Theologicae I*, q. 34 e *passim*.
[2] Idem, ibidem, p. 622.

que uma época faz do valor da alteridade é, em suma, estreitamente conexa com a que ela tem de uma possível revelação.

Qual o conceito de revelação que domina a época moderna? A resposta a essa pergunta remete ao predomínio exercido na teologia da modernidade pela categoria expressa pela palavra alemã "Offenbarung" (revelação): esse termo, que se impôs com a linguagem de Lutero, refere-se ao ato de trazer à tona o que antes se achava oculto. Privilegia apenas um dos dois sentidos dialeticamente contidos na palavra latina *re-velatio* [re-velação] (ambos presentes — em perfeita analogia — também no termo grego απο–καλυψις): entre a retirada do véu (*re-velare*, entendido como o ato de abolir a cobertura) e seu adensamento (*re-velare*, entendido como um velar mais espesso), é o primeiro significado que domina na concepção da "Offenbarung" e na exegese que o pensamento moderno faz dela. Quem levou essa exegese a suas últimas conseqüências foi Hegel, a testemunha da "Offenbarung" em sua forma mais pura; e quem mostrou sua radical incompletude, até determinar uma ruptura epistemológica propriamente dita dentro dessa idéia, foi o último Schelling. Entre ambos consuma-se a parábola do triunfo e da crise da "Offenbarung", que terá grande papel nas vicissitudes do nascimento, do desenvolvimento e das aporias da ideologia moderna.

1. O triunfo da "Offenbarung": a filosofia hegeliana da revelação

A idéia que guia Hegel em sua abordagem do conceito de "Offenbarung" é a da perfeita correspondência entre o conteúdo e a forma da manifestação histórica de Deus: o que Deus é e o que Deus mostra ser em seu revelar-se identificam-se totalmente. Essa identificação absoluta, sem a qual um insuportável "resquício" de obscura irracionalidade se manteria até mesmo na idéia mais elevada, comprometendo assim o abraço totalizante do horizonte do espírito, é para Hegel peculiar e característica da religião cristã. Essa é por excelência a religião da "Offenbarung": "A religião cristã é a religião da revelação. Nela manifesta-se o que Deus é, a fim de que seja conhecido como é: não historicamente, ou de outra maneira, como em outras religiões, mas a manifestação evidente é sua determinação, ser para a consciência e realmente para a consciência; ela mesma é espírito, isto é, a consciência que é para a consciência".[3] No cristianismo manifesta-se abertamente o que Deus é — "In ihr ist es offenbar, was Gott ist". A "Offenbarung" cristã realiza, para Hegel, na forma mais elevada, a abertura do aberto, o ser disponível à total abertura daquilo que reconhecemos já como aberto. A manifestação do divino é sua determinação e seu conteúdo — "die Manifestation ist ihre Bestimmung und Inhalt selbst": para Hegel, na revelação cristã não é dado algo de Deus, mas Deus é determinado, diz-se o que Deus é. A "Offenbarung" é a manifestação evidente de Deus — "die offenbare Manifestation Gottes". A religião cristã é a religião da "Offenbarung", porque nela nos é dito totalmente o que Deus é. Não há resíduos, restos, resistências. O cristianismo é a manifestação do Outro, o puro desvelar-se dele. A 'revelatio' resolve-se totalmente na "Offenbarung": removido o véu, o que estava atrás dele exibe-se em sua pureza, oferece-se à apreensão. A idéia abraça o divino, o conhecimento abre-se acolhedor à plena manifestação de Deus.

Esse estado de coisas é, para Hegel, conseqüência lógica da idéia de Deus como Espírito — "Geist". Deus manifesta-se totalmente porque o Espírito é exatamente o que se manifesta e não pode senão manifestar-se. "A natureza mesma do Espírito é manifestar-se, tornar-se objetivo. Esse é seu ato e sua vitalidade, seu único ato, e esse é seu ato infinito."[4] O constitutivo destinar-se, a natureza do "Geist" em si próprio, é o manifestar-se ("sich zu manifestieren"), o tornar-se objetivo ("sich gegenständlich zu machen"), o colocar-se diante de si mesmo como objeto, para repossuir-se no ato do conhecer como sujeito cognoscente. Esse é seu ato infinito. Portanto, se a religião cristã é a religião do manifestar-se de Deus, e Deus é aquele que se manifesta, Deus é Espírito por excelência, porque o Espírito é o manifestar-se, o tornar-se objetivo. Onde não há um manifestar-se, onde não se atinge o dia luminoso da presencialidade da consciência, não há Espírito, mas só o duro cepo da matéria. Aonde chega o Espírito, aí chega a manifestação: a "Offenbarung" atinge a si mesma. Por isso, na revelação cristã,

---

[3] Hegel, G. W. F. *Lezioni sulla filosofia della religione*. Oberti, E. e Borruso, G. (Orgs.). Bologna, 1974. 2 v. Terceira Parte: II, p. 247. "Die christliche Religion ist auf diese Weise die Religion der Offenbarung. In ihr ist es offenbar, was Gott ist, daß er gewußt werde, wie er ist, nicht hissorisch oder sonst auf eine Weise wie in anderen Religionen, sondern die offenbare Manifestation ist ihre Bestimmung und Inhalt selbst, nämlich Offenbarung, Manifestation, Sein für das Bewußtsein, und zwar für das Bewußtsein, daß es selbst Geist ist, d.h. also Bewußtsein und für das Bewußtsein": *Vorlesungen über die Philosophie der Religion*. hrsg. v. G. Lasson (1925), 2 Bände, Hamburg, 1974, II, Halbband 2, p. 32.

[4] Idem, ibidem, p. 248. "Die Natur des Geistes selbst ist es, sich zu manifestieren, sich gegenständlich zu machen; dies ist seine Tat und seine Lebendigkeit, seine einzige Tat, und es ist unendlich seine Tat", p. 32.

Deus não é revelado em uma parte, segundo um aspecto, mas manifestar-se como é: "Portanto, Deus é *revelado* aqui como *ele é: ele é aí* do mesmo modo como *é em si*; *é aí* como espírito. Deus só é acessível no puro saber especulativo, e é somente nesse saber, e só é esse saber mesmo, porque é o Espírito; e esse saber especulativo é o saber da religião revelada".⁵ Deus aqui se expõe — "Gott ist also hier offenbar" — como é em si mesmo, "wie er an sich ist"; como Espírito — "er ist da, als Geist". Deus é o Espírito — "Gott ist der Geist". Do conceito de religião da "Offenbarung", Hegel deduz, então, a idéia fundamental de sua "teo-logia": que Deus é Espírito. Se Deus é Espírito, é também o Deus da revelação, o Deus que vem à consciência e se oferece precisamente no processo de seu vir à idéia.

Dessas premissas Hegel deduz duas conseqüências decisivas: a primeira diz respeito à vida interna de Deus; a segunda refere-se a sua relação com o mundo e, portanto, à idéia de revelação. O que o revelar-se diz da vida interna de Deus é facilmente argumentado: "Deus revela-se. Revelar-se quer dizer, essa conversão da subjetividade infinita, esse julgamento da forma infinita, o determinar-se para si, ser para um outro; esse manifestar-se pertence à essência do próprio Espírito. O Espírito que não se manifesta não é Espírito... Deus como Espírito é essencialmente isso: ser para um outro, manifestar-se... Portanto, essa religião manifesta-se dado que ela é o Espírito para o Espírito, é a religião do Espírito e não do mistério, não do fechado, mas do manifesto, determinado, do ser para um outro que só momentaneamente é um outro. Deus coloca o outro e o remove, em seu eterno movimento. O Espírito é aparecer a si mesmo".⁶ Conseqüentemente, Hegel reconhece como implícitos ao ato da revelação três momentos internos à própria vida de Deus: um momento inicial, que ele chama de "forma infinita" — "die unendliche Form"; um momento seguinte, que é aquele para o qual a forma infinita se determina; e um momento final, no qual se realiza

---

[5] Idem. *Fenomenologia do espírito.* Petrópolis, Vozes, 1992. 2 v. p. 190. (Coleção Pensamento Humano, v. 12.) "Gott ist also hier *offenbar*, wie *er ist*, *er ist* so *da*, wie er *an sich* ist; er ist da, als Geist. Gott ist allein im reinen spekulativen Wissen erreichbar, und ist nur in ihm und ist nur es selbst, denn er ist der Geist; und dieses spekulative Wissen ist das Wissen der offenbaren Religion": *Phänomenologie des Geistes.* hrsg. v. J. Hoffmeister, 6. ed. Hamburg, 1952, p. 530.
[6] Idem, *Lezioni sulla...*, cit., II, p. 250. "Gott offenbart sich. Offenbaren heißt... dies Umschlagen der unendlichen Subjektivität, dies Urteil der unendlichen Form, ihr sich Bestimmen, für ein anderes zu sein; dies sich Manifestieren gehört zum Wesen des Geistes selbst. Ein Geist, der nicht offenbar ist, ist nicht Geist... Gott ist als Geist wesentlich dies, für ein anderes zu sein, sich zu offenbaren... Diese Religion also ist die offenbare; denn sie ist Geist für den Geist. Sie ist Religion des Geistes und nicht des Geheime, nicht verschlossen, sondern offenbar und bestimmt, für ein anderes zu sein, das nur momentan ein anderes ist. Gott setzt das andere und hebt es auf in seiner ewigen Bewegung. Der Geist ist dies, sich selbst zu erscheinen": *Vorlesungen über die Philosophie der Religion.* p. 35.

a "Aufhebung" dos dois primeiros. O início indeterminado, ou seja, a "forma infinita" do Espírito, não pode não se determinar, porque se não se determinasse não se tornaria objeto para si mesmo, não se conheceria: em outros termos, em seu eterno processo cognoscitivo, o Espírito precisa objetivar-se, tornar-se objeto para si mesmo e, assim, determinar-se como objeto de seu conhecimento. Sem essa determinação, que é a "Bestimmung" original, não ocorreria conhecimento algum, o processo deter-se-ia na forma infinita, nebulosa e indistinta, do início. Para que o Espírito conheça, e assim seja ele mesmo enquanto Espírito, deve proceder a uma determinação de si mesmo como objeto, sem a qual não haveria conhecimento algum. Por isso, ao primeiro momento da forma infinita, segue-se necessariamente, no processo de conhecimento que o Espírito faz, a "Bestimmung", isto é, o ser para um outro — "für ein anderes zu sein". Mas esse segundo momento do processo necessariamente vai além: não basta que o Espírito se determine, tornando-se objeto para si mesmo, não basta que se distinga de si; é necessário que o Espírito, uma vez que se distinguiu de si e se objetivou, volte para si mesmo e se autopossua. "O Espírito que não se manifesta não é Espírito" — "ein Geist, der nicht offenbar ist, ist nicht Geist". Não se determinando, não se tornando objeto, o Espírito não pode sequer conhecer-se. "Deus como Espírito é essencialmente isso: ser para um outro, manifestar-se..." — "Gott ist als Geist wesentlich dies, für ein anderes zu sein, sich zu offenbaren". Essa frase é de extraordinária importância: Deus, como Espírito, é essencialmente, necessariamente aberto, não pode senão ser assim; sua estrutura essencial é ser para um outro, objetivar-se, manifestar-se. "Por conseguinte, essa religião manifesta-se: dado que é o Espírito para o Espírito, é a religião do Espírito e não do mistério, não do fechado, mas do manifesto...". Deus é eternamente processo de conhecimento, Deus é o eterno ato pelo qual se distingue de si e se repossui, voltando a si. Deus é a forma infinita, a "Bestimmung" da forma, e o retorno da forma determinada à forma infinita, tornada já consciente. Em si Deus é um originário, um subseqüente necessário por si, um terceiro final em si e para si, eis a fonte da dialética hegeliana. Suas raízes são "teo-lógicas" e consistem precisamente na argumentação sobre o conceito de revelação, deduzido do conceito de Deus como Espírito.

Portanto, no começo, tem-se a definição de Deus como Espírito; para Hegel, Deus não é evocado, contemplado, adorado; é definido. E essa definição é extraída da dedução especulativa da Trindade. Não se exageraria ao dizer que o pensamento ocidental não expressou um argumento mais elevado que o hegeliano para deduzir a Trindade da idéia de Deus. E isso, que parecerá ao pensamento do protestantismo liberal o mais elevado ganho do cristianismo, na verdade se afigura à teologia cristã como a mais alta perversão. "Agora Deus deve ser concebido só como Espírito, e esta não é, absolutamente, uma palavra vazia, uma determinação superficial. Se, enquanto Espírito, não pode ser uma palavra vazia para nós, Deus deve ser concebido como Deus uno e trino e esse é o modo pelo qual se explica a natureza de Deus. Deus é assim concebido enquanto se torna objeto para si mesmo no Filho e permanece nesse objeto; além disso, nessa distinção de si para si mesmo, supera, a um só tempo, a distinção e nele ama a si mesmo, isto é, é idêntico a si mesmo; reúne-se consigo nesse amor. Só assim Deus é Espírito... Só a Trindade é a determinação de Deus como Espírito; sem essa determinação o Espírito é uma palavra vazia."[7] Eis a esplêndida narrativa especulativa da vida eterna de Deus: a forma infinita do início, o Espírito como ato inicial indeterminado, é o Pai. Esse originário em si do Espírito eterno não pode não determinar-se, e precisa objetivar-se para conhecer-se. O Espírito objetivado é o Filho, Espírito que se torna objeto para si mesmo. A geração do Filho não é senão o processo eterno pelo qual o Espírito absoluto objetiva-se, determinando a si mesmo para conhecer-se. Mas o processo não pára aqui: "Nessa distinção de si para si mesmo, supera, ao mesmo tempo, a distinção, e nele ama a si mesmo, isto é, é idêntico a si mesmo". Portanto, Deus como Espírito não só é conhecimento, e por isso Pai que gera o Filho, o Verbo eterno, mas também amor: amando o objeto que de si procede, Deus retorna a si e esse amor é o Espírito Santo. Superando a distinção, Deus ama a si mesmo, é idêntico a si mesmo — "identisch mit sich" — e nesse amor reúne-se a si mesmo. Só assim Deus é Espírito! A conclusão da argumentação é rigorosa: só a Trindade é a determinação de Deus como Espírito — "nur die Dreieinigkeit ist die Bestimmung Gottes als Geist". Sem essa determinação, Espírito é uma palavra vazia — "ohne diese Bestimmung ist Geist ein leeres Wort". Por conseguinte, para Hegel, a Trindade deduz-se necessariamente da idéia de Deus como Espírito. Se Deus é Espírito, autoconsciência infinita, para conhecer-se deve distinguir-se

---

[7] Idem, ibidem, I, pp. 97s. "Gott ist aber nur als Geist zu fassen, und dies ist kein leeres Wort, keine oberflächliche Bestimmung. Soll er uns aber als Geist kein leeres Wort sein, so muß er als *dreieiniger Gott* gefaßt werden; dies ist dasjenige, wodurch die Natur des Geistes expliziert wird. Gott wird so gefaßt, indem er sich zum Gegenstande seiner selbst macht, zu dem Sohne, daß er dann in diesem Gegenstande bleibt, ferner in dieser Unterschiedenheit seiner von sich selbst zugleich den Unterschied aufhebt und in ihm sich selbst liebt, d.h. identisch mit sich ist, in dieser Liebe seiner mit sich zusammengeht. Erst das ist Gott als Geist... Nur die Dreieinigkeit ist die Bestimmung Gottes als Geist; ohne diese Bestimmung ist Geist ein leeres Wort": I, Halbband 1, pp. 41s.

(eis a objetivação, a geração do Filho como Verbo) e, por conseguinte, repossuir-se no amor (eis a processão do Espírito como amor). A Trindade é Deus como Espírito.

Hegel, contudo, não se detém no puro argumento especulativo: pretende encontrar a confirmação de sua narrativa argumentativa na "Offenbarung", tal como historicamente realizada. Se no centro da revelação existe a cruz do Filho, isso não é casual, mas expressa uma premente necessidade eterna: a Sexta-feira Santa histórica não é, para Hegel, senão a manifestação da Sexta-feira Santa especulativa, isto é, da eterna cisão infinita pela qual o Pai, gerando o Filho, distinguiu-se do Filho na originária forma infinita do processo eterno. Quando esse processo de "Bestimmung" projeta-se na história, manifestando-se em seu bojo, expressa-se na dor infinita da cruz. O grito de abandono de Jesus crucificado não é senão a projeção histórica do eterno abandono da objetivação do Filho, como a alegria da Páscoa e a efusão do Espírito são a projeção histórica da eterna festa da reconciliação de Deus com Deus, na reapropriação do que se tornara separado. "Deus não existe mais, Deus está morto: não há pensamento mais atroz que esse, de que tudo o que é eterno e verdadeiro não existe, de que a negação está presente também em Deus; a dor mais profunda, a certeza de estar irremediavelmente perdido, o abandono de todos os valores aí se conjugam. O processo, porém, não pára por aí; pelo contrário, acontece uma inversão. Deus, de fato, contém em si esse processo, que é somente a morte da morte. Deus ressuscita para a vida."[8] O processo histórico do abandono do Crucificado torna-se a manifestação do processo absoluto da história eterna de Deus. Toda a vida de Cristo é, aliás, "Offenbarung" do eterno vir-a-ser divino: "O que representa a vida de Cristo... é o processo da natureza do Espírito, Deus na forma humana. Esse processo é, em seu desenvolvimento, o progredir da idéia divina para a mais alta cisão, para o contrário da dor e da morte, que é ela mesma a conversão absoluta, o amor supremo, em si mesmo o negativo do negativo, a reconciliação absoluta, a superação da oposição entre homem e Deus e o fim que se transforma naquele esplendor que é a alegre acolhida da natureza humana na divina. O primeiro, Deus na forma humana, é real nesse processo que

---

[8] Idem, ibidem, II, p. 369: tradução modificada. "Gott ist gestorben, Gott ist tot — dieses ist der fürchterlichste Gedanke, daß alles Ewige, alles Wahre nicht ist, die Negation selbst in Gott ist; der höchste Schmerz, das Gefühl der vollkommenen Rettungslosigkeit, das Aufgeben alles Höheren ist damit verbunden. — Der Verlauf bleibt aber nicht hier stehen, sondern es tritt nun die Umkehrung ein; Gott nämlich erhält sich in diesem Prozeß und dieser ist nur der Tod des Todes. Gott steht wieder auf zum Leben": II, Halbband 2, p. 167.

mostra a separação da idéia e sua unificação, sua realização como verdade. Essa é a totalidade da história".[9] Transparece aqui a nota constante do otimismo hegeliano, ligado à necessidade do processo que não pode não concluir-se no final positivo, elevado e realizado da síntese. Por isso, a última palavra, em Hegel, é a alegria. Nesse sentido, não constitui exercício retórico ter concluído a *Fenomenologia* com o texto de Schiller, em que o cálice do Espírito "espumeja sua infinitude": é a alegria, é a superabundância de vida a certeza inabalável, manifestada historicamente na ressurreição do Crucificado e no Pentecostes, argumentada especulativamente na unificação que se segue à separação da idéia como sua necessária realização na verdade. "Essa é a totalidade da história" — "Dies ist das Ganze der Geschichte"!

Não é difícil compreender como tudo isso está repleto de conseqüências para a concepção da relação entre Deus e o mundo e, conseqüentemente, para a idéia que se pode fazer do significado e do fim da história. Para Hegel, não há dúvida de que a "Offenbarung Gottes" não é somente a manifestação de Deus, mas também a manifestação da lei necessária do tempo histórico, e por isso da verdade última e profunda da vida e do mundo. Cruz e ressurreição são a história da história, a manifestação total não só de Deus em si mesmo, mas também do mundo como história de Deus, totalidade que reproduz em si mesma a história eterna do Absoluto, o *curriculum vitae Dei*. "Deus, diz-se, reconciliou o mundo consigo; a ruptura do mundo com Deus consiste nisso: que este se fixa como consciência finita, consciência dos ídolos, que detém o universal não como tal, mas como exterioridade em relação aos objetivos finitos. A renúncia a essa separação é o retorno e a intuição desse retorno da realidade, a acolhida do finito no eterno, a unidade da natureza, divina e humana, o ser em si e o processo que é estabelecer eternamente essa unidade."[10] Hegel, portanto, reconhece claramente,

---

[9] Idem, ibidem, II, pp. 366s. "Was uns also dies Leben Christi zur Vorstellung bringt... ist dieser Prozeß der Natur des Geistes, Gott in menschlicher Gessalt. Dieser (Prozeß ist) in seiner Entwicklung der Fortgang der göttlichen Idee zur höchsten Entwicklung, zum Gegenteil des Schmerzes des Todes, welcher selbst die absolute Umkehrung, die höchste Liebe, in sich selbst das Negative des Negativen, die absolute Versöhnung ist, das Aufheben des Gegensatzes der Menschen gegen Gott, und das Ende vorhanden als Auflösung in die Herrlichkeit, die gefeierte Aufnahme des Menschlichen in die göttliche Idee ist. Jenes Erste, Gott in menschlicher Gessalt, ist er reell in diesem Prozeß, der die Trennung der göttlichen Idee und ihre Wiedervereinigung, erst ihre Vollendung als Wahrheit zeigt. Dies ist das Ganze der Geschichte": II, Halbband 2, pp. 163s. Cf., sobre o conjunto da doutrina hegeliana da Trindade, a análise penetrante de Coda, P. *Il negativo e la Trinità. Ipotesi su Hegel*. Roma, 1987.

[10] Idem, ibidem, p. 249. "Gott, heißt es, hat die Welt mit ihm selbst versöhnt. Der Abfall der Welt ist, daß sie sich fixiert als endliches Bewußtsein, Bewußtsein der Götzen, (daß sie) das Allgemeine nicht als solches, sondern nach Äußerlichkeit oder (in Rücksicht) der endlichen Zwecke (festhält). Das Ablassen von dieser Trennung ist die Rückkehr und die angeschaute Rückkehr der Realität, das Aufgenommensein des Endlichen in das Ewige, die Einheit der göttlichen und menschlichen Natur, (das) Ansichsein und der Prozeß, ewig diese Einheit zu setzen": p. 34.

no abandono infinito da cruz e na alegria infinita da reconciliação, não só a manifestação do divino em si mesmo, mas também a manifestação do que é eternamente a história em Deus. As vicissitudes do mundo não são outra coisa senão o evidenciar-se, vindo à luz da consciência subjetiva, daquilo que a consciência absoluta é eternamente em seu processo. A história é fenomenologia do Espírito: o mundo não é senão a história de Deus em seu aparecer historicamente determinado. Portanto, a consistência do mundo não está no próprio mundo, mas na história eterna de Deus, tornada acessível à idéia. Delineia-se aqui o pressuposto teórico do que será, na idade moderna, a ideologia, com a presunção, que lhe será típica, de ter entendido a história, capturando-a em sua lei fundamental, e de poder, assim, administrá-la adequadamente, graças ao poder da razão. Para Hegel, como para os seus póstumos ideológicos, o mundo é uma totalidade cuja lei é manifestada na "Offenbarung" do Absoluto, consignada já na compreensão da idéia. A história pensada ("die begriffne Geschichte") é "a comemoração e o calvário do espírito absoluto; a efetividade, a verdade e a certeza de seu trono, sem o qual seria solidão inerte".[11] Compreende-se então que, se sem o mundo Deus seria solidão inerte, a criação não é ato de pura gratuidade, mas momento necessário da autoconstituição e da manifestação de Deus. O dinamismo histórico não será então senão a fenomenologia do processo do todo em seu vir-a-ser eterno: "O movimento é assim o duplo processo e vir-a-ser do todo; ou seja cada momento estabelece o outro momento, cada qual tem em si, ambos os momentos como dois aspectos. Tomados em conjunto, constituem o todo, enquanto se dissolvem a si mesmos e se fazem momentos seus".[12]

Por conseguinte, o conceito de "Offenbarung" tem, em Hegel, pelo menos uma dúplice relevância. Por um lado, o evento do abrir-se é um momento não livremente revelador, mas necessariamente constitutivo do divino: Deus está eternamente destinado a manifestar-se. Deus não pode não manifestar-se, porque, se é Espírito, é autoconsciência, e, se é autoconsciência, é eterna autodistinção e auto-identificação e no processo dessa eterna autodistinção está necessariamente implicado o ato da manifestação de si para si próprio. A "Offenbarung" não é um ato livre, mas sim um momento constitutivo do divino. Ora, se Deus é

---

[11] Idem, *Fenomenologia...*, cit., II, p. 220. "Die Erinnerung und die Schädelstätte des absoluten Geistes, die Wirklichkeit, Wahrheit und Gewißheit seines Throns, ohne den er das leblose Einsame wäre": *Phänomenologie des Geistes*, p. 564.
[12] Idem, ibidem, pp. 43s. "Die Bewegung ist so der gedoppelte Prozeß und Werden des Ganzen, daß zugleich ein jedes das andre setzt und jedes darum auch beide als zwei Ansichten an ihm hat; sie zusammen machen dadurch das Ganze, daß sie sich selbst auflösen und zu seinen Momenten machen": p. 36.

necessário ao ato de revelação, porque por força de seu ser Espírito não pode não revelar-se, a revelação não tem mais nada da gratuidade, da surpresa, da liberdade, que o testemunho bíblico lhe reconhece. A revelação torna-se um destino da necessidade: Deus não se autodestina, mas é destinado; Deus é escravo da própria lei de seu ser, prisioneiro das exigências constitutivas de sua própria natureza. A revelação é o terrível processo pelo qual Deus, desde sempre, está condenado a manifestar-se: o Espírito absoluto não pode permanecer no silêncio, não pode ficar na obscuridade. Hegel tem horror do silêncio e da noite: a noite deve ser evitada, a obscuridade e o silêncio devem ser repudiados, porque é à palavra, à idéia e ao Espírito como presencialidade da consciência que cabe o triunfo. Se não fosse assim, a razão, fenomenologia do Espírito eterno, estaria condenada à menoridade, à incapacidade radical de pensar e governar o mundo e a vida!

A conseqüência que deriva de tudo isso para a compreensão do ato hermenêutico é que o ato cognoscitivo, o realizar-se da interpretação, é um ato total, sem sobras. Como no momento em que o eu conhece o Deus que se revela, conhece inseparavelmente também a lei eterna e necessária do que ele mesmo é e do que são o mundo e a vida, porque no Deus que se revela está o Todo — "das Ganze" — que se revela; assim o ato hermenêutico, todo ato de conhecimento do outro, será uma exposição daquilo que já existe eternamente, uma repetição da identidade! Se, do ponto de vista teológico, a verdadeira objeção a ser suscitada a Hegel concerne à idéia de um Deus forçado à sua revelação e, portanto, não mais livre, não mais amor, do ponto de vista hermenêutico, que é o ponto de vista das condições de possibilidade do conhecimento do outro e da interpretação de sua alteridade, o problema de fundo é que nele simplesmente não existe mais hermenêutica. Em Hegel, o ato hermenêutico resolve-se, em última análise, no tematizar a própria consciência, no focalizar o que já se é, enquanto — embora na forma subjetiva e finita — o espírito é fenomenologia do eterno, processo necessário do Absoluto. O conhecimento não será mais espaço da maravilha, possibilidade do advento do novo, lugar da surpresa, mas se resolverá na repetição da mesmidade. Certamente Hegel "é um mestre do movimento vivo, em contraposição ao ser morto. Seu tema era o Si mesmo que chega ao conhecimento, o sujeito que se compenetra com o objeto dialeticamente, o objeto com o sujeito, o verdadeiro que é o real. E o verdadeiro não é um *factum* fixo ou já realizado, como não o é o próprio Hegel. O verdadeiro como real é antes o resultado de um processo que deve ser elucidado e conquistado".[13]

---

[13] BLOCH, E. *Soggetto — Oggetto. Commento a Hegel.* BODEI, R. (Org.). Bologna, 1975. p. 4.

Todavia, uma vez compreendido o processo, uma vez manifestada a profundidade, tudo corre o risco de deter-se na sedução do possuído, na repetição tranqüila da realização: "É incrível que Hegel considerasse concluída com sua própria doutrina a história da filosofia, da vida espiritual em geral... Mais que tudo, surpreende a calma no pensador do acontecer... Sua proposição segundo a qual o racional é real encerra antes um dever-ser que se projeta adiante, dirigido a tudo o que, no real, não é racional. E na exclamação: que o todo se detenha! ressoa, em Hegel, continuamente, isto é, dialeticamente, a ordem para avançar. Essa exclamação e essa ordem são duas tonalidades longínquas, duas melodias longínquas, mas se mesclam entre si; aliás, a melodia que é aberta e procede antes é, na maturação tardia de Hegel, a mais forte, mas permanece algo de anormal...: ao término do sistema, o resultado do processo do mundo torna-se público para Hegel... Emudece, em virtude de sua filosofia, a compreensão do mundo futuro".[14] É o que, por outro lado, acontece nos desenvolvimentos da ideologia: essa é anti-hermenêutica por necessidade; não comunica, não dialoga, impõe-se, e, nesse sentido, é violenta porque repete a identidade, não pode tolerar a diferença. Por isso, pode-se afirmar que a ideologia não se torna totalitária acidentalmente, por incidentes de percurso, mas o é constitutivamente, originariamente, porque está fundada na hermenêutica da repetição da identidade. O diferente é eliminado porque é pura aparência do idêntico: é o mesmo e sua vontade de poder que devem impor-se a tudo. A celebração mais elevada da "Offenbarung" resolve-se no triunfo báquico da identidade. Perder a idéia teológica de *re-velatio* não é então uma operação inócua: pelo contrário, significa abrir caminho à idéia de uma hermenêutica compreendida como repetição do idêntico. A questão do outro resolve-se aqui no esplendor do eu absoluto, do Espírito que domina em todas as frentes: onde a *re-velatio* se resolve em meio à manifestação total, não há mais espaço para a diferença...

2. A crise da "Offenbarung": o segundo Schelling

O segundo Schelling é o pensador que denuncia a crise do conceito de "Offenbarung": ele o faz nas lições coligidas na obra póstuma, intitulada justa-

---

[14] Idem, ibidem, pp. 462s.

mente de *Philosophie der Offenbarung*.[15] Desmentem de maneira vigorosa a tese de um Schelling "filósofo da longa decadência", mostrando justamente em seu pensamento tardio a grandeza de uma especulação que, por seu poder crítico, pode considerar-se conclusiva de toda a história da metafísica ocidental. Schelling parte de uma consideração aparentemente óbvia, mas que constitui justamente, em sua simplicidade, um ataque vigoroso ao sistema hegeliano da "Offenbarung": "Com que finalidade se daria uma revelação, ou com que escopo se manteria seu conceito, ainda que genérico, se nós, por meio de tal revelação, enfim, não progredíssemos ou não nos déssemos conta senão daquilo que, embora sem ela ou por nós mesmos, já sabemos ou poderemos saber?... Conseqüentemente, é fácil reconhecer ou que o conceito de uma revelação não tem nenhum sentido e deve ser totalmente superado, ou que se torna necessário admitir que o conteúdo da revelação é tal que *sem* ela não somente não o teríamos conhecido, como não seria *possível* conhecê-lo. Aqui a revelação é então determinada, sobretudo como fonte específica e particular de conhecimento".[16] A objeção, manifestamente dirigida a Hegel, é que na densidade dedutiva do sistema não há mais espaço para a novidade: o *novum* não pode mais existir onde se celebra o triunfo báquico do Espírito e, portanto, da soberana identidade do todo no mundo da idéia. Se a revelação não é senão a manifestação do que desde sempre é e, por conseguinte, da estrutura essencial da realidade humano-divina, então será possível conhecer todas as coisas também sem a necessidade da própria revelação. A "Offenbarung" resolve-se na simples autoconsciência que chega ao dia luminoso da presencialidade. Por que então chamar de revelação o que, na realidade, é consciência, aliás, em última análise, autoconsciência? Se quisermos falar propriamente de uma "Offenbarung", essa tem de oferecer algo que de outro modo não poderia ser alcançado: a revelação ou é o espaço do *novum* ou não é. É nesse sentido que a "Offenbarung" é determinada, sobretudo, como "fonte específica e particular de conhecimento" e, portanto, como espaço do Advento, lugar da novidade, da indedutibilidade, da subversão: lugar da

---

[15] SCHELLING, F. W. J. *Philosophie der Offenbarung*. (ed. or. 1858) Darmstadt, 1990; tr. it. *Filosofia della rivelazione*. BAUSOLA, A. (Org.). Bologna, 2 v., 1972.

[16] Idem, ibidem, II, pp. 114.115s. "Wozu gäbe es eine Offenbarung, oder zu welchem Ende würde der Begriff einer solchen nur noch überhaupt beibehalten, wenn wir durch eine solche am Ende nichts weiter erfahren oder inne würden, als was wir auch ohne sie und von selbst wissen oder doch wissen könnten?... Es ist also leicht einzusehen, daß der Begriff einer Offenbarung entweder gar keinen Sinn hat und völlig aufgegeben werden muß, oder daß man genötigt ist, einzuräumen, der Inhalt der Offenbarung müsse ein solcher sein, der ohne sie nicht nur gewußt würde, sondern nicht einmal gewußt werden könnte. Hier wird also die Offenbarung zunächst als eine und besondere Erkenntnißquelle bestimmt": *Philosophie der Offenbarung*. II, pp. 4-6.

liberdade. É a filosofia da liberdade que aqui se anuncia. Se tudo é eternamente predeterminado a tal ponto que o mais gratuito dos atos, a revelação, é necessário, não há mais, de modo algum, espaço para a liberdade: que seria da liberdade de Deus se ele fosse condenado, desde sempre, à repetição da identidade, e a vida divina se resolvesse em autoconsciência do Espírito em seu processo absoluto? É a liberdade que penetra como uma cunha no sistema hegeliano e mostra, por meio de Schelling, sua fragilidade radical. Crítica tanto maior, na medida em que Schelling direcionava-a, no fundo, a si mesmo, ao primeiro desenvolvimento a que chegou seu pensamento. Aqui está o drama dessa *Philosophie der Offenbarung*, obra extraordinária, porque testemunha não simplesmente uma *retractatio*, mas uma verdadeira e própria "conversão" filosófica.

Que tipo de saber se abre a quem acolhe a revelação como fonte própria e insubstituível de conhecimento? "A filosofia da revelação resignar-se-á, em primeiro lugar, a reconhecer que tudo quanto sabe dizer da revelação só pode ser dito em conseqüência daquilo que efetivamente ocorreu. Sua tarefa consistirá em mostrar que a revelação não é um acontecimento necessário, mas a manifestação da libérrima, ou melhor, da personalíssima vontade da Divindade."[17] O poder crítico dessas reflexões está em introduzir no fechado sistema do idealismo a idéia de liberdade, que mostra a suprema incompletude da necessidade, própria do sistema hegeliano. Que é isso senão um retorno às origens da filosofia? De fato, ela não nasce de um cálice que espumeja sua infinidade, não é a conclusão da fenomenologia do processo do Espírito absoluto, mas, em seu primeiro e puro início, é θαυμαζειν, assombro, surpresa, temor diante do desconhecido e do absolutamente indedutível. Schelling escreve: "É uma sentença famosa de Platão: a paixão do filósofo (το παθος του φιλοσοφου) é a maravilha (το θαυμαζειν). Se essa sentença for verdadeira e profunda, então a filosofia, ao invés de limitar-se ao que deve ser compreendido como necessário, sentirá, acima de tudo, a tendência a transpor o que deve considerar como necessário, que, portanto, não provoca nenhuma maravilha, em direção ao que está fora e acima de todo exame e conhecimento necessários; não encontrará nenhuma paz antes de ter chegado a algo que seja digno de uma maravilha

---

[17] Idem, ibidem, pp. 114 e 120. "Im Gegenteil wird die Philosophie der Offenbarung vor allem sich bescheiden, daß alles, was sie von der Offenbarung zu sagen weiß, nur in Folge des wirklichen Geschehenen zu sagen ist. Sie wird ihr Geschäft darein setzen, zu zeigen, daß die Offenbarung nicht ein notwendiges Ereignis, sondern die Manifessation des allerfreiesten, ja persönlichsten Willens der Gottheit sei": II, pp. 11s.

[18] Idem, ibidem, p. 121. "Es ist ein bekanntes Wort Platons: der Affekt des Philosophen (το παθος του φιλοσοφου) ist das Erstaunen, το θαυμαζειν. Ist dieser Ausspruch wahr und tief, so wird die Philosophie, anstatt auf das bloß

absoluta".¹⁸ O θαυμαζειν dos gregos fala, ao mesmo tempo, do assombro, da maravilha, do terror e, portanto, remete a tudo o que é *novum*, indedutível, não programável, medonho: a filosofia nasce diante do desconhecido, da interrupção do idêntico; onde não há assombro, há repetição da identidade. Só onde o conhecer abre-se à indedutível alteridade do outro e se maravilha diante dela, há filosofia. É precisamente a subversão da tese hegeliana: a filosofia não se realizará na embriaguez da posse, mas no assombro e no temor diante do estranho; a filosofia não achará paz — "sie wird sogar keine Ruhe finden" — antes de ter chegado a algo que seja digno de maravilha absoluta — "eh' sie zum absolut Erstaunenswertehn fortgeschritten ist".

Fundamentais são as conseqüências que derivam dessa idéia da relevância do *novum* para a vida do pensamento. Enquanto Hegel tinha demonstrado a necessidade do idêntico, Schelling demonstra a necessidade do *novum*, desenvolvendo-a, aliás, em direções contraditórias. "Não é pelo fato de que existe um cristianismo que existe a idéia da Trindade de Deus, mas sim vice-versa: é, sobretudo, porque aquela idéia é a mais originária de todas que existe um cristianismo."¹⁹ Nessa frase, revela-se uma contradição evidente: depois de ter atacado o âmago do sistema hegeliano da necessidade, Schelling parece retornar a ele ao sustentar que não é porque existe a revelação histórica que conhecemos a Trindade, mas porque existe o conceito de Trindade é que se dá também a revelação histórica. Isso é justamente o que sustenta Hegel, exegeta da "Offenbarung". A contradição mostra o tormento da busca do último Schelling e revela a permanente fraqueza do pensamento em relação à ulterioridade que deve ser pensada, isto é, em relação ao outro. Essa contradição é acentuada até mesmo em uma passagem como a seguinte: "O espírito, quando se reflete em si mesmo, é cognoscente (*id, quod intelligit*), conhecido (*id, quod intelligitur*) e o que *como* cognoscente é ao mesmo tempo conhecido, e *como* conhecido ao mesmo tempo cognoscente. Ou então, mais sucintamente: o espírito autoconsciente é sujeito, objeto e sujeito-objeto, e no entanto apenas um... Todavia, por mais que essa explicação da primeira idéia, ainda não aprofundada,

---

als notwendig Einzusehende beschränkt zu sein, vielmehr den Trieb empfinden, von dem, was sie als im notwendig einzusehen im Stande ist, und was insofern kein Erstaunen erregt, zu dem fortzuschreiten, was außer und über aller notwendigen Einsicht und Erkenntniß liegt; sie wird sogar keine Ruhe finden, eh' sie zum absolut Erstaunenswerthen fortgeschritten ist": II, pp. 12ss. A citação de Platão é do *Teeteto*, 155 D.

[19] Idem, ibidem, I, p. 389. "Denn, nicht weil es ein Christentum gibt, darum existiert jene Idee, sondern umgekehrt vielmehr, weil diese Idee die ursprüngliche von allen ist, darum gibt es ein Christentum": I, p. 313.

seja oportuna, não atinge a idéia plena e perfeitamente desenvolvida da Trindade. O espírito, de fato, como cognoscente, não é uma personalidade *diferente* de si como conhecido; não estão aqui três personalidades, mas sempre somente uma só. Na doutrina da Trindade, pelo contrário, fala-se de três pessoas, das quais cada uma, como dizem os teólogos, subsiste por si só...".[20] Como se vê, por um lado, Schelling retoma a argumentação hegeliana de que Deus é Trindade porque é Espírito e, portanto, sujeito, objeto de si mesmo, e sujeito-objeto; por outro, enfatiza como isso é insuficiente, porque, pensando desse modo, Deus não poderia ser concebido como Trindade, mas como um único objeto, um único "Geist", ao passo que a teologia afirma que Deus é uno em três pessoas.

Para tentar sair da contradição, o Schelling tardio vai delineando seu pensamento mais abismal, aquele no qual, comentando o hino à kénosis do Filho em Fl 2,6-8, introduz a idéia do nada em Deus, como condição de sua liberdade.[21] Se Deus é liberdade absoluta, e é tal porque só assim não cai na pressão do destino da necessidade própria do sistema da "Offenbarung" hegeliana, então o ato eterno da processão do Filho não pode ser, como Hegel supõe, a necessária determinação da forma infinita, mas deve ser um ato de absoluta liberdade com que o Pai se decide diante de duas possibilidades extremas e antitéticas: o ser ou o nada. Deus Pai só é liberdade se chama o Filho do nada para o ser: o nada habita em Deus, para que Deus seja liberdade. Deus é livre justamente porque é aquele que compreende em si, eternamente, o ser e o nada. Com um ato de eterna decisão Deus converte o nada em ser: esse ato é a processão do Filho. Mas essa decisão eterna implica a dor infinita de tocar o nada para poder produzir o ser. O evento do tocar o nada manifesta-se na história por meio da cruz do Filho: o abandono do Crucificado expressa a dor infinita experimentada por Deus para poder trazer o Filho à vida. Por sua vez, a ressurreição deixa-se perceber como a manifestação da decisão eterna da li-

---

[20] Idem, ibidem, p. 391. "Der Geist, wenn er sich in sich selbst reflektiert, ist Erkennendes (*id, quod intelligit*), Erkanntes (*id, quod intelligitur*), und das, was als Erkennendes zugleich Erkanntes und als Erkanntes Erkennendes ist. Oder kürzer ausgedrückt: der selbstbewußte Geist ist Subjekt, Objekt und Subjekt-Objekt, und in dem doch nur Einer... Allein so angemessen diese Erklärung der ersten, noch nicht weiter entwickelten Idee ist, so wenig erreicht sie die ganze und vollkommen entwickelte Idee der Dreieinigkeit. Denn z. B. der Geist, inwiefern er das Erkennende ist, ist er doch nicht eine andere Persönlichkeit, als inwiefern er das Erkannte ist, es sind hier nicht drei Persönlichkeiten, sondern immer nur eine Persönlichkeit. In der Dreieinigkeitslehre aber, wie wir alle wissen, ist von drei Personen die Rede, deren jede, wie die Theologen sagen, für sich subsistiert": I, p. 315.
[21] Sobre esses temas, profunda e iluminante é a pesquisa de Tomatis, F. *Kenosis del Logos. Ragione e rivelazione nell'ultimo Schelling*. Roma, 1994.

berdade de Deus de existir e de fazer existir o Filho, e no Filho o mundo inteiro. A dialética da liberdade é levada, então, ao extremo, até o ponto em que não parece infundado falar de uma necessidade da liberdade. Em Hegel, Deus era condenado pelo destino da necessidade a revelar-se; em Schelling, Deus é condenado eternamente à liberdade, porque não pode não ser livre. Há uma necessidade da liberdade, que motiva a necessidade do nada em Deus como condição de possibilidade da sua liberdade: se não houvesse o nada, Deus seria sempre o que é. Somente se há o nada, Deus pode decidir ser o que não era. O que é diferente em relação a Hegel é a espessura da diferença, a superação da repetição exaltada da identidade, na qual o verdadeiro é eternamente o todo. No Schelling tardio, postula-se o reconhecimento da necessidade da diferença: portanto, o divino não se repete em sua identidade elementar, mas, por um ato de liberdade soberana, produz o outro de si, abre-se ao outro em si. O grande mérito de Schelling é ter valorizado a alteridade, e tê-lo feito sobretudo em Deus na figura do Filho. A verdadeira fraqueza desse sistema constructo está, porém, no fato de que a diferença schellinguiana não é senão uma outra forma da necessidade: a eterna processão do Filho, por ser livre, está, na verdade, condenada à liberdade, a tal ponto que o nada tem de necessariamente existir em Deus. Aquilo que em Hegel é o drama da repetição da identidade, em Schelling é o drama de uma diferença que é afirmada como absoluta. Pergunta-se: Existe uma verdadeira alternativa entre os dois, entre uma filosofia da necessidade absoluta da idéia de Deus e uma filosofia da liberdade absoluta, que, justamente porque absoluta, necessita da diferença?

No plano hermenêutico, se em Hegel o ato do conhecimento resolve-se na repetição necessária da identidade, em Schelling arrisca-se a tornar-se incomunicabilidade necessária entre seres separados pelo nada. Respeitar o destino necessário da diferença significa, na realidade, supor que em cada ato cognoscitivo a diferença possa não ser resolvida, porque, se fosse sempre necessariamente resolvida, seria a identidade a afirmar-se; mas, se a diferença pode não ser resolvida, nenhum ato hermenêutico poderá considerar-se realmente tal, isto é, poderá realizar-se com o conhecimento correto do outro. Paradoxalmente, na continuidade da lógica da necessidade, que caracteriza todo o destino do Ocidente, os resultados são, ao mesmo tempo, opostos e semelhantes. Em Hegel, parece faltar o pressuposto ontológico da hermenêutica, que é a alteridade do outro. Em Schelling, a afirmação exasperada desse pressuposto ontológico leva ao destino da incomunicabilidade. Onde a diferença é postulada como necessária ao ato hermenêutico até assumir a forma do nada, poderá ter-se ainda um ato cognoscitivo no qual o eu realmente alcance o outro ou seja alcançado pelo outro? O nada deverá separar sempre os mundos da identidade e da diferença, porque, se não os separasse, faltaria a própria liberdade, e o outro torna-se-ia um aspecto deduzido pelo sujeito. Schelling, com efeito, não sai da prisão da "Offenbarung", embora denuncie vigorosamente seu limite e sua crise. Ele é, porém, o começo de novos caminhos...

CAPÍTULO II

A REDESCOBERTA DO OBJETO PURO

Karl Barth

Karl Barth "escreve bem porque une duas coisas: paixão e objetividade": esse parecer de Hans Urs von Balthasar[1] evidencia como a teologia barthiana conjuga envolvimento da identidade e acolhida reverente da Transcendência em uma forte experiência do mundo da Alteridade, que irrompe de maneira subversiva e libertadora no âmago do ego e de seu horizonte histórico. Dar razão a esse parecer, revisitando o pensamento de Barth para caracterizar a idéia de revelação, que lhe subjaz, é o intento das reflexões que se seguem, cujo escopo é captar a razão mais profunda da "guinada" por ele assinalada na teologia do século XX: a redescoberta do Objeto puro.

1. A irrupção do totalmente Outro no mundo da identidade

Como todos os teólogos de sua geração, Barth formou-se no bojo da herança liberal, que se estende além do fim do século XIX: aliás, pode-se facilmente reconhecer que o século XX não nasce, do ponto de vista de seu início histórico, com o início cronológico de 1900. É propriamente a partir da eclosão

---

[1] "Er schreibt gut, weil er zwei Dinge vereint: Leidenschaft und Sachlichkeit": BALTHASAR, H. U. von. *Karl Barth. Darstellung und Deutung seiner Theologie.* 2. ed. Köln, 1962. pp. 35s.

da I Guerra Mundial que o novo século delineia-se com características novas e originais: até aquele momento, ainda é o mundo do século XIX que domina a cena e plasma os espíritos. Pode-se dizer, então, que Karl Barth teve "uma formação antibarthiana".[2] As implicações dessa herança liberal, do ponto de vista da teologia, podem ser esclarecidas assumindo-se como ponto de referência característico o pensamento de Schleiermacher, verdadeiro pai do "protestantismo liberal": a religião é uma província ("Provinz") do espírito,[3] uma dimensão do humano; o sentimento religioso é o sentimento de dependência ("Abhängigkeitsgefühl")[4] que se produz necessária e espontaneamente ("notwendig und von selbst") no interior das melhores almas. Schleiermacher traduz em teologia os resultados da especulação hegeliana: a religião não se abre a um *novum*, a uma verdadeira alteridade, mas é dimensão da identidade do Espírito que se apresenta no interior da subjetividade sob forma de necessidade e de referência à totalidade. O outro, conhecido pela religião, não é então propriamente aquilo para o qual tende o *cor inquietum* fora de si, mas é o próprio *cor inquietum* em seu ser mais profundo, originário e constitutivo, enquanto fenomenologia do eterno devir do Espírito absoluto. À luz dessas premissas, os teólogos liberais não buscarão na revelação cristã a novidade do advento, mas a confirmação daquilo que o homem necessária e espontaneamente pode alcançar do divino a partir de seu mundo interior.

    Exemplo máximo dessa religião da continuidade entre o céu e a terra é representado por Adolf von Harnack, o último grande teólogo liberal, que emblematicamente escreve em seu *Manuale della storia dei dogmi* [Manual da história dos dogmas]: "Jesus não introduziu no mundo nenhuma doutrina nova... mas trouxe em sua pessoa a mensagem de uma vida santa com Deus e diante de Deus, pela qual entregou a si mesmo para o bem de seus irmãos".[5] A revelação cristã não é senão a mais elevada manifestação do espírito humano a si mesmo: nela, não é o novo de Deus que irrompe no antigo dos homens, mas é a profundidade do ser espiritual que vem plenamente à luz da consciência. A confiança no poder do espírito, manifestada nessa esplêndida continuidade entre o humano e o divino, é tal que Harnack não vacila em ostentar um otimismo histórico

---

[2] Mancini, I. *Novecento teologico*. Firenze, 1977. p. 7.
[3] Cf. Durante, G. (Org.). *Discorsi sulla religione*. Firenze, 1947. p. 26.
[4] O verdadeiro "Leitmotiv" da obra de Schleiermacher. *Der christliche Glaube nach den Grundsätzen der evangelischen Kirche im Zusammenhänge dargestellt*. Berlin, 1820-1821 v. 2, (Berlin 1961).
[5] Harnack, A. von. *Manuale della storia dei dogmi*. Mendrisio, 1912. v. 1, p. 53.

tão absoluto quanto tragicamente inconsistente. No volume *L'essenza del cristianesimo* [A essência do cristianismo], que retoma as lições de um célebre curso ministrado em Berlim, no semestre invernal de 1899-1900, para estudantes de todas as faculdades, Harnack afirma:

> Jesus abre a perspectiva de uma relação entre os homens que não seja regulada por ordenamentos jurídicos, mas pautada pelo amor, na qual o inimigo é vencido pela mansidão. É um ideal elevado e digno, ao qual estamos ligados desde a fundação de nossa religião; um ideal que deve acompanhar todo o nosso desenvolvimento histórico como o objetivo e a estrela que nos guia. Quem pode afirmar se a humanidade um dia o atingirá? Mas podemos e devemos aproximar-nos dele, e hoje sentimos (ao contrário do que se dava há duzentos ou trezentos anos) um compromisso moral nesse sentido. Aqueles de nós que são dotados de sensibilidade mais aguda e, portanto, profética não consideram mais o reino da paz e do amor como utopia estéril.[6]

O porta-voz de todo o mundo liberal anuncia, com ânimo comovido, que o século que começa será o século do amor e da paz entre os homens, porque o homem finalmente veio a ser dono do próprio destino, emancipando-se graças à tomada de consciência da própria dignidade e poder.

O engano presente nessas palavras, tão dramaticamente desmentidas pelos desenvolvimentos históricos do século XX, logo se evidenciará na *crise do tempo*, que Barth associou ao 4 de agosto de 1914, dia negro ("dies ater") em que von Harnack subscreveu um documento por ele mesmo redigido, assinado por 93 intelectuais e intitulado *Manifest der Intellektuellen*, com o qual a *intelligentsia* alemã aderia incondicionalmente à política de guerra do Kaiser. É esse texto que suscita em Barth a tomada de consciência do fim do universo liberal: esboça-se o drama da consciência européia. O mundo convencido da identidade, dominado pelo protagonismo do sujeito celebrado em todas as suas potencialidades, mostra sua incompletude e a devastadora capacidade de alienação que o caracteriza; manifesta-se a vontade de poder que guiou o processo emancipatório da modernidade e inspirou o sonho de tudo poder compreender e explicar com a força da razão.

---

[6] Idem. *L'essenza del cristianesimo*. 2. ed. Brescia, 1992. p. 138 (VII Lição).

O que acontece como crise do tempo reflete-se na ruptura biográfica vivida por Karl Barth. Estamos aqui diante de um daqueles casos nos quais a biografia ajuda a entender de maneira decisiva a gênese de um pensamento. De 1911 a 1921, Barth é pastor em uma pequena aldeia da Suíça alemã, Safenwil, onde experimenta dramaticamente a fraqueza do anúncio cristão. Para conferir-lhe credibilidade e força, na contraposição entre os trabalhadores da fiação e seus "patrões", o jovem pastor alia-se aos primeiros, embora sejam os segundos que enchem os bancos da igreja, por eles próprios doados. Inicia, assim, um trabalho de denúncia que encherá a igreja de trabalhadores e a esvaziará de "patrões". Para além da circunstância política, embora por meio dela, Barth vai descobrindo como um anúncio da Palavra que tenha somente caráter consolador, isto é, que seja repetição pura e simples da identidade já dada e confirmação da sociedade burguesa em seu próprio horizonte, é não só traição ao Evangelho, mas condição de absoluta fraqueza em relação a incisividade histórica pela qual foi proclamado no tempo. Vai amadurecendo no jovem pastor a consciência clara e convicta de que "na Bíblia está escrito não o como podemos falar com Deus, mas o que ele nos diz".[7] É mudança total de perspectiva teológica em relação ao mundo liberal: avir-se com a revelação não é falar do homem, embora da maneira mais elevada, como era ainda na teologia liberal, mas consiste em encontrar o escândalo do advento de Deus, irredutível ao cativeiro mundano.

Com base nessas convicções, Barth não demorará em formular um severo juízo sobre a obra do pai dos teólogos liberais: "Com todo o respeito pela genialidade da obra de sua vida, penso que Schleiermacher *não* foi um bom mestre de teologia... porque falar de Deus é *diferente* de falar do homem em um tom mais elevado".[8] Eis por que, para Barth, o melhor teólogo liberal, sem dúvida o mais coerente, foi Franz Overbeck, que ocupou por toda a vida uma cátedra de teologia, embora fosse completamente ateu: ser teólogo liberal, segundo Barth, significa permanecer no mundo da identidade, que não precisa crer em Deus, porque o compreendeu totalmente trazendo-o ao pensamento. Desse modo, em duas vertentes, biográfica e teórica, amadurece no jovem pastor de Safenwil a exigência do Outro, a descoberta daquilo que não é redutível à subjetividade, ao domínio onicompreensivo de uma razão presunçosa, ideologicamente satisfeita:

---

[7] BARTH, K. Die neue Welt in der Bibel. In: *Das Wort Gottes und die Theologie*. München, 1924. p. 28.
[8] Idem. Das Wort Gottes als Aufgabe der Theologie. In: *Das Wort Gottes und die Theologie*, cit., p. 164.

é a exigência do encontro com Deus, em toda a sua pura e forte alteridade. Em 1919, Barth publica a primeira edição de seu comentário à Carta de são Paulo aos Romanos; em 1922, a segunda edição, totalmente reelaborada. Nesses três anos, acontece a "grande reviravolta" em seu pensamento, que é também a grande reviravolta da teologia cristã do século XX.

A obra de 1919 é ainda um texto de teologia liberal: "O divino ('das Göttliche') — lê-se nela — cresce organicamente ('organisch')" no homem; "no presente do mundo dorme o porvir de Deus".[9] Na edição de 1922, o próprio Barth dirá que, da primeira, não resta pedra sobre pedra: a grande reviravolta completou-se. Essa reviravolta é fundamental não só para o pensamento teológico, mas também para aquilo que representa como momento crítico em relação à modernidade e a seus fundamentos ideológicos. Barth chega a uma idéia nova e diferente do divino, na qual não hesitará em reconhecer "a revolução de Deus" ("die Revolution Gottes") pela qual Deus não é a resposta às perguntas do homem, mas é, acima de tudo, a crise ("die Krisis") destas. Barth usa o termo "ruptura" ("Brechung") para indicar o impacto da obra divina no homem: Deus não é somente interrupção, mas mais poderosamente é rompimento, crise de todas as forças, pré-suposição absoluta em relação a tudo o que o homem pode dizer, ser ou pensar.

Para compreender que concepção da "Offenbarung" está presente no *Römerbrief* de 1922, devem ser postos em evidência alguns núcleos temáticos fundamentais. O primeiro está ligado à idéia — tomada de empréstimo de Kierkegaard — da infinita diferença qualitativa entre o divino e o mundano. Em um universo cultural dominado pelo conceito de "sistema", característico do pensamento ideológico, Barth começa afirmando provocantemente: "Se tenho um 'sistema', este consiste no que tenho diante dos olhos, com toda a tenacidade possível, aquela que Kierkegaard chamou 'a infinita diferença qualitativa' do tempo e da eternidade, em seu significado positivo e negativo. 'Deus está no céu e você na terra'".[10] É a total negação da esplêndida continuidade afirmada pelo

---

[9] Idem, *Der Römerbrief*, Zürich, 1963 (nova edição inalterada em relação à de Berna de 1919, com acréscimo de uma apresentação do próprio Barth), pp. 62 e 240.

[10] A edição italiana de K. BARTH, *L'Epistola ai Romani* (MIEGGE, G. [Org.], Milano, 1974), baseada na segunda edição, contém paradoxalmente o prefácio da primeira e não o da segunda edição da obra! Esta, de onde foi tirado o texto citado, está reproduzida em *Le origini della teologia dialettica* (MOLTMANN, J. [Org.], Brescia, 1976, p. 145). Em alemão: *Der Römerbrief*[2]. München, 1922, p. XIII: "Wenn ich ein 'System' habe, so besteht es darin, daß ich das, was Kierkegaard den 'unendlichen qualitativen Unterschied' von Zeit und Ewigkeit genannt hat, in seiner negativen und positiven Bedeutung möglichst beharrlich im Auge behalte. 'Gott ist im Himmel und du auf Erden'".

mundo liberal entre humano e divino: Deus não é o homem em um nível mais elevado, não é a identidade projetada fora de si, para permanecer na verdade dentro de si. Deus é o absolutamente Outro, o *novum*, o inefável, o inapreensível, o indisponível em relação a qualquer pressuposição humana. Barth acrescenta: "O relacionamento *deste* Deus com *este* homem, o relacionamento *deste* homem com *este* Deus é para mim o tema da Bíblia, bem como a totalidade da filosofia. Os filósofos chamam essa crise do conhecimento humano de 'origem'. A Bíblia vê Jesus Cristo nesse ponto crucial".[11] Barth tem bem claro que o que está propondo não tem somente um valor teológico extraordinário, mas também um valor filosófico e hermenêutico não inferior: o pensamento que se mantiver dentro de um horizonte de identidade estará condenado a repetir a si mesmo; só um pensamento aberto ao assombro, à maravilha, na surpresa em relação à alteridade, é fecundo especulativamente e na práxis. Para Barth, portanto, o problema não consiste em não utilizar a razão: a crise da razão não é, para ele, o limite da razão. O problema consiste antes em usar a racionalidade ao extremo, onde ela possa abrir-se — no assombro, com temor e tremor — à novidade do advento. Aqui Barth insere-se no processo da crise da "Offenbarung", aberto pela filosofia do segundo Schelling.

Para ele, então, quem é o Deus que se revela? Em Hegel, o Espírito absoluto é o Deus manifesto, necessária e eternamente, no ato de revelar-se; o pensamento, por isso, sabe perfeitamente não só quem é Deus, mas também o que Deus é, porque a essência divina diz-se na emergência da "Offenbarung". Barth nega o pressuposto de todo o sistema de Hegel: "Deus é o Deus desconhecido. *Como tal* dá vida, alento e tudo a todos. Por isso, seu poder não é uma força natural, nem uma força da alma, nem alguma das mais altas ou altíssimas forças que conheçamos ou que eventualmente possamos conhecer, nem a máxima dessas forças, nem sua soma, nem sua fonte, mas sim a crise de todas as forças, o totalmente Outro, em comparação com a qual tais forças são algo e nada, nada e algo, seu primeiro movimento e seu repouso último, a origem que todas anula, o fim que todas funda. Pura e excelsa está a força de Deus, não ao lado e 'sobrenaturalmente' acima, mas para além de todas as forças condicionadas — condicionantes, nem deve ser com estas intercambiada ou alinhada, nem sem extrema cautela pode ser com elas confrontada. O poder de Deus, que estabelece

---

[11] Idem, ibidem. "Die Beziehung *dieses* Gottes zu *diesem* Menschen, die Beziehung *dieses* Menschen zu *diesem* Gott ist für mich das Thema der Bibel und die Summe der Philosophie in Einem. Die Philosophen nennen diese Krisis des menschlichen Erkennens den Ursprung. Die Bibel sieht an diesem Kreuzweg Jesus Christus" (p. XIII).

Jesus como Cristo, é pressuposição no sentido mais estrito, destituída de qualquer conteúdo tangível. Advém no Espírito e no Espírito quer ser conhecida. É auto-suficiente, incondicionada e verdadeira em si".[12] A idéia de uma radical "Voraus-setzung" divina, de uma pré-suposição, desprovida de qualquer conteúdo tangível, só conhecida no Espírito, auto-suficiente, incondicionada e, verdadeira, em si, é a mais contundente negação da concepção hegeliana, que buscava reconduzir o divino ao domínio da identidade onicompreensiva do Espírito. Em Barth, o Deus da revelação é a ruptura da continuidade postulada pelo triunfo da idéia, a crise de todas as potências, a irredutibilidade absoluta do pressuposto.

Diante desse Deus está o homem. Aqui também a distância em relação a Hegel quer ser abismal: a antropologia é conseqüente à teologia. Se o homem hegeliano é o protagonista da história eterna de Deus na dimensão do aparecer subjetivo, fenomenologia do Espírito absoluto, que reproduz em sua razão o *curriculum vitae Dei*, para o Barth de 1922 o homem é o prisioneiro de si: "O homem é senhor de si. Sua unidade com Deus foi de tal modo dilacerada que já não conseguimos figurar sua restauração. Sua naturalidade é seu grilhão. Seu pecado é sua culpa. Sua morte é seu destino. Seu mundo é um vacilante caos informe de forças naturais, psíquicas e outras. Sua vida é uma aparência. Essa é nossa situação".[13] Tem-se a impressão de estar diante de um pessimismo trágico em relação ao homem, em que parece que só afirmando a negatividade radical de tudo o que é humano é que se pode celebrar a glória de Deus. Nesse aspecto, Barth é vítima de sua própria reação de recusa da presunção idealista-burguesa: o "não" ao triunfo ideológico da identidade traduz-se em uma afirmação tão incisiva da diferença e da alteridade de Deus que o divino se torna a

---

[12] Idem, ibidem, pp. 12s: "Gott ist der unbekannte Gott. *Als solcher* gibt er allen Leben und Odem und alles. Und so ist seine Kraft weder eine Naturkraft noch eine Seelenkraft, noch irgendeine von den höheren und höchsten Kräften, von denen wir wissen oder möglicherweise wissen könnten, weder ihre oberste, noch ihre Summe, noch ihr Zorn, sondern die Krisis aller Kräfte, das ganz andere, an dem gemessen sie etwas sind und nichts, nichts und etwas, ihr erstes Bewegendes und ihre letzte Ruhe, ihr sie alle aufhebender Ursprung und ihr sie alle begründendes Ziel. Rein und überlegen steht die Kraft Gottes nicht neben und nicht ('supranatural') über, sondern jenseits aller bedingt-bedingenden Kräfte, nicht mit ihnen zu verwechseln, nicht an sie anzureihen nur mit äußerster Vorsicht mit ihnen zu vergleichen. Die Kraft Gottes, die Einsetzung Jesu zum Christus ist im strengsten Sinn *Voraus-setzung*, frei von allem greifbaren Inhalt. Sie geschieht im Geiste und will im Geiste erkannt sein. Sie ist selbstgenugsam, unbedingt und in sich wahr" (pp. 11s).

[13] Idem, ibidem, p. 13: "Der Mensch ist sein eigener Herr. Seine Einheit mit Gott ist in einer Weise zerrissen, die uns die Wiederherstellung nicht einmal mehr vorstellbar werden läßt. Seine Geschöpflichkeit ist seine Fessel. Seine Sünde ist seine Schuld. Sein Tod ist sein Schicksal. Seine Welt ist ein gessaltlos auf-und abwogendes Chaos von natürlichen, seelischen und einigen andern Kräften. Sein Leben ist ein Schein. Das ist unsre Lage" (pp. 12ss).

negação pura e simples do humano. Mais corretamente, então, dever-se-á captar nessa tomada de posição não tanto um pessimismo antropológico, quanto o momento de um processo, a etapa negativa que deve ser superada em direção ao positivo final.

Como e onde será realizada essa superação? Para Barth, não há senão um lugar no qual o humano é alcançado pelo divino: "Jesus Cristo, nosso Senhor: eis o Evangelho, eis o significado da história. Nesse nome se tocam e se dividem dois mundos; intercruzam-se dois planos: um desconhecido e outro conhecido. O conhecido é o mundo da 'carne', criado por Deus, mas decaído de sua originária unidade com Deus e, portanto, carente de salvação: o mundo do homem, do tempo, das coisas, nosso mundo. Esse plano conhecido é atravessado por um outro desconhecido, o mundo do Pai, o mundo da criação originária e da redenção final. Mas essa relação entre nós e Deus, entre este mundo e o mundo de Deus, há de ser conhecida. A linha de interseção entre os dois mundos não é algo evidente em si. O ponto da linha de interseção no qual esta pode ser vista, e efetivamente é vista, é *Jesus*, Jesus de Nazaré, o Jesus 'histórico', *nascido da estirpe de Davi segundo a carne*. 'Jesus', como indicação histórica, significa o lugar de ruptura entre o mundo conhecido por nós e um outro desconhecido".[14] A concepção do ingresso de Deus na história que aqui se apresenta é diametralmente oposta à hegeliana: o lugar de impacto entre o mundo conhecido por nós e aquele desconhecido é o Jesus histórico; portanto, não uma "Bestimmung" especulativa, uma determinação abstrata da forma infinita, mas uma bem circunscrita "historische Bestimmung", uma determinação histórica com todo o peso do que está ligado à brutalidade dos fatos ("historisch"). Mas esse ponto de encontro — Jesus como determinação histórica — é o "lugar de ruptura" ("die Bruchstelle"), portanto, mais que a garantia de simples continuidade entre o mundo conhecido por nós e aquele desconhecido por nós. O evangelho de Paulo, que Barth repropõe à teologia e à filosofia de seu tempo,

---

[14] Idem, ibidem, p. 17: "*Jesus Christus unser Herr*, das ist die Heilsbotschaft, das ist der Sinn der Geschichte. In diesem Namen begegnen und trennen sich zwei Welten, schneiden sich zwei Ebenen, eine bekannte und eine unbekannte. Die bekannte ist die von Gott geschaffene, aber aus ihrer ursprünglichen Einheit mit Gott herausgefallene und darum erlösungsbedürftige Welt des 'Fleisches', die Welt des Menschen, der Zeit und der Dinge, unsre Welt. Diese bekannte Ebene wird geschnitten von einer andern unbekannten, von der Welt des Vaters, der Welt der ursprünglichen Schöpfung und endlichen Erlösung. Aber diese Beziehung zwischen uns und Gott, zwischen dieser Welt und der Welt Gottes will erkannt sein. Das Sehen der Schnittlinie zwischen beiden ist nicht selbstverständig. Der Punkt der Schnittlinie, wo sie zu sehen ist und gesehen wird, ist *Jesus*, Jesus von Nazareth, der 'historische' Jesus, *geboren aus Davids Geschlecht nach dem Fleisch*. 'Jesus' als historische Bestimmung bedeutet die Bruchstelle zwischen der uns bekannten Welt und einer unbekannten" (p. 17).

é o anúncio libertador do primado do Outro, da pureza de sua alteridade, do absoluto e indedutível estabecer-se do *Deus dixit*, do evento do Deus que falou historicamente em um lugar preciso de ruptura do mundo histórico. Esse evento de irrupção e ruptura é, para Barth, a revelação: "A fidelidade de Deus consiste nisso: que ele nos vem ao encontro e nos segue de modo totalmente inevitável com seu 'Não' como o totalmente Outro, como o Santo. A fé do homem é o temor reverencial de quem consente com esse 'Não', a vontade do vazio, o apaixonado permanecer na negação. Onde a fidelidade de Deus encontra a fé do homem, aí se revela ('enthüllt') sua justiça. Aí viverá o justo. Esse é o tema da Epístola aos Romanos".[15] Observe-se que, nesse texto, Barth não expressa a idéia de revelação com o termo "Offenbarung", mas recorre ao verbo "enthüllen" (literalmente: "remover a cobertura"; "ent-" conserva no alemão um matiz dialético análogo àquele do grego ἀντι, do qual se origina, que significa tanto "contra" como "em lugar de", "por amor de"): essa forma verbal parece mais adequada para traduzir a dialética do latim *re-velare*, e certamente atenua o significado de "descobrir-se por inteiro", próprio de "offenbaren".

O que Barth quer sublinhar, contra Hegel, é que a revelação, que se realiza efetivamente na história, não significa de maneira nenhuma redução de Deus à medida da história. Barth decerto não nega que haja na realidade mundana *vestigia Trinitatis*, mas afirma a pura alteridade e transcendência de Deus em relação à história: o Deus realmente presente no ato de revelação como Deus não se deixa reduzir ao mundo da identidade. O que do divino se acha presente no mundo aí se encontra presente por graça e liberdade, de maneira nenhuma por necessidade: "Há, sem dúvida, um efetivo *vestigium Trinitatis in creatura*, uma ilustração da revelação, mas não devemos nem descobri-la, nem torná-la eficaz. Consiste... na forma que o próprio Deus assumiu, em sua revelação, em nossa linguagem, em nosso mundo e em nossa humanidade. O que escutamos, quando com nossos ouvidos humanos e com nossos conceitos escutamos a revelação de Deus, o que percebemos na Escritura (como os seres humanos podem perceber), o que é efetivamente o anúncio da Palavra de Deus em nossa vida, tudo isso é a tríplice única voz do Pai, do Filho e do Espírito. Desse modo, Deus está

---

[15] Idem, ibidem, p. 5: "Die Treue Gottes ist es, daß er uns als der ganz andere, als der heilige mit seinem Nein in so unentrinnbarer Weise entgegentritt und nachgeht. Und der Glaube des Menschen ist die Ehrfurcht, die sich dieses Nein gefallen läßt, der Wille zum Wohlraum, das bewegte Verharren in der Negation. Wo die Treue Gottes dem Glauben des Menschen begegnet, da enthüllt sich seine Gerechtigkeit. Da wird der Gerechte leben. Das ist die Sache, um die es im Römerbrief geht" (p. 5).

aqui para nós em sua revelação; assim, ele mesmo torna manifesto um *vestigium* de si mesmo e, por conseguinte, de seu ser Trindade".[16] Deus permanece Deus; a Diferença não é extinta; a alteridade do Outro é respeitada, embora no ato de revelação Deus comprometa-se totalmente: "Esse mesmo Deus não só é precisamente ele próprio, mas também seu revelar-se. Como anjo, visita Abraão, fala por meio de Moisés e dos profetas, está em Cristo. Revelação na Bíblia não significa algo inferior ou diferente em relação a Deus, mas a mesmidade, uma repetição de Deus. A revelação é puro predicado de Deus, de tal forma que é idêntica ao próprio Deus, sem sobras. Repetindo: Ele próprio não só é ele mesmo, mas também aquilo que cria e realiza para os homens".[17] Esse texto não deve induzir a erro: o sabor hegeliano que se percebe nele é dissipado pela convicção de que o ato de revelação não reduz Deus ao mundo, embora se realize na história. Acontece na determinação dos fatos históricos, mas não se extingue nela: o "historisch" não anula a espessura do "geschichtlich". "Pertence ao conceito da revelação atestada na Bíblia que ela seja um evento histórico ('ein geschichtliches Ereignis'). Histórico não significa historicamente determinável ou determinado. Histórico não significa o que entendemos dizer com 'historisch'. Deveríamos retomar tudo o que já foi dito até agora sobre o mistério na revelação, se quiséssemos descrever ainda que só um mínimo do evento da revelação referido na Bíblia como 'historisch', isto é, enquanto verossímil para um observador neutro ou para um considerado autêntico. O que o observador neutro poderia tomar como verdadeiro desse evento, e teria tomado como verdadeiro, seria a forma da revelação por ele entendida não como tal nem como tal por ele compreensível, um acontecimento qualquer que ocorra no campo humano com todas as possibilidades de significado correspondentes a esse campo, mas em

---

[16] Idem. *Die kirchliche Dogmatik*, I/1: *Die Lehre vom Wort Gottes*. 8. ed. Zürich, 1964. pp. 366s: "Es gibt freilich ein wirkliches *vestigium Trinitatis in creatura*, eine Illustration der Offenbarung, aber die haben wir weder zu entdecken, noch selbst geltend zu machen. Sie besteht... in der Gessalt, die Gott selbst in seiner Offenbarung in unserer Sprache, Welt und Menschheit angenommen hat. Was wir hören, wenn wir mit unseren menschlichen Ohren und Begriffen auf Gottes Offenbarung hören, was wir in der Schrift vernehmen (als Menschen vernehmen können), was die Verkündigung des Wortes Gottes in unserem Leben tatsächlich ist, das ist die dreifach eine Stimme des Vaters, des Sohnes und des Geistes. So ist Gott für uns da in seiner Offenbarung. So schafft er offenbar selber ein *vestigium* seiner selbst und also seiner Dreieinigkeit."

[17] Idem, ibidem, p. 315: "Dieser Gott selbst ist gerade nicht nur er selbst, sondern auch sein Sich-Offenbaren. Er kommt als Engel zu Abraham, er redet durch Mose und die Propheten, er ist in Christus. Offenbarung bedeutet in der Bibel nicht ein Minus, nicht ein Anderes gegenüber Gott, sondern das Gleiche, eine Wiederholung Gottes. Die Offenbarung ist wohl Prädikat Gottes, aber so, daß dieses Prädikat restlos mit Gott selber identisch ist. Und wiederum: Er selbst ist nicht nur er selbst, sondern auch das, was er bei den Menschen schafft und ausrichtet".

nenhum caso a revelação em si."[18] Barth, portanto, quer testemunhar a alteridade pura e forte de Deus que rompe a continuidade do idêntico, a repetição idealista da identidade, mas quer também que essa afirmação da alteridade de Deus não se extinga na negação de qualquer possível comunicação de Deus, como pode acontecer no segundo Schelling, porque essa comunicação realizou-se de fato verdadeiramente em Jesus Cristo, palavra de Deus. A dimensão do "historisch" salva o evento da revelação de qualquer possível redução especulativa de sabor idealista; a dimensão do "geschichtlich" protege-a de qualquer risco de negação da comunicação efetivamente instaurada em Jesus Cristo entre Deus e o homem, sem por isso entregar o divino ao mundano, ou absorver o mundano no divino.

2. A salutar Diferença contra a nociva infinitude

Que avaliação fazer desse conceito de revelação? Trata-se de um pensamento da crise, amadurecido na reação antiidealista, ou do testemunho de uma crise do pensamento, que desarticula bem mais radicalmente as presunções de totalidade da razão humana? Certamente, Karl Barth elabora essas idéias em um clima inquieto, que se segue imediatamente à I Guerra Mundial, em um mundo em que a efetiva ruptura subverte todas as pressuposições precedentes. As forças que se manifestam no cenário daquela época — bolchevismo e fascismo em primeiro lugar — apresentam-se como típicas "ideologias da crise". Barth não pretende substituir uma ideologia por outra, mas quer opor à ideologia, que mostrou sua falência, a alteridade pura e forte do Outro. Na obra *La teologia protestante nel XIX secolo* [A teologia protestante no século XIX], na qual consagra a Hegel um capítulo de grande força, Barth reconhece no sistematizador do idealismo o mestre da subjetividade moderna, aquele que levou a celebração da razão a suas expressões mais elevadas, porque nele a razão foi capaz de

---

[18] Idem, ibidem, p. 343: "Es gehört zum Begriff der biblisch bezeugten Offenbarung, daß sie ein geschichtliches Ereignis ist. Geschichtlich heißt nicht: als geschichtlich feststellbar oder gar: als geschichtlich festgestellt. Geschichtlich heißt also nicht, was wir 'hissorisch' zu nennen pflegen. Wir müßten ja alles vorhin über das Geheimnis in der Offenbarung Gesagte wieder aufheben, wenn wir jetzt auch nur ein einziges der in der Bibel berichteten Offenbarungsereignisse als solches als 'hissorisch', d.h. als für einen neutralen Beobachter wahrnehmbar oder gar als von einem solchen wahrgenommen, bezeichnen wollten. Was der neutrale Beobachter von diesen Ereignissen wahrnehmen konnte und wahrgenommen haben mag, war die von ihm nicht als solche verstandene und von ihm auch gar nicht als solche zu verstehende Gessalt der Offenbarung, irgendein im menschlichen Raum sich abspielendes Geschehen mit allen möglichen diesem Raum entsprechenden Deutungsmöglichkeiten, aber auf keinen Fall die Offenbarung als solche".

tornar-se pensamento total da vida e de suas contradições. Aqui está a grande promessa constituída por Hegel também para a teologia cristã: "A teologia não deveria ter-se lembrado, graças ao que Hegel lhe dizia ou para além do que lhe dizia, do conceito bíblico da revelação de Deus que se faz conhecer e não pode ser conhecido senão como o Deus vivo? Não foi ela, talvez, desse ponto de vista, inferior e não superior a Hegel?"[19] O que Barth repreende em Hegel é ter pensado a razão como razão de Deus, ter identificado Deus com o Espírito absoluto, e este último com o poder do pensamento. Dizer que Deus e Espírito absoluto identificam-se significa, ao mesmo tempo, tirar de Deus a força de sua soberana alteridade do mundo e condenar o mundo a ser uma fenomenologia necessária do Espírito de Deus. Deus não terá mais nenhuma liberdade, e o mal do mundo não mais será mal, mas um momento necessário e inevitável do bem: "O Deus de Hegel é, no mínimo, prisioneiro dele mesmo. Compreendendo tudo, compreende enfim, e no máximo grau, também a si próprio, e, fazendo isso na consciência do homem, vem do homem tudo o que Deus é e faz, como necessidade própria. Na revelação, não pode mais tratar-se de uma ação livre de Deus, mas Deus deve funcionar da maneira como nós o vemos funcionar na revelação. Para ele, o revelar-se é uma necessidade".[20] Barth diz, então, "Não" a toda continuidade esplêndida entre o divino e o humano, a toda ideologia entendida como pensamento da identidade absoluta. O que pretende fazer é restituir o primado a quem tem o direito: Deus é Deus, e o homem não é Deus; Deus é o outro, e só como tal redime, salva, livra do encarceramento sufocante da identidade. Na polêmica contra Adolf von Harnack, outrora seu professor em Berlim e agora grande crítico de uma teologia que — como aquela presente no *Römerbrief* de 1922 — teria renunciado ao estatuto crítico do pensamento da fé, Barth estenderá a toda a teologia liberal a crítica feita a seu pressuposto, isso é, à concepção hegeliana da revelação.[21] Onde o Objeto está subordinado ao sujeito e às pretensões do

---

[19] Idem, *La teologia protestante nel XIX secolo*. Milano, 1979. v. I, p. 460. "Hätte sich die Theologie nicht durch das, was Hegel ihr sagte, und über das hinaus, was er ihr sagte, an den biblischen Begriff der Offenbarung, an den Gott, der nur als der lebendige Gott sich zu erkennen gibt und erkannt werden kann, erinnern lassen müssen? Hat sie Hegel nicht auch in dieser Hinsicht unterboten, statt überboten?": *Die protestantische Theologie im XIX. Jahrhundert.* 3. ed. Zürich, 1946/1960. p. 373.

[20] Idem, ibidem, p. 464: "Dieser Gott, der Gott Hegels, ist mindestens sein eigener Gefangener. Alles begreifend, begreift er zuletzt und zuhöchst auch sich selbst, und indem er das im Bewußtsein des Menschen tut, wird und ist vom Menschen aus Alles, was Gott ist und tut, als dessen eigene Notwendigkeit eingesehen. Es kann nun in der Offenbarung nicht mehr um eine freie Tat Gottes gehen, sondern Gott muß so funktionieren, wie wir ihn in der Offenbarung funktionieren sehen. Es ist ihm notwendig sich zu offenbaren" (p. 377).

[21] Cf. os textos da polêmica em Moltmann, *Le origini della...*, cit., pp. 375-402.

método por ele estabelecidas, a Diferença resolve-se na identidade: redescobrir a coragem da objetividade, dar testemunho ao Objeto puro em sua alteridade e irrupção, é para Barth a tarefa da teologia, entendida como pensamento da revelação, radicalmente obediente ao advento irredutível e subversivo de Deus em sua palavra.

Por conseguinte, para Barth, a revelação não é um elemento constitutivo do divino, mas o lugar onde a alteridade de Deus, embora permanecendo tal e irredutível à apreensão deste mundo, toca-o como a tangente toca o círculo, isso é, entra nesse mundo sem reduzir-se a ele. O ato da "Offenbarung" é o lugar do encontro entre finito e infinito, entre aquilo que é o mundo do eu e aquilo que é o mundo do Outro, que não é nem absolutamente separado — como arrisca ser no segundo Schelling — nem absolutamente identificado — como em Hegel. Lugar dessa mediação paradoxal, a revelação constitui o maior desafio para a filosofia, porque se torna o lugar onde esta última pode abrir-se ao assombro da experiência do Outro e por ela deixar-se atingir e criticar. Barth chega assim a tocar o ponto decisivo da passagem da modernidade à pós-modernidade, da superação dialética da própria modernidade: o comentário à Carta aos Romanos de 1922 é o grande "não" ao mundo fechado da ideologia. E é o conceito de revelação, entendida como lugar da alteridade que toca a identidade sem nela resolver-se, que fortalece essa denúncia. Em Hegel, o conceito de "Offenbarung" expressa uma hermenêutica resolvida na repetição da identidade; no segundo Schelling, a crise daquele conceito produz uma hermenêutica como triunfo da diferença, e, portanto, como risco sempre iminente da incomunicabilidade. Barth opõe-se a Hegel e a Schelling construindo sua teologia da revelação em diálogo crítico com ambos: desse modo, o que ele propõe é uma hermenêutica da irrupção da salutar Diferença no mundo da identidade, concebida precisamente como infinitude "nociva" e aprisionadora. Para Barth, em resumo, há que se resguardar a diferença, a alteridade de Deus; um Deus reduzido à nossa medida não é senão uma forma da identidade. Destarte, o absolutamente necessário é a alteridade do Outro: o *Deus dixit*, o *soli Deo gloria* e a pureza da diferença são a "causa" do Teólogo dialético. Por isso, Barth é profundamente anti-hegeliano. Mas contra Schelling, contra o outro êxito possível da concepção moderna da "Offenbarung", torna-se urgente afirmar que essa diferença irrompe verdadeira e salutarmente no mundo da entidade.

Esboça-se aqui a pergunta decisiva: se a diferença irrompe no mundo da identidade, como faz para não extinguir-se nele? Segundo Barth, isso acorre se o ato da autocomunicação divina mantém-se soberano e puro em relação a seu destinatário, exclusivamente dependente da livre iniciativa do Altíssimo, totalmente de Deus: "A palavra de Deus é o próprio Deus em sua revelação. Deus, de fato, revela-se como o Senhor, e isso significa, segundo a Escritura, para o conceito de revelação, que o próprio Deus em unidade indestrutível, mas também em indestrutível diversidade, é o Revelador, a Revelação e o Revelado".[22] A palavra de Deus não é algo, mas o próprio Deus que opera em seu revelar-se. Deus não se reduz ao ato da revelação, não se submete às malhas do conceito pelo fato de revelar-se, mas permanece outro e soberano, mesmo em seu revelar-se, porque é ele e só ele que decide revelar-se e determinar livremente o como de seu revelar-se. Por isso, a revelação não diz tudo de Deus, torna-o presente à identidade, mas o mantém em sua diferença. Barth aprofunda essa idéia em termos trinitários justamente para mostrar como aquilo que acontece no ato da autocomunicação divina é livremente determinado pela eterna vida divina: "É o próprio Deus, é em indestrutível unidade o mesmo Deus, que segundo a compreensão bíblica da revelação é o Deus que se revela e o evento da revelação e a eficácia dessa no homem".[23] Deus não é o único sujeito que se entrega totalmente no ato de seu manifestar-se, como acontece em Hegel. Deus é trino no ato de seu revelar-se e, sendo trino, é Revelador, Revelação e Revelado: isso significa que o revelado não esgota tudo de Deus, mas, embora seja o mesmo, permanece o outro em relação à origem primeira do revelar-se: "Ao mesmo Deus, que em unidade indestrutível é o Revelador, a Revelação e o Revelado, há que se atribuir também em indestrutível diversidade em si justamente essa tríplice maneira de ser".[24]

Deus dixit: se Deus falou em um fragmento da história, esse fragmento de história não esgota Deus; é um lugar de seu advento, mas não é o mistério de Deus reduzido ao mundo. Por um lado, o Deus de Barth permanece sempre o fundamento livre de sua revelação, *contra* Hegel; por outro, porém, em Jesus Cristo ele oferece o lugar em que o abismo do nada e da diferença é superado, *contra* o segundo Schelling: "Deus Pai é Deus que nunca, também quando

---

[22] Barth, op. cit., p. 311: "Gottes Wort ist Gott selbst in seiner Offenbarung. Denn Gott offenbart sich als der Herr und das bedeutet nach der Schrift für den Begriff der Offenbarung, daß Gott selbst in unzerstörter Einheit, aber auch in unzerstörter Verschiedenheit der Offenbarer, die Offenbarung und das Offenbarsein ist".

[23] Idem, ibidem, p. 315: "Es ist Gott selber, es ist in unzerstörter Einheit der gleiche Gott, der nach dem biblischen Verständnis der Offenbarung der offenbarende Gott ist und das Ereignis der Offenbarung und dessen Wirkung am Menschen".

[24] Idem, ibidem: "Demselben Gott, der in unzerstörter Einheit der Offenbarer, die Offenbarung und das Offenbarsein ist, wird auch in unzerstörter Verschiedenheit in sich selber gerade diese dreifache Weise von Sein zugeschrieben".

assume forma no Filho, assume forma; Deus como o livre fundamento e o livre poder de seu ser Deus no Filho. Não se dá revelação no âmbito do testemunho bíblico em que Deus não seja igualmente manifestado como o Pai. Que ele faça isso, tal é a alteridade — um Outro real, o mesmo, embora não deva ser reduzido a um único denominador com o Primeiro — que é significada quando dizemos que ele se revela como o Senhor. Também a paternidade de Deus é o domínio de Deus em sua revelação".[25] Por conseguinte, Deus permanece outro também quando se pronuncia; Deus se diz e se cala; Deus se re-vela mantendo a dialética da identidade e da diferença graças a seu ser relacional, trinitário: "O Deus que se revela, conforme a Escritura, é uno em três maneiras específicas de ser, que consistem em suas relações recíprocas: Pai, Filho e Espírito Santo. Desse modo, ele é o Senhor, isto é, o Tu que vem ao encontro do eu humano e com ele se une como Sujeito irredutível, e que se torna manifesto justamente desse modo e nisso como seu Deus".[26] No ato da revelação, manifesta-se o jogo de relações no qual consiste a vida eterna de Deus, sem, porém, reduzir-se à história, mantendo, aliás, a distância na comunhão estabelecida pelo ato de revelar-se, justamente graças à unidade relacional trinitária: "Há um De-onde, uma Originariedade, um Fundamento da Revelação, um Revelador de si mesmo, distinto da Revelação como tal tão seguramente que a Revelação significa algo de simplesmente novo em relação ao mistério do Revelador, que na Revelação como tal fica de lado. Há, portanto, na diferença deste 'primeiro' enquanto 'segundo', a própria Revelação como o evento do vir-a-ser revelado do previamente oculto. E há como resultado comum desses dois momentos enquanto 'terceiro' um ser Revelado, a realidade, que é a intenção do Revelador e, por isso, ao mesmo tempo, o significado, o Para-onde da Revelação. Em suma: só porque há um Velamento de Deus pode haver um Desvelamento, e, só enquanto há Velamento e Desvelamento de Deus, pode haver uma autocomunicação de Deus".[27] Embora

---

[25] Idem, ibidem, p. 342: "Gott der Vater ist Gott, der immer, auch indem er im Sohn Gessalt annimmt, nicht Gessalt annimmt, Gott als der freie Grund und als die freie Kraft seines Gottseins im Sohne. Keine Offenbarung im Bezirk des biblischen Zeugnisses, in der Gott nicht auch so, als der Vater, offenbar würde. Daß er dies tut, das ist das Andere — es ist wirklich ein Anderes, dasselbe und doch mit dem Ersten nicht auf einen Nenner zu bringen — was gemeint ist, wenn wir sagen, daß er sich als der Herr offenbart. Auch Gottes Vaterschaft ist Gottes Herrschaft in seiner Offenbarung".
[26] Idem, ibidem, I/1, p. 367: "Der Gott, der sich nach der Schrift offenbart, ist Einer in drei eigentümlichen, in ihren Beziehungen untereinander bestehenden Seinsweisen: Vater, Sohn und Heiliger Geist. So ist er der Herr, d.h. das Du, das dem menschlichen Ich entgegentritt und sich verbundet als das unauflösliche Subjekt und das ihm eben so und darin als sein Gott offenbar wird".
[27] Idem, ibidem, p. 383: "Es gibt ein Woher, eine Urheberschaft, einen Grund der Offenbarung, einen Offenbarer seiner selbst, von der Offenbarung als solcher so gewiß unterschieden, als Offenbarung ein schlechthin Neues bedeutet gegenüber dem Geheimnis des Offenbarers, das in der Offenbarung als solcher abgelegt wird. Es gibt also, im Unterschied

sem tematizar o procedimento, Barth redescobre, de fato, a etimologia greco-latina, em que "re-velar" não é mais só o retirar o véu, mas também o velar duplamente: indício extremamente significativo disso é o uso da terminologia "Verhüllung — Enthüllung" — "velamento — desvelamento", em vez do simples termo "Offenbarung". No ato de revelar-se, Deus tira o véu, porque realmente se faz presente, mas não o tira totalmente, porque permanece outro em relação àquilo que de si entrega ao homem. Essa certeza inabalável faz compreender como a impressão de modalismo que às vezes a teologia trinitária de Barth transmite é mais uma dívida paga ao interlocutor polêmico, Hegel, do que uma dependência em relação a ele.[28]

Em obediência a esse revelar-se, nenhuma apreensão histórica de Deus será, portanto, legítima: eis por que Barth encontra na revelação cristológica o fundamento da resistência antiideológica e da oposição à barbárie nazista: "Jesus Cristo, tal como testemunhado pela sagrada Escritura, é a única palavra de Deus que devemos escutar e à qual devemos crédito e obediência tanto em vida como na morte. Rejeitamos a falsa doutrina segundo a qual a Igreja, como fonte de seu anúncio, possa e deva reconhecer, além e junto com essa única palavra de Deus, ainda outros eventos e poderes, figuras e verdades como revelação de Deus".[29] Dificilmente se poderia exprimir com mais força o caráter antiideológico, teórico e histórico-prático do cristianismo. Junto com isso, Barth formula aqui seu *contra* Schelling: Deus revelando-se cala, mas também realmente se diz. O

---

zu jenem ersten, als zweites die Offenbarung selbst als das Ereignis des Offenbarwerdens des zuvor Verborgenen. Und es gibt als das gemeinsame Ergebnis dieser zwei Momente als drittes ein Offenbarsein, die Wirklichkeit, die die Absicht des Offenbarers und darum zugleich der Sinn, das Wohin der Offenbarung ist. Kürzer gesagt: nur weil es eine Verhüllung Gottes gibt, kann es eine Enthüllung, und nur indem es Verhüllung und Enthüllung Gottes gibt, kann es eine Selbstmitteilung Gottes geben".

[28] Um exemplo dessa linguagem "modalista": "A frase 'Deus é uno em três maneiras de ser, Pai, Filho e Espírito Santo' significa então: O único Deus, isso é como dizer o único Senhor e, portanto, o único Deus pessoal é o que é não somente em uma única maneira, mas... na maneira do Pai, na maneira do Filho, na maneira do Espírito Santo" (Idem, ibidem, p. 379: "Der Satz: 'Gott ist Einer in drei Seinsweisen, Vater, Sohn und Heiliger Geist', bedeutet also: Der eine Gott, d.h. aber der eine Herr, also der eine persönliche Gott ist, was er ist nicht nur in einer Weise, sondern... in der Weise des Vaters, in der Weise des Sohnes, in der Weise des Heiligen Geistes").

[29] É a primeira tese da *Theologische Erklärung von Barmen* (31 de maio de 1934), manifesto da *Bekennende Kirche* contra o nazismo, escrito pelo próprio Barth e por ele citado em *Kirchliche Dogmatik* II/1, Zürich, 1942, p. 194. Também em Niesel, W. *Bekenntnisschriften und Kirchenordnungen der nach Gottes Wort reformierten Kirche*. München, 1938 (segunda edição s.d. Zollikon-Zürich), pp. 325-337: "Jesus Christus, wie er uns in der Heiligen Schrift bezeugt wird, ist das eine Wort Gottes, das wir zu hören, dem wir im Leben und im Sterben zu vertrauen und zu gehorchen haben. Wir verwerfen die falsche Lehre, als könne und müsse die Kirche als Quelle ihrer Verkündigung außer und neben diesem einen Worte Gottes auch noch andere Ereignisse und Mächte, Gessalten und Wahrheiten, als Gottes Offenbarung anerkennen".

"não" à repetição da identidade, pela qual Deus deveria reduzir-se totalmente ao ato da revelação, une-se ao "não" ao triunfo da diferença, pela qual Deus permaneceria inacessível para além do abismo, para além do intransponível nada. Nesse duplo "não" está o fascínio poderoso da interpretação barthiana, a força de um conceito alternativo de revelação tanto ao domínio báquico da identidade, como à dramática assunção da diferença e do nada como única forma possível da crise da "Offenbarung".

CAPÍTULO III

FÉ FILOSÓFICA E FÉ REVELADA

Karl Jaspers

A redescoberta do Outro e a superação da idéia de revelação como manifestação total vão juntas no debate filosófico-teológico da época moderna: tem-se uma demonstração exemplar disso na polêmica que Karl Jaspers suscita contra a "fé revelada" a partir do conceito de "Offenbarung". É justamente em diálogo com a concepção do "transcender sem Transcendência", ligada ao universo das "cifras", que se manifesta com particular eficácia a fecundidade da redescoberta da dialética subjacente à idéia de *re-velatio*. Recordar essa dialética permitirá compreender melhor tanto a crítica de Jaspers à "Offenbarungsglaube" como a possibilidade de sua superação.

1. Revelação da Palavra e do Silêncio

A fé revelada na tradição judaico-cristã abraça, de par com uma teologia da Palavra, dela inseparável, uma teologia do silêncio: o silêncio é o ventre fecundo do advento, o cenário onde ecoa a Palavra, o espaço do último dia.[1] A

---

[1] Cf., por exemplo, Neher, A. *L'esilio della Parola. Dal silenzio biblico al silenzio di Auschwitz*. Casale Monferrato, 1983. Em uma direção análoga, embora com cunho mais meditativo-literário, tem-se Vigée, C. *Dans le silence de l'Aleph. Écriture et Révélation*. Paris, 1992. Para um enquadramento orgânico das reflexões aqui propostas e um maior

razão profunda pela qual o silêncio é tal consiste no fato de que nele repercute o eco de um outro Silêncio, aquele no qual o mistério se envolveu durante séculos (cf. Rm 16,25), aquele do qual procede a Palavra na eternidade e no tempo. Ao Silêncio divino corresponde um silêncio humano: no entanto, enquanto o primeiro é a Fonte pura do Verbo, a Origem sem origem e o Princípio sem princípio da divindade, silente Início de tudo o que existe na absoluta gratuidade do ato criador; o silêncio mundano é só preparação, destinatário, acolhida, espaço aberto para o novo início surpreendente, escuta à espera de ser fecundada pela Palavra. Todavia, embora na distância infinita, o silêncio criatural é marca do outro: é também seio, embora do que não produz, mas que procede do Outro até ele; é também aberto, embora não na nascente fecunda, mas na receptividade humilde e casta; é também morada, feita para ser habitada pelo Outro, que é o Filho eterno, procedente do Silêncio.

A analogia do silêncio une os dois mundos — o de Deus e o dos homens —, embora sempre na maior dessemelhança, e revela não só uma condição ontológica da criatura — o "silêncio do ser" —, mas também sua condição histórica e sua vocação. A condição ontológica foi descrita muito bem por Heidegger: "O silêncio 'co-responde' àquele som sem som da quietude com a qual o dizer originário em seu mostrar e apropriar identifica-se".[2] "O Ser, enquanto destino que destina a verdade, permanece oculto... O que importa é apenas que a verdade do Ser chegue à linguagem e que o pensamento alcance essa linguagem. É possível então que a linguagem reclame, em vez de uma expressão precipitosa, um justo silêncio. Mas quem de nós, homens de hoje, pode imaginar que seus esforços por pensar já estariam familiarizados e em casa, no caminho do silêncio?"[3] A condição histórica é a experiência dos tempos do silêncio até seu vértice mais dramático, que é o exílio da Palavra, na forma negativa da rejeição do homem ou naquela positiva, embora terrível, do silêncio de Deus. A vocação é aquela de alcançar o Silêncio da origem, reconhecendo aí a imagem da Pátria: tudo o que vem do silencioso Princípio sem princípio tende a retornar para ele como para

---

aprofundamento, permito-me remeter a meu volume *Teologia della storia. Saggio sulla rivelazione, l'inizio e il compimento* (2. ed. Milano, 1991), especialmente a Primeira Parte, pp. 36ss. Retomo aqui em grande parte as idéias expressas na contribuição In ascolto del silenzio: fede filosofica e fede rivelata. Teologia e filosofia della religione. In: *Filosofia della rivelazione*. Olivetti, M. M. (Org.). Padova, 1994. pp. 859-866.

[2] Heidegger, M. *In cammino verso il linguaggio*. Caracciolo, A. (Org.). Milano, 1984. p. 207.
[3] Heidegger, M. *Sobre o humanismo*. Rio de Janeiro, Tempo Brasileiro, 1967. pp. 64 e 70. (Biblioteca Tempo Universitário, 5.)

sua última morada e para seu descanso. O Silêncio divino, do qual o mundo é criado, é também a Pátria de sua identidade, o lugar de seu realizar-se mais verdadeiro, quando Deus será "tudo em todos" (1Cor 15,28), e toda criatura será final e completamente ela mesma nele.

Por essa Pátria anelam o silêncio do ser e o silêncio da espera: o Deus silencioso e recolhido é a vocação do mundo, a arribação da nostalgia inscrita no ser-silêncio da criatura. Do Silêncio ao Silêncio: nessa fórmula, poder-se-ia evocar a Origem e a Pátria, o Início e a Plenitude dos seres, que tendem Àquele do qual provêm. No "entretanto" situa-se o evento da Palavra, coeterna na eternidade, embora gerada, e determinada temporalmente na história de seu advento entre os homens. Porém, justamente porque "inscrita" no Silêncio, a Palavra lhe é mediação, remissão às profundidades silenciosas, que constituem a proveniência de sua vinda, no tempo e na eternidade. Eis por que acolhe verdadeiramente a Palavra feita carne só quem *escuta o Silêncio*, do qual ela provém e que por meio dela chega até nós. A autêntica "escuta" do Verbo é ouvir o Silêncio para além da Palavra, o Pai de quem o Filho é revelação no mistério de sua obediência incondicional: "Quem crê em mim não é em mim que crê, mas em quem me enviou, e quem me vê, vê aquele que me enviou" (Jo 12,44s). "E quem me recebe, recebe aquele que me enviou" (Jo 13,20b). "E a palavra que ouvis não é minha, mas do Pai que me enviou" (Jo 14,24b).

O aprofundamento trinitário da história da revelação, desenvolvido já no Novo Testamento, mostra como o objetivo final da acolhida do evento revelador não é o evento em si, e nem mesmo a Pessoa do Verbo que nele age, mas — nela e por meio dela — a Pessoa do Pai, o Deus oculto no silêncio, tornado acessível por escolha de total gratuidade na encarnação do Filho. A Palavra de revelação requer ser transcendida, não no sentido de que possa ser eliminada ou posta indiferentemente entre parênteses, porque isso barraria simplesmente qualquer acesso às profundidades divinas, mas no sentido de que é verdade e vida precisamente enquanto é caminho (cf. Jo 14,6), umbral que abre ao Mistério eterno, porta pela qual é necessário passar para entrar no redil das ovelhas (cf. Jo 10,7), luz vinda nas trevas para ser a luz na qual veremos a luz (cf. Jo 1,9 e Sl 36,10). Sem dúvida nenhuma o que vem antes no conhecimento da fé revelada é a Palavra: crer é assentir ao Verbo saído do Silêncio eterno. A fé nasce da escuta (cf. Rm 10,17). A escuta, porém, é possível, na medida em que na história se realizou o evento da palavra. A obediência da fé não é senão a escuta profunda (*oboedientia*, de *ob-audio* = υπ–ακοη), a escuta daquilo que está sob e além de (*ob-*, υπο) em relação à palavra ouvida imediatamente. Se acolhemos realmente a palavra quando a escutamos "superando-a", quando lhe "obedecemos", escutando o que está além e por trás e mais profundamente em relação a ela: à dialética de abertura e de escondimento, assinalada na estrutura mesma da palavra latina *revelatio* (assim como grega αποκαλυψις), em que o prefixo *re*-απο tem tanto o sentido de repetição do idêntico como o de passagem para a condição oposta — dialética negada no conceito alemão de "Offenbarung", que designa o puro e único ato de abrir-se —, corresponde, pois, o movimento de transcendência próprio da obediência da fé, que não pára na imediatidade do Verbo, mas supera-a indo além do dito.[4] Chamando esse "para além da Palavra" com o nome de Silêncio, poder-se-ia afirmar que a verdadeira acolhida da Palavra do Cristo é a escuta do Silêncio que a supera e da qual se origina. Graças à dialética trinitária entre a Palavra e o Silêncio, no evento da revelação, a transcendência não é entregue à imanência, como acontece no monismo hegeliano do espírito, mas, exatamente o contrário, a imanência das criaturas é chamada a entregar-se sempre mais perdidamente à insondável transcendência divina pela mediação da Palavra, que armou sua tenda no meio de nós (cf. Jo 1,14).

    Por isso a acolhida da Palavra é dinamismo, que deve continuamente transcender-se: se esta é, na verdade, escuta do Silêncio, do qual a Palavra procede, no qual repousa e ao qual remete, a profundidade insondável desse Silêncio divino motiva a busca inexaurível que por meio do Verbo tende a ir além do Verbo. É nesse caminho que o Espírito guia os fiéis a toda a verdade (cf. Jo 16,13), atualizando a memória do Cristo e ensinando todas as coisas: "Mas o Paráclito, o Espírito Santo que o Pai enviará em meu nome, ele vós ensinará tudo e vos recordará tudo o que eu vos disse" (Jo 14,26). Se o Verbo encarnado é o exegeta do Pai (cf. Jo 1,18), o Espírito é o exegeta do Filho, Espírito de verdade, que glorificará Jesus manifestando as riquezas de Seu mistério: "Quando vier o Espírito da Verdade, ele vos conduzirá à verdade plena, pois não falará de si mesmo, mas dirá tudo o que tiver ouvido e vos anunciará as coisas futuras. Ele me glorificará porque receberá do que é meu e vos anunciará" (Jo 16,13s). A acolhida da Palavra, como escuta do Silêncio divino nela escondido, é "êxtase",

---

[4] Cf. sobre esses temas: Forte, Bruno. "Offenbanrung" aut "re-velatio"? Dalla Scrittura alla Parola ed al Silenzio di Dio. *Archivio di Filosofia*, 60 (1992), pp. 389-402.

saída de si mesmo para as profundezas de Deus, das quais nos atrai a Fonte pura da luz, o Pai do Verbo eterno. É como se o amor "extático" de Deus, aquele pelo qual ele sai do silêncio e se comunica na Palavra, suscitasse um amor de resposta, igualmente "extático", necessitado de sair do fechamento do próprio mundo para imergir-se nos caminhos sem fim do Silêncio, a que conduz fielmente o evento da revelação. Ao êxodo de si mesmo do Silêncio divino corresponde — na assimetria da relação que existe entre a criatura e o Criador e por puro dom da Graça — o êxodo de si mesmo do silêncio dos seres, a abertura destes últimos ao Mistério que se oferece pela Palavra e nela, o assombro e a maravilha da adoração do Deus revelado no escondimento e oculto na revelação. Por isso, escutar o Silêncio é permanecer no santuário da adoração, deixando-se amar pelo Deus silencioso e atrair a Ele por meio da mediação insubstituível e necessária do Verbo: "Ninguém vem ao Pai a não ser por mim" (Jo 14,6b). "Ninguém pode vir a mim se o Pai, que me enviou, não o atrair" (Jo 6,44).

2. "Fé filosófica" e "fé revelada": dialogando com Karl Jaspers

A concepção da revelação como ato trinitário, que abre para a escuta do Silêncio, vem a ser a negação mais radical da crítica feita à própria idéia de revelação em nome da "fé filosófica" por Karl Jaspers.[5] "Fé filosófica" é, para ele, a tomada de consciência crítica do fato de que a existência é fundada e

---

[5] A referência é principalmente à obra de Jaspers, K. *La fede filosofica di fronte alla rivelazione*. (1962) Milano, 1970, mas também a sua outra obra *La fede filosofica*. (1948) Torino, 1973, e ao significativo diálogo de JASPERS, K. & ZAHRNT, H. *Filosofia e fede nella rivelazione*. (1963) Brescia, 1971. É de publicação recente a tradução de JASPERS, K. & BULTMANN, R. *Il problema della demitizzazione*. BALLANTI, R. Celada (Org.). Brescia, 1995. É também de grande interesse a obra póstuma *Cifre della trascendenza*. (1970). 2. ed. Genova, 1990, que compreende oito conferências universitárias, dedicadas à temática das "cifras", especialmente em relação ao problema de Deus. Para uma comparação com Jaspers sobre esses temas ver FRIES, H. *Teologia fondamentale*. Brescia, 1987, pp. 50-55 e 287-293. Cf. também COSTA, F. *La filosofia della religione in Jaspers. Appendice* a JASPERS, K. *La fede filosofica...*, cit., pp. 731-806; PENZO, G. *Dialettica e fede in K. Jaspers*. 3. ed. Bologna, 1981; Idem. *Jaspers. Esistenza e trascendenza*. Roma, 1985; TILLIETTE, X. *Karl Jaspers*. Paris, 1960. Para uma bibliografia sintética, cf. *Karl Jaspers e la critica*. PENZO, G. (Org.). Brescia, 1985. Uma bibliografia completa em GEFKEN, G. & KUNERT, K. Karl Jaspers. Eine Bibliographie. v. I: *Die Primärbibliographie*. Oldenburg, 1978.

determinada pela transcendência, entendida como contínuo transcender-se, inexausto experimentar o limite e querer superá-lo, indo além da dimensão do naufrágio mediante um ato de liberdade, percebido sempre como dom: "Todas as situações devem ter o seu fim. No tempo não podem atingir nenhuma perfeição. As coisas humanas dissolvem-se no caos ou na ordem total. Vivem até que estejam aquém de um e de outro desses limites e não caem em um deles... Por isso, a liberdade da luta espiritual é a essência do ser humano".[6] "A existência está sempre na escolha de ser ou de não ser. Eu sou somente na seriedade da decisão... A existência é liberdade que não é por si mesma, mas que pode faltar a si mesma. Não é liberdade sem a transcendência da qual se sabe doada."[7] O chamado da transcendência, o apelo perene para transcender-se na decisão da liberdade, realiza-se, para Jaspers, através do reino das *cifras*: este "não é uma série de sinais, um do lado do outro. Há modos das cifras. Em comum, só têm o fato de serem mais do que sinais. De fato, os sinais indicam algo a mais que pode também ser diretamente dito, visto, conhecido. As cifras significam uma linguagem que só é audível nelas mesmas, e não em referência a alguma outra coisa, e o sujeito que as diz é em si desconhecido, incognoscível e inacessível. Mas as cifras podem até ser interpretadas de modo que seu significado seja inesgotável e a interpretação aconteça finalmente mediante outras cifras".[8] A cifra é o que evoca, sem capturar; o que estimula a transcender-se, sem satisfazer; o penúltimo, que sinaliza o último, sem alcançá-lo ou esgotá-lo; o que revela a transcendência, mantendo-a, todavia, em seu escondimento irresolúvel. Por isso, dão-se cifras da transcendência e cifras mediante as quais uma imanência como tal abre-se a uma relação com a transcendência (totalidade do mundo, história, *logos*), e também situações existenciais que se esclarecem em cifras (como a desventura ou o mal moral).

---

[6] JASPERS, *La fede filosofica...*, cit., p. 76: "Alle Zustände müssen ein Ende haben. Sie können in der Zeit keine Vollendung erreichen. Die menschlichen Dinge scheitern am Chaos wie an der totalen Ordnung. Sie leben solange sie vor diesen beiden Grenzen stehen und nicht an eine von beiden verfallen... Daher ist die Freiheit des geistigen Kampfes das Wesen des Menschseins" (*Der philosophische Glaube angesichts der Offenbarung*. München, 1962, p. 70).

[7] Idem, ibidem, p. 139: "Existenz steht ständig in der Wahl, zu sein oder nicht zu sein. Ich bin nur im Ernst des Entschlusses... Existenz ist Freiheit, die nicht durch sich selbst ist, sondern die sich ausbleiben kann. Sie ist Freiheit nicht ohne die Transzendenz, durch die sie sich geschenkt wird" (p. 118).

[8] Idem, ibidem, p. 243: "Das Reich der Chiffern ist keine Reihe nebeneinander stehender Zeichen. Es gibt Weisen der Chiffern. Gemeinsam ist nur eines, daß sie mehr als Zeichen sind. Denn Zeichen bezeichnen ein Anderes, das auch direkt gesagt, gesehen, gekannt werden kann. Chiffern bedeuten eine Sprache, die nur in ihnen selbst, nicht durch Bezug auf ein Anderes hörbar ist, und deren sprechendes Subjekt selber ungekannt und unkennbar und unerschließbar ist. Aber die Chiffern lassen sich deuten, doch so, daß ihr Sinn unerschöpfbar ist und die Deutung im Grunde durch andere Chiffern geschieht" (p. 192).

Ora, é precisamente na relação com o reino das cifras que se diferenciam a fé filosófica e a fé revelada. De acordo com Jaspers,

> ambas falam de Deus. A fé filosófica não sabe nada sobre Deus, mas escuta só a linguagem das cifras. O próprio Deus é para ela uma cifra. A fé revelada acredita que conhece as ações de Deus em seu revelar-se para a salvação do homem; Deus age dentro do mundo com acontecimentos singulares, associando-se ao lugar e ao tempo. A fé filosófica leva a sério a exigência bíblica: não deves fazer-te nenhuma imagem nem retrato, e sabes o que fazes quando não obedeces a essa exigência na escuta e no desenvolvimento das cifras.[9]

É a partir dessa relação diferente com as cifras que a "fé filosófica" pode formular a sua crítica à "fé revelada", concentrando-a particularmente em torno do próprio conceito de revelação histórica: "A revelação ou é a ação de Deus determinada espaço-temporalmente (como se admite por parte dos fiéis), e então não é mais uma cifra, mas uma realidade de fato; ou então é cifra, adjunta a outras cifras, e não é mais uma revelação real de fato".[10] "A distinção entre os sinais da revelação e as cifras da transcendência é que, no primeiro caso, a realidade temporal de um ato da divindade produz sinais que são unívocos; no segundo, a transcendência notifica-se em cifras polissêmicas. Se, porém, os sinais valem univocamente como sinais da revelação de fato real, então são o que remove a ocultação: são sinais *sui generis*, ou melhor, já a realidade de fato de Deus."[11] A alternativa é, portanto, constringente, de acordo com Jaspers: ou a revelação respeita a transcendência como tal, e então não é mais revelação, mas pertence ao reino das cifras; ou é manifestação sem véus da transcendência, e então reduz essa última às medidas da imanência.

---

[9] Idem, ibidem, p. 249: "Philosophischer Glaube und Offenbarungsglaube, beide sprechen von Gott. Der philosophische Glaube weiß nicht von Gott, sondern hört nur die Sprache der Chiffern. Gott selber ist ihm eine Chiffer. Der Offenbarungsglaube meint die Handlungen Gottes im Sichoffenbaren zum Heil der Menschen zu kennen; Gott wirkt hinein in die Welt als ein besonderes Geschehen, sich bindend an Ort und Zeit. Der philosophische Glaube macht mit der biblischen Forderung Ernst: du sollst dir kein Bildnis und Gleichnis machen, und weiß, was er tut, wenn er im Hören und Entfalten der Chiffern die Forderung nicht erfüllt" (p. 196).

[10] Idem, ibidem, p. 216: "Offenbarung ist entweder die zeitlich-räumlich bestimmte Handlung Gottes (als die sie vom Glaubenden behauptet wird) und dann nicht mehr Chiffer, sondern Realität. Oder sie ist Chiffer, steht dann neben anderen Chiffern und ist nicht mehr reale Offenbarung" (p. 174).

[11] Idem, ibidem: "Der Unterschied der Zeichen der Offenbarung und der Chiffern der Transzendenz ist der, daß dort die zeitliche Realität eines Aktes der Gottheit Zeichen gibt, die eindeutig sind, hier die Transzendenz sich in vieldeutigen Chiffern kundgibt. Wenn aber die Zeichen eindeutig als solche der realen Offenbarung gelten, so sind sie das, was die Verborgenheit aufhebt: einzigartige Zeichen, selber schon die Realität Gottes" (p. 174).

A renúncia à "fé revelada" por parte da "fé filosófica" surge então como um ato obrigatório, precisamente em nome da salvaguarda da transcendência enquanto transcendência: "Opor-se à fé revelada não é conseqüência do ateísmo, mas conseqüência da fé nutrida por uma existência criada livre pela transcendência. A fé filosófica, seguindo a verdade que pode alcançar e a distância da transcendência que surge de sua ocultação a todos os homens, deve renunciar à revelação como realidade de fato, em favor das cifras colhidas no movimento de sua ambigüidade".[12] A "fé filosófica" permanece como garantia da liberdade: a "fé revelada" — capturando a transcendência em uma determinada forma espaço-temporal — presta-se a gerar toda forma possível de exclusivismo, de intolerância, de redução e assimilação eliminadora do diferente.[13]

Se a fé na revelação fosse essa "fixação do transcendente" (*Fixierung des Transzendenten*) da qual Jaspers fala, sua crítica seria sem dúvida pertinente: a "fé revelada" seria justamente equiparável à superstição e à idolatria. Mas é precisamente essa concepção que é negada pela leitura trinitária do ato de revelação: se a Palavra encarnada reduzir-se simplesmente a si o Silêncio da Origem e da Pátria, então não haveria transcendência para além daquilo que é revelado nas coordenadas deste mundo. Se, ao invés, a Palavra, embora sendo gerada pelo Silêncio divino e a ele coeterna, não reduz a si a distinção, seu entrar na história não só não reduz sua condição divina, mas também não elimina sequer a referência à Origem oculta de onde provém. A revelação, em sentido trinitário, mantém o escondimento da transcendência de Deus tanto em relação ao Pai, que permanece invisível, como em relação ao Filho encarnado, que é Palavra habitada pelo Silêncio e envolta ela própria no supremo silêncio do abandono. Quem acolhe a Palavra escutando o Silêncio, longe de cair na idolatria, vive profundamente o assombro da adoração e o santo temor diante do Oculto da revelação: "Não te aproximes daqui, tira as sandálias dos pés porque o lugar em que estás é uma terra santa" (Ex 3,5). "Não me retenhas, pois ainda não subi ao Pai" (Jo 20,17).

---

[12] Idem, ibidem, p. 129: "Sich dem Offenbarungsglauben zu versagen, ist nicht die Folge von Gottlosigkeit, sondern die Folge des Glaubens der von Transzendenz als frei geschaffenen Existenz. Der philosophische Glaube, folgend der ihm zugänglichen Wahrheit und der Ferne der allen Menschen aus der Verborgenheit zugewandten Transzendenz, muß auf die reale Offenbarung verzichten zugunsten der Chiffern in der Bewegung ihrer Vieldeutigkeit" (p. 110). É interessante notar que Jaspers dirige-se a Karl Barth como a um seu interlocutor teológico (cf. *La fede filosofica*..., cit., p. 215, n. 2): uma prova indireta de que a teologia barthiana da revelação não está isenta de certo "modalismo trinitário"?

[13] Cf. Idem, ibidem, pp. 101-105.

Escutar o Silêncio, acolhendo a Palavra, é bem outra coisa que capturar a Transcendência nas malhas da imanência, isto é, daquilo que é disponível e certo: significa, antes, abrir-se radicalmente à novidade insondável de Deus, às profundidades que a revelação descerra e às quais remete, sem, por outro lado, esgotar sua possível compreensão e inteligência. Quem escuta o Silêncio, obedecendo à Palavra-evento da revelação do Deus trinitário, vive na tensão entre o revelado e o oculto, entre o "já" doado e o "ainda não" prometido, entre o viático oferecido e o pão e o vinho do banquete do Reino. Longe de ter chegado (*comprehensor*), o ouvinte do Silêncio de Deus, ao longo dos caminhos manifestados por Sua Palavra, é, por excelência, um peregrino (*viator*): a Transcendência permanece-lhe elevada e soberana, alteridade inapreensível do Deus oculto na revelação e revelado na ocultação.

É aqui que a crítica da "fé filosófica" à revelação se volta contra si mesma: na realidade, onde não há "fé revelada", no sentido puro e forte da revelação articulada trinitariamente em Silêncio, Palavra e Encontro, não se pode falar verdadeiramente em transcendência, e as cifras do transcender reduzem-se a simples expressões de uma dimensão constitutiva do humano. Sem a novidade do advento, confessada pela fé revelada em toda a densa riqueza da dialética do *Deus absconditus in revelatione et revelatus in absconditate*, não há interrupção da continuidade do humano e, portanto, nem sequer abertura para o que está além em relação à totalidade deste mundo e é radicalmente novo em relação a suas coordenadas. As "cifras da transcendência" acabam por remeter a um "transcender sem transcendência": este último só poderá ser superado por um evento de revelação, que, comunicando na Palavra as profundidades da Origem, descerre os caminhos sem fim do Silêncio. Nesse sentido, a fé revelada é também a mais elevada garantia da maravilha do filósofo, o testemunho da condição radical de possibilidade de um pensamento que nasce do assombro e do temor, e só assim procede na abertura ao outro de si. Longe de produzir saciedade e sedução da posse, a fé revelada no Deus trinitário acende o desejo da Pátria silenciosa e oculta e reconhece o caminho para chegar à Palavra que veio habitar no meio de nós. Escutar o Silêncio, para além do Verbo feito carne e por meio dele, é êxodo sem retorno, peregrinação sempre nova, que vai da não-identidade do presente, dilacerado entre experiência e espera, à Pátria, avistada, embora não possuída, no evento da revelação.

CAPÍTULO IV

REVELAÇÃO E ANTROPOLOGIA

Bultmann e Rahner

O "problema do Outro" está profundamente ligado, na tradição ocidental, ao modo de interpretar o conceito de "Offenbarung — *re-velatio*" justamente porque — segundo a fé cristã, que marca o *ethos* do Ocidente — é a revelação o lugar no qual, na forma mais pura, o Outro vem visitar o mundo da identidade. Partindo da rigorosa necessidade lógica da "Offenbarung" no pensamento de Hegel e da crítica schellinguiana a essa idéia, a figura do outro — reduzida pelo primeiro ao domínio da identidade, tornada inacessível pelo segundo por causa da reivindicação do nada, que garante a pureza da Diferença — surgiu em Barth com toda a força da alteridade de Deus, mediada na revelação histórica realizada em Jesus Cristo até tocar o mundo "como a tangente toca o círculo". O problema que a reviravolta dialética de Barth deixa em aberto é, todavia, o da dignidade e consistência do mundo humano diante do totalmente Outro, que vem mediar-se na história com uma ruptura tão radical. Quem é o homem diante do Outro, que se oferece na revelação? É possível pensar que a alteridade do Outro atinja a identidade sem que isso envolva necessariamente a crise da própria identidade? É razoável recorrer a categorias como "decisão", "autenticidade" da existência, "autotranscendência", que valorizam a consistência do humano no encontro com o Outro?

O problema que assim se delineia é, na verdade, o da "persistência da modernidade", da permanente validade daquele processo de emancipação que colocou o homem no centro da vida e da história como protagonista exclusivo e percebeu na razão adulta o valor decisivo de referência. Ao identificar as possibilidades dessa "persistência do moderno", oferece-se particularmente fecunda a revisitação de duas propostas, que se apresentam como autênticos marcos do moderno, repensado na teologia: por um lado, a "antropologia existencial" de Rudolf Bultmann, que se põe em diálogo com a analítica existencial de Martin Heidegger; por outro, a "antropologia transcendental" de Karl Rahner, caracterizada pela retomada do objetivismo clássico em relação à subjetividade moderna. Em Bultmann, o homem é concebido como "o ser na decisão", a história como o âmbito do "projetar-se na liberdade" e a revelação como o evento do apelo à decisão: dessa maneira, a irrupção do outro não só não destrói o mundo da identidade, como também o chama a sua autenticidade mais plena. Em Rahner, em vez, a revelação oferece-se como a "realização da autotranscendência", o homem como "o ser da transcendência" e a história como o lugar do possível encontro com a alteridade do Outro na palavra.

1. A antropologia existencial de Rudolf Bultmann e a revelação

Bultmann perfila-se em face do mundo liberal em uma relação de continuidade dialética, que permite identificar em seu itinerário de pensamento um processo orgânico de tese, antítese e síntese crítica em relação ao moderno. Ele mesmo escreve em 1957, em uma espécie de balanço de sua trajetória: "Tento associar a contribuição decisiva da assim chamada teologia dialética e a herança da assim chamada teologia liberal e, o que evidentemente implica que minha posição diante de ambas também é crítica".[1] Por conseguinte, os componentes do itinerário de Bultmann são, por um lado, a herança liberal e, por outro, a teologia dialética, e a tentativa de operar entre essas duas posições uma espécie de "Aufhebung" crítica.

O próprio Bultmann, em um texto de 1924, diz em que consiste a herança liberal, à qual não pretende renunciar: "Nós, que viemos da teologia liberal, não poderíamos ter-nos tornado ou permanecido teólogos se não houvéssemos en-

---

[1] BULTMANN, R. Sulla mia teologia. In: Idem. *Credere e comprendere.* Brescia, 1977. p. 839.

contrado justamente no âmbito da teologia liberal, o rigor da veracidade radical; todo o trabalho da teologia ortodoxa universitária, de qualquer tendência que seja, é percebido como um esforço de compromisso dentro do qual não poderíamos ter sido outra coisa senão existências diaceradas... Eis — dissemo-nos — a atmosfera da veracidade, a única na qual podemos respirar".[2] A irrenunciável herança do moderno é, portanto, para Bultmann, a valorização da dignidade do pensamento adulto e emancipado, avesso a qualquer compromisso dogmático: é a audácia da inteligência, o protagonismo da subjetividade, a força do saber crítico, que põe tudo em discussão. Essa emancipação da inteligência não é levada, todavia, até as últimas conseqüências se a própria inteligência não aceita abrir-se a uma possível superação. Com uma fórmula que fará história, porque será escolhida para intitular a revista dos teólogos dialéticos, essa condição de suspensão e de espera é indicada como um estar "entre os tempos" ("Zwischen den Zeiten"). Friedrich Gogarten escreve, no artigo de 1920 assim intitulado, que tinha lançado a fórmula:

> Não nos ensinaram a ver em todas as coisas o trabalho do homem? Vocês mesmos não nos aguçaram o olhar para percebermos o que é humano, induzindo-nos a situar tudo na história e no desenvolvimento? Nós lhes agradecemos por isso. Vocês forjaram o instrumento: agora queremos usá-lo. Agora percebemos as conclusões: tudo o que, de algum modo, é trabalho do homem não só surge, mas também decai depois. E decai quando o trabalho do homem sufocou todo o restante. Hoje é uma hora de declínio... Com toda a seriedade, questionamo-nos, de maneira inquietante, se somos hoje, genericamente falando, homens de fato capazes de pensar Deus... Estamos todos tão profundamente envolvidos em nosso ser homens que perdemos Deus por causa disso. Nós o perdemos. Sim, realmente o perdemos; não há mais em nós nenhum pensamento que chegue até Ele... O espaço tornou-se livre para a pergunta sobre Deus. Finalmente os tempos separaram-se um do outro, e agora o tempo está em silêncio.[3]

O que Gogarten quer transmitir com a fórmula "entre os tempos" é, portanto, a condição da consciência européia na década de 1920, a suspensão entre um tempo que é finito, o tempo da ideologia liberal burguesa que dominou o

---

[2] Idem. La teologia liberale e il più recente movimento teologico. In: *Credere e comprendere*, cit., pp. 10s.
[3] Gogarten, F. Fra i tempi. In: *Le origini della teologia dialettica*. Moltmann, J. (Org.). Brescia, 1976. pp. 504s e 507.

século XIX teológico e filosófico, e o tempo inquieto, não definido que nasce naqueles anos e terá seu desenvolvimento durante o século XX. O "entretempo" de que falam os teólogos dialéticos não é, contudo, uma mera delimitação cronológica, mas também uma indicação teórica. Entre o mundo da identidade e o mundo da diferença instaura-se uma situação intermediária na qual se localiza sua inquieta pesquisa: o problema é como situar-se entre o domínio da identidade, celebrado no triunfo hegeliano da idéia, e a irrupção surpreendente da diferença, preanunciada por Schelling e tematizada por Barth em sua reviravolta dialética. É o problema que Bultmann adverte, não abandonando o mundo da teologia liberal, mas levando-o até suas últimas conseqüências, não renunciando ao poder da inteligência, mas levando-o para além de si mesmo. O mundo da identidade não deve ser anulado, mas impelido a sua superação.

Para realizar essa passagem, Rudolf Bultmann adere à teologia dialética: é o momento que poderia ser definido como antítese dentro de seu itinerário de pensamento. Fazendo seu o programa barthiano, adverte que a única possibilidade de impelir o mundo da identidade para além de si mesmo é abri-lo à irrupção pura e forte da alteridade divina. O passo é realizado por uma dúplice tomada crítica de posição. A primeira diz respeito à presunção de que a teologia liberal tinha de resolver, com a crítica histórica, o problema do fundamento da revelação: Bultmann estende sua crítica à hermenêutica da identidade de caráter hegeliano. A pretensão da teologia liberal era que a crítica histórica "pudesse libertar da hipoteca dogmática e levar a perceber a imagem genuína de Jesus que dá fundamento possível à fé".[4] Bultmann critica essa presunção de poder subordinar a alteridade da revelação à autoridade de uma interpretação histórica, na qual todas as coisas são explicadas: "A ciência histórica não pode, absolutamente, produzir um fruto qualquer que possa servir de base à fé, porque todos *os seus resultados têm somente um valor relativo*".[5] A fé não se funda em uma certeza humana, mas vem de Deus: no mundo liberal, ao invés, "o cristianismo é completamente privado de seu escândalo": não se vê mais como a alteridade de Deus, sua ultramundanidade, signifique que todo o homem e toda a história são superados. Tenta-se dar à fé uma fundamentação que aniquile sua essência, pelo fato mesmo de ser uma fundamentação".[6]

---

[4] BULTMANN, op. cit., p. 11.
[5] Idem, ibidem, p. 11.
[6] Idem, ibidem, p. 21.

O outro ponto sobre o qual Bultmann constrói sua crítica à teologia liberal diz respeito à concepção de homem, deixado em toda a sua solidão: resolvendo a alteridade de Deus em uma mensagem ética, que convida a conformar-se a um modelo alto, elevado em esplêndida continuidade com o que já se é, a teologia moderna, na verdade, abandona o homem a si mesmo. Bultmann escreve: "Deus é a abolição ('Aufhebung') total do homem, sua anulação, seu questionamento, o juízo acerca dos homens... o 'sinal de menos diante do parêntese'".[7] Mesmo assim Deus liberta o homem de sua solidão e o salva: a presunção que a teologia liberal levou adiante, a de que o homem se basta a si mesmo, é desmentida desde os fundamentos: "O homem enquanto tal, o homem em geral, é posto em questão por Deus... Seu pecado original é querer afirmar-se por sua própria iniciativa... Assim que se apercebe, o mundo interior é escardeado e ele se submete ao julgamento de Deus... Mas conhecer o julgamento em tudo isso significa também conhecê-lo como graça, pois redenção é o homem ser livre de si mesmo".[8] Por isso, o objeto de uma teologia que não renuncie a sua verdadeira tarefa será Deus: "A teologia fala de Deus falando do homem assim como este último está posto diante de Deus; quer dizer, fala partindo da fé".[9] Delineia-se, assim, uma antítese precisa: por um lado, Bultmann se reconhece na herança liberal, aderindo ao projeto de emancipação; por outro, denuncia o limite deste mundo da identidade, recuperando o sentido da diferença, que irrompe e que somente desse modo, torna a identidade livre de si mesma. São dois pólos que pareceriam incompatíveis: no entanto, é nessa conciliação dos opostos que Bultmann reconhece seu caminho, na tentativa de uma superação crítica que vá além dos limites das duas posições, assumindo-as junto.

É esse o terceiro momento do processo que caracteriza o itinerário de Rudolf Bultmann, a "Aufhebung" da tese e da antítese, do mundo da identidade ao qual não quer renunciar, representado pela herança liberal, e do mundo da diferença, que sente ter descoberto junto com Barth e com os outros teólogos dialéticos e que, não obstante, pretende assumir sem renegar o valor da identidade mundana. Aquele que fornecerá a Bultmann o instrumento dessa singular "Aufhebung" é Martin Heidegger, seu colega nos anos de ensino em Marburgo. Heidegger publica em 1927 *Sein und Zeit*, e Bultmann publica em 1926 o *Jesus*: a proximidade não é só cronológica, mas resulta profunda no plano das idéias.

---

[7] Idem. Che senso ha parlare di Dio? (1924). In: *Credere e comprendere*, cit., p. 26.
[8] Idem, ibidem, p. 27.
[9] Idem, ibidem, p. 33.

Os dois colegas, o filósofo e o teólogo, encontram-se para discutir juntos; as duas obras também nascem do confronto direto e contínuo dos dois autores. Por isso, quando Bultmann publica, em 1933, o primeiro volume da coletânea de ensaios *Credere e comprendere* [Acreditar e compreender], dedica-o a Martin Heidegger. E se, em 1934, consuma-se a ruptura, porque Heidegger adere ao nacional-socialismo e Bultmann opõe-se a isso, o convívio experimentado é tão profundo que, quando em 1954 republica o volume em uma nova edição, Bultmann não hesitará em dedicá-lo ainda a Heidegger "em grata recordação pelo tempo transcorrido juntos em Marburgo". O que Bultmann recebe de Heidegger é principalmente a "analítica existencial" ("Daseinsanalyse"), de acordo com a qual o mundo da identidade não aparece como o universo de uma essência estática e fechada ou abstrata, mas se percebe e se constrói sempre e só na projetualidade do existir. Em outras palavras, é no plano do estar-aí ("Dasein") que a identidade concretamente existe, não como essência atemporal: a essência está sempre em seu concreto estar-aí, em seu projetar-se; o homem é sua projetualidade. Esse ponto decisivo permitirá a Bultmann a operação que Barth não conseguiu: perceber a alteridade como condição para que se torne autêntica a identidade.

A identidade não "é" abstratamente, mas "existe", está fora ("ex-sistit") no estar-aí, isto é, no ato de uma tomada de posição concreta, projetual, pela qual cada um determina o que, naquele mesmo ato, está fazendo. O homem não "é", mas "está-aí", coloca-se no projeto de ser aqui e agora, toma uma decisão concreta, por força da qual projeta a si mesmo. Se a identidade é um contínuo projetar-se, um contínuo estar-aí sob a égide da autenticidade da decisão, a alteridade que se apresenta na revelação — e aqui está o elemento teológico que Bultmann insere de maneira significativa na estrutura da analítica existencial de Heidegger — não destrói essa identidade, mas a provoca a sair de si, a desafia a sua plena autenticidade. A revelação é, portanto, o apelo a existir na autenticidade, a "estar-aí" profundamente na livre projetualidade do próprio existir. A "Offenbarung" não é, então, como parecia ser em Barth, a negação do mundo da identidade, quase um ato da glória de Deus que se constrói sobre as ruínas do homem, mas é o evento do Outro que, atingindo o homem na palavra, chama-o a sair de si e a projetar-se em uma existência decidida na liberdade, não suportada, não vivida passivamente, mas escolhida, projetada, apropriada na coragem da decisão. O ponto de encontro entre a identidade e a alteridade, a idéia central do pensamento bultmanniano, que emerge fortemente no *Jesus* de 1926 sob a influência de Heidegger, é, portanto, a categoria da decisão ("Entscheidung").

A revelação se torna a condição para que se torne autêntica a identidade pelo ato da decisão, ao qual chama o homem. Isso emerge de muitos textos do *Jesus*. É a própria declaração inicial de intenções de Bultmann que mostra a sua vontade de ler assim o Novo Testamento: "No fundo, não quero conduzir o leitor a uma *'observação' da história*, mas sim a um *encontro* pessoal no nível máximo com a história".[10] Para Bultmann, o conhecimento do outro não é um ato de observação fria, que se posiciona diante do objeto em sua alteridade indiferente: o ato hermenêutico é, para ele, propriamente um "Begegnung mit der Geschichte", "encontro com a história". Mas como se especifica teoricamente essa categoria do encontro, pelo qual a alteridade não destrói a identidade, mas a chama a sua autenticidade? Bultmann mostra-o em textos como o seguinte: "Se, portanto, nós, na história de Jesus, encontramos palavras, elas não devem ser julgadas a partir de um sistema filosófico em relação a sua validade racional, mas as encontramos como perguntas sobre o modo com o qual queremos compreender nossa existência. Com isso, pressupõe-se que nós mesmos somos levados pela pergunta de nossa existência. Mas, então, a interrogação da história conduzirá não a enriquecer-nos de um saber atemporal, mas sim a um encontro com a história, que é um acontecimento temporal; isso seria um diálogo com a história".[11] "Em relação a sua validade racional" ("in Bezug auf ihre rationale Gültigkeit"): percebe-se nessa expressão a polêmica contra o sistema do mundo fechado da identidade, próprio da teologia liberal. Para Bultmann, a revelação não deve ser medida com a racionalidade do homem, mas, exatamente ao contrário, suscitar-lhe a questão concreta "sobre o modo pelo qual queremos compreender nossa existência" ("wie wir selbst unsere Existenz auffassen wollen"). A revelação é o evento com o qual somos postos na situação da decisão sobre "como" existimos. Diante do evento da revelação não somos, então, observadores neutros, mas interpeladores que recorrem à possibilidade de um encontro, e justamente por isso somos chamados à autenticidade de uma existência projetada diante do apelo do Outro. O que dessa maneira

---

[10] BULTMANN, R. *Gesù*. Ed. it. org. I. Mancini. Brescia, 1972. p. 102: "Also zu einer *Geschichts—betrachtung* will ich den Leser im Grunde nicht führen, sondern zu einer höchst persönlichen *Begegnung* mit der *Geschichte*" (*Jesus*, Tübingen, 1926, p. 10).

[11] Idem, ibidem, p. 106: "Begegnen uns also in der Geschichte Jesu Worte; so sollen sie nicht von einem philosophischen System aus in Bezug auf ihre rationale Gültigkeit beurteilt werden, sondern sie begegnen uns als Fragen, wie wir selbst unsere Existenz auffassen wollen. Daß wir selbst von der Frage unserer Existenz bewegt werden, ist dabei freilich die Voraussetzung. Dann aber wird die Befragung der Geschichte nicht zur Bereicherung eines zeitlosen Wissens führen, sondern zu einer Begegnung mit der Geschichte, die selbst ein zeitlicher Vorgang ist; das wäre ein Dialog mit der Geschichte" (p. 14).

se obtém em nível hermenêutico não é o conhecimento atemporal de um sistema abstrato, mas o encontro vivo com a história.

Torna-se necessário, então, compreender o que é propriamente o evento do encontro, em sua densidade antropológica mais profunda: "O valor do homem para Jesus não é determinado por uma qualidade humana qualquer ou pela capacidade de sua vida psíquica, mas sim, unicamente, pelo modo *como o homem decide-se no hic et nunc de sua existência*".[12] O ponto central está na "Ent-scheidung": a etimologia da palavra alemã é completamente análoga à etimologia latina. A "de-cisão" implica o ato do cortar fora, do tomar posição concretamente, do sair-de para estar-na direção em um evento que determina historicamente e temporalmente quem o vive. "Jesus vê, portanto, o homem como alguém que está em seu *hic et nunc*, na decisão, com a possibilidade de decidir-se por meio de sua ação livre. Só o que o homem realiza agora confere-lhe seu valor. E essa *situação de decisão* resulta para o homem do fato de que o futuro do Reino de Deus precipita-se sobre ele. Existe, portanto, analogia com a concepção que vê a essência do homem caracterizada pelo fato de que destino e morte lhe são decretados como realidades determinantes para ele."[13] Como se vê, Bultmann reconhece, no modo pelo qual Jesus concebe o homem e o chama à decisão, uma analogia profunda com a concepção, delineada por Heidegger, que vê a essência do homem caracterizada não por um dado atemporal abstrato, mas pelo fato de que ele é lançado para a morte como realidade determinante e deve decidir-se nessa situação existencial. Bultmann escreverá: "Parece que a análise existencial de Martin Heidegger sobre a existência é só uma exposição filosófica profana da concepção neotestamentária sobre a existência do homem: o homem, que existe historicamente com aquela preocupação consigo mesmo que deriva da angústia, posto continuamente, no momento da decisão, entre o passado e o futuro, perde-se no mundo das coisas à disposição, do impessoal, ou conquista sua autenticidade na rejeição de qualquer segurança e na disponibilidade incondicionada ao futuro. Não seria essa também a forma como o homem é compreendido no Novo Testamento?"[14]

---

[12] Idem, ibidem, p. 144: "Im Gegensatz dazu ist der Wert des Menschen für Jesus nicht durch irgendeine gegebene menschliche Qualität oder den Gehalt seines Seelenlebens bestimmt, sondern allein dadurch, wie *der Mensch sich im Hier und Jetzt seiner Existenz entscheidet*" (p. 49).

[13] Idem, ibidem, p. 144: "Jesus sieht also den Menschen als in seinem Hier und Jetzt in der Entscheidung stehend mit der Möglichkeit der Entscheidung durch seine freie Tat. Nur dies, was der Mensch jetzt tut, gibt ihm seinen Wert. Und diese *Situation der Entscheidung* erwächst für den Menschen daraus, daß auf ihn die Zukunft der Gottesherrschaft trifft. Es ist also ähnlich, wie wenn jemand das Wesen des Menschen dadurch charakterisiert sieht, daß ihm Schicksal und Tod verhängt sind, und wie er sich dadurch bestimmen läßt" (p. 49).

[14] Idem. *Kerygma und Mythos* I. Hamburg, 1948. p. 33.

O Deus da revelação é, portanto, o Deus que vem, e vindo chama à autenticidade do existir: "Para Jesus, Deus é o poder que põe o homem na situação de decisão, que vai ao encontro dele na exigência do bem, que determina seu futuro. Portanto, Deus não pode, com efeito, ser considerado 'objetivamente' como uma natureza que repousa em si mesma; o homem, ao invés, na compreensão efetiva de sua existência pode compreender também Deus. Se não o encontrar aqui, não o encontrará em nenhuma natureza".[15] O Deus "considerado 'objetivamente'" é o Deus que Heidegger definirá como próprio da onto-teologia: Bultmann esboça temas que o colega filósofo irá desenvolvendo também subseqüentemente. O Deus da revelação é, ao invés, o Deus vivo, e seu revelar-se é o evento historicamente determinado pelo qual a alteridade do outro, isto é, Deus na forma pura de sua alteridade, precipita-se sobre o homem, chamando-o a sair de si para existir na autenticidade de uma "Entscheidung", que o torna profundamente homem. A revelação, longe de ser a humilhação do homem, é a condição de possibilidade da autenticidade da existência humana, é aquele apelo que faz emergir o existir do puro mundo da identidade e o abre à autenticidade do existir, onde o ser lançado para a morte é recuperado na decisão que dá sentido à vida.

Essa concepção implica assim a exigência de interpretar toda a revelação segundo o apelo à decisão. Bultmann desempenhará essa tarefa com a elaboração de sua interpretação existencial do Novo Testamento e com seu pressuposto crítico, a "demitização".[16] Mas o conceito de revelação que subsistirá será fundamentalmente o elaborado sob a influência da analítica existencial heideggeriana: tanto as objeções que serão feitas a ele como as possíveis respostas de Bultmann são compreendidas sob essa luz. É possível reduzir a quatro as perguntas críticas fundamentais:[17] no teólogo da demitização ter-se-ia produzido uma redução histórica, escatológica, ética e dogmática. Por força da primeira, a concretude do evento da revelação seria resolvida na pura decisão existencial: não importaria que Jesus realmente tivesse existido; o importante seria só que o anúncio dele como Cristo exista, e chame o homem a sair de si e a decidir-se pela vida. A redução dogmática tornaria vão o cerne da mensa-

---

[15] Idem, ibidem, p. 185: "Gott ist für Jesus die Macht, die den Mensch in die Situation der Entscheidung stellt, die ihm in der Forderung des Guten begegnet, die siene Zukunft bestimmt. Gott kann also gar nicht 'objektiv' betrachtet werden als eine Natur, die in sich selbst ruht, sondern nur in der wirklichen Erfassung seiner Existenz kann der Mensch auch Gott erfassen. Wenn er ihn hier nicht findet, wird er ihn in keiner Natur finden" (p. 90).
[16] Cf. FORTE, B. *Cristologie del novecento*. Brescia, 1983. pp. 105ss. ("Cristologia e antropologia. Sobre Rudolf Bultmann").
[17] Cf. MANCINI, I. *Novecento teologico*. Firenze, 1977. pp. 212ss.

gem: com base nela, não importaria que Cristo fosse verdadeiramente o Filho, revelação de Deus; o importante seria só seu ser funcional à autenticidade da existência humana. Quanto à redução ética, não importaria o conteúdo do bem ou do mal, que os homens possam fazer; o importante seria só seu decidir-se, segundo um verdadeiro e próprio formalismo moral. Finalmente, por força da redução escatológica, não haveria nenhum futuro verdadeiro; o importante seria apenas decidir-se aqui e agora. De tal modo, em todas as frentes, a antropologia engoliria a teologia. Por meio da operação bultmanniana, o mundo da identidade vingar-se-ia do mundo da alteridade pura, redescoberto por Barth. Saído do Egito, do mundo liberal, Bultmann teria lamentado suas cebolas e suas panelas de carne.[18]

É mesmo verdade que Bultmann recai na captura da identidade? É aceitável a leitura de uma tal semelhante redução total do cristianismo? É fundado pensar que em Bultmann tudo se converte no final em uma espécie de antropologia da solidão, do homem deixado sozinho na terrível responsabilidade da "Entscheidung", em que se joga tudo? Há nele somente uma analítica existencial sem nenhuma percepção verdadeira da Diferença? Em torno dessas perguntas se desenvolve todo o debate entre barthianos, bultmannianos e pós-bultmannianos: não é fácil, portanto, dar uma resposta unívoca. É possível, todavia, tentar precisar qual parece ter sido a intenção mais profunda de Bultmann. Seu problema nasce da impossibilidade de aceitar um pensamento da alteridade que negue simplesmente o mundo da identidade, visto que tal pensamento acaba por negar simplesmente a si mesmo. Um "pensamento" da alteridade, de fato, permanece sempre algo produzido dentro do mundo da identidade: se verdadeiramente é a alteridade que se pretende afirmar e levar à palavra do anúncio, o Outro não pode ser compreendido em uma alteridade tal que sua afirmação deva destruir o mundo da identidade, porque este é, não obstante, o mundo de sua expressão histórica. Certamente Heidegger ofereceu a Bultmann um instrumento importantíssimo para resolver o problema assim formulado: a "analítica existencial" permanece preciosa para a teologia na compreensão do ato da revelação e de sua linguagem. Permite aquela interpretação existencial que é dominante, de fato, na existência cristã, porque, no âmbito da vivência da fé, o aproximar-se da palavra de Deus não pode nunca prescindir da tentativa de captar seu signi-

---

[18] Cf. Barth, K. *Rudolf Bultmann. Ein Versuch ihn zu verstehen* (1952), agora In: *Comprendere Bultmann*. Paris, 1970. pp. 133-190.

ficado para o homem concreto e para a autenticidade de seu existir. Bultmann está, nesse sentido, bem mais vivo do que a discussão entre partidários e adversários pôde fazer crer: ele tocou em um problema verdadeiro, embora sua solução seja fraca, sobretudo nos desdobramentos da demitização. O Bultmann do *Jesus* e a utilização que faz da "Daseinsanalyse" constituem uma contribuição irrenunciável para a compreensão da relação entre revelação e antropologia, entre identidade e diferença em seu encontrar-se. A concepção do homem como "o ser na decisão" mostra como a identidade pode formular-se não como mundo fechado, mas como mundo aberto. A idéia de que a história é a autenticidade do projetar-se na liberdade e que, conseqüentemente, a revelação não é o advento de uma alteridade destrutiva da identidade, mas o lugar no qual a alteridade se oferece à identidade como apelo à decisão sobre a qual se joga a autenticidade da existência, parece um ganho irrenunciável. A questão em aberto é assumir seu alcance sem, de modo algum, reduzir a força da alteridade divina. É o que, por meios muito diferentes dos de Bultmann, tenta um outro teólogo que põe no centro de sua pesquisa o problema da relação entre antropologia e revelação: Karl Rahner.

2. A revelação como realização da autotranscendência humana em Karl Rahner

O grande empreendimento teórico de Karl Rahner foi repensar a fé cristã no horizonte crítico da modernidade, sem sacrificar o específico do cristianismo irredutível à razão emancipada.[19] Essa recepção criativa da tradição, própria, aliás, do "complexio catholica", sempre tendente a repensar o antigo para dizê-lo de maneira fecunda e produtiva nas categorias do novo, também explica a intuição fundamental que guia o pensamento rahneriano, formulada talvez de maneira mais densa e programática no livro *Uditori della parola* [Ouvintes da palavra]:[20] a antropologia transcendental. Os direitos da subjetividade, reivindica-

---

[19] Cf. o perfil de K. Rahner traçado por seu discípulo J. B. METZ, em Lessico dei teologi del secolo XX. In: *Mysterium Salutis* 12. VANZAN, P. e SCHULTZ, H. J. (Orgs.). Brescia, 1978. pp. 530-537.

[20] A obra é publicada em 1941: em seguida, será totalmente reformulada sob a orientação de J. B. Metz, aprovada pelo próprio Rahner: *Hörer des Wortes*. München, 1963 (tr. it. Torino, 1967). A concepção do homem como o ser da absoluta abertura transcendente a Deus já está presente na primeira obra de K. RAHNER, *Geist in Welt*, de 1939 (segunda edição München, 1957). As idéias contidas em *Uditori della parola* são retomadas por Rahner em seu *Curso fundamental da fé*; introdução ao conceito de cristianismo. São Paulo, Paulus, 1989, especialmente pp. 39ss e 69ss. (Coleção Teologia Sistemática.)

dos pela razão moderna, são conjugados com os da objetividade, postulados pelo pensamento antigo e medieval: a categoria de "transcendental" é aquela que exprime a fusão dos dois horizontes, porque, embora colocando-se exatamente no espaço da vida e das estruturas do sujeito, afirma sua consistência universal e objetiva. Rahner utiliza esse conceito em um sentido que é, ao mesmo tempo, afim e profundamente diferente do kantiano. Se transcendente é o que faz referência à pura exterioridade do objeto, e imanente o que se move dentro da interioridade do sujeito, "transcendental" é a mediação do sujeito e do objeto. "Transcendental" é a estrutura objetiva da subjetividade; é o que está na subjetividade objetivamente, *a priori* em relação ao sujeito no qual se encontra. Rahner assume essa terminologia não para caracterizar as categorias do conhecer, como faz Kant, mas para determinar a estrutura fundamental da existência humana: "transcendental" é, para ele, a própria estrutura antropológica fundamental, o existencial entendido como a condição pela qual o homem constitutivamente se autotranscende, ou seja, é posto continuamente na tensão de sair de si, de superar-se. Na alternativa entre o puro primado da subjetividade, levado até a absolutização hegeliana do ato da razão, e a afirmação do Objeto puro, levada até o sacrifício da relevância subjetiva e existencial, Rahner situa-se criativamente em uma via de superação dialética que encontra na antropologia seu campo próprio de verificação e demonstração. O homem não é nem um sujeito prisioneiro do próprio mundo interior incomunicável ao outro, nem um simples caso do universal, regrado e medido em tudo pela objetividade: ele é o ser da absoluta abertura ao Transcendente, e, por isso, sujeito objetivamente estruturado em seu ser para a transcendência. Essa abertura transcendental encontra sua plena realização na cristologia: em Jesus, o Cristo, portador absoluto da salvação, é oferecida ao homem a possibilidade suprema de transcender-se ao Transcendente que lhe vem, e então realizar na forma mais elevada o próprio ser para a transcendência ("cristologia transcendental").

A reflexão rahneriana sobre subjetividade transcendental articula-se em três passagens fundamentais: a primeira compendia-se na tese que afirma "a transcendência do ser em geral, que é necessariamente tematizada e constitui essencialmente o homem enquanto espírito".[21] Repensando criativamente a dou-

---

[21] Idem, *Uditori della parola*, cit., p. 98. Cf. a formulação da tese na primeira edição de *Hörer des Wortes*. München, 1941: "Der Satz also von der Transzendenz der Erkenntnis auf das Sein überhaupt als der Grundverfassung des Menschen als Geist ist der erste Satz einer metaphysischen Anthropologie, die ausgerichtet ist auf eine Religionsphilosophie als Begründung der Möglichkeit einer Offenbarung" (p. 86).

trina escolástica da "potentia oboedentialis", não sem a influência das pesquisas heideggerianas sobre a relação entre ser e tempo e, portanto, sobre a diferença ontológica entre o plano do existir e a profundidade do ser, Rahner afirma, nesse primeiro momento, por um lado, a cognoscibilidade fundamental do ser de todo ente ("omne ens est verum") e, por outro, o fato de que essa autotransparência do ser acontece no ato da consciência de si, que é o homem enquanto espírito. "A natureza do ser do ente é conhecer e ser conhecido em uma unidade originária, que chamamos consciência de si, autotransparência do ser para si mesmo ou 'subjetividade'."[22] O existir do homem enquanto espírito é, portanto, o evento da tematização da transcendência do ser: nessa ótica, a "diferença ontológica" permite ser compreendida como "analogia da posse do ser": "É análogo não o 'ser', mas o surgir da diferença entre ser e ente na auto-relação, na autotransparência, no autoconceito e, nesse sentido, na 'posse do ser' por parte do ente".[23] Ser é, portanto, conhecer, na medida em que o ente "possui o ser": o homem — enquanto totalmente aberto ao ser em geral — é espírito, conhecimento, autotransparência do ser, e, por isso, abertura a uma possível autocomunicação plena do ser. "O homem é espiritual, isto é, vive sua vida em uma contínua tensão para o Absoluto, em uma abertura para Deus."[24]

A segunda passagem da antropologia rahneriana é formulada na proposição a seguir: "O homem é o ente que, amando livremente, encontra-se diante do Deus de uma possível revelação. O homem está à escuta da palavra ou do silêncio de Deus à medida que, amando livremente, se abre a essa mensagem da palavra ou do silêncio do Deus da revelação".[25] O que Rahner quer negar aqui é que a autotranscendência do ser se realize no homem na forma de uma necessidade pura e simples, de um processo dialético que exclua a possibilidade da rejeição e, por isso, a dignidade do assentimento: conseqüentemente é a idéia de uma revelação reduzida à espiritualização progressiva do homem segundo a sua lei "natural" interna que é aqui rejeitada. O mistério do ser, seu escondimento apesar de sua luminosidade, é a condição objetiva que torna possível o exercício

---

[22] Idem, ibidem, p. 73.
[23] Idem, ibidem, p. 78, n.1.
[24] Idem, ibidem, p. 97.
[25] Idem, ibidem, p. 145. Na formulação da primeira edição: "Wir können also unseren zweiten Satz unserer metaphysisch-religionsphilosophischen Anthropologie dahin formulieren, daß der Mensch jenes Seiende sei, das in freier Liebe vor dem Gott einer möglichen Offenbarung steht. Der Mensch ist in dem Maße horchend auf das Reden oder Schweigen Gottes, als er sich in freier Liebe dieser Botschaft des Redens oder Schweigens des Gottes der Offenbarung öffnet" (p. 136).

subjetivo da liberdade por parte do espírito finito: o livre ocultar-se e revelar-se de Deus é, portanto, o fundamento ontológico da condição mesma de liberdade da criatura. A autotransparência do ser realiza-se na liberdade: "*ens et bonum convertuntur*"! Sem o assentimento gratuito do amor livre em si mesmo nem Deus abrir-se-ia ao homem, nem o homem abrir-se-ia à infinita profundidade do ser divino. A autotranscendência não se realiza fora de uma autodeterminação moral: ela é condição de possibilidade do encontro, que, porém, exige, para atuar-se efetivamente, a livre decisão de abertura e de acolhida da Transcendência.

É aqui que se insere a terceira passagem da antropologia transcendental de Karl Rahner: se a autotranscendência requer a decisão da liberdade para realizar-se, e se essa não pode efetuar-se no abstrato, mas — como ocorre em cada "decidir" — deve operar-se em relação a um "lugar" determinado e a um evento concreto da própria autotranscendência, é necessário especificar esse "lugar" do encontro. A tese rahneriana é formulada assim: "O homem é o ente que, em sua história, deve prestar atenção a uma eventual revelação histórica de Deus por meio da palavra humana".[26] O lugar de uma possível autocomunicação de Deus não pode ser senão historicamente determinado, porque o homem é espírito como ser histórico e comunica o objeto de seu conhecimento representando-o, sem nenhuma pretensão de esgotá-lo em si, na palavra, "sinal representativo do que não é dado em si mesmo": "Por conseguinte, na medida em que o homem não participa da visão imediata de Deus, é sempre e essencialmente — por força da constituição fundamental de sua existência — um ouvinte da palavra de Deus, aquele que deve prever uma possível revelação de Deus, que não consiste na manifestação direta do conteúdo do objeto revelado em sua própria essência, mas em sua comunicação mediante sinais representativos que indiquem o que deve ser revelado, embora seja diferente deles".[27] Na escuta da palavra, carregada de silêncio porque evocativa da realidade que nela se comunica, mas que também sempre a transcende, o homem abre-se à livre autocomunicação de Deus: o espírito como autotranscendência vem encontrar-se

---

[26] Idem, ibidem, p. 208. Na primeira edição: "Der Mensch erschien uns schon als der notwendig auf eine mögliche Offenbarung des freien Gottes... in einem menschlichen Wort Hörenmüssende" (p. 8).

[27] Idem, ibidem, p. 153. Na edição de 1941: "Solange also der Mensch nicht der unmittelbaren Anschauung Gottes teilhaftig geworden ist, solange ist er immer und wesentlich kraft der Grundverfassung sienes Daseins ein Horcher auf das Wort Gottes, derjenige, der mit einer möglichen Offenbarung Gottes rechnen muß, die nicht in der unmittelbaren Vorstellung des Geoffenbarten in seinem eigenen Selbst besteht, sondern in dessen Mitteilung im stellvertretenden Zeichen, im Hinweis eines anderen auf das zu Offenbarende" (pp. 141s).

com a autotranscendência do ser divino, em um processo livre, historicamente determinado, de sorte a realizar e, ao mesmo tempo, estimular a transparência do ser a si mesmo que se efetiva na consciência do homem. A abertura transcendental do ser humano encontra, assim, na Palavra da revelação o lugar de sua mais adequada realização: uma realização que, todavia, remete sempre às profundidades, para além do Verbo, e que funda a permanente estrutura tensiva do ato de fé, decisão chamada a abrir-se cada vez mais profundamente à abertura do mistério do ser divino, que na Palavra se oferece e, ao mesmo tempo, se esconde.

Em Rahner, portanto, o encontro entre o homem e o Verbo não acontece segundo o esquema redutivo de pergunta e resposta: o círculo não se fecha, porque a Palavra é apresentada em sua relatividade quanto ao além do dito. A insistência mesma na categoria da liberdade mostra como a terceira *conversio* do ser não é concebida em termos exaustivos: "ens et pulchrum convertuntur", o ser e o belo intercambiam-se só no sentido de que a beleza é percepção e oferta do Todo no fragmento, e não captura da totalidade no finito. Aliás, a própria idéia da palavra como "sinal representativo do que não é dado em si mesmo" revela-se prenhe de evocações estéticas, que não resolvem a Transcendência na imanência, nem permitem sua simples correspondência e adequação. A beleza revela o ser em sua inesgotabilidade, e por isso se acosta como realização necessária às outras duas conjugações: a de ser e verdadeiro, indicativa da autotransparência do ser e da espiritualidade do sujeito humano, e a de ser e bem, que realça o valor da liberdade e a dignidade da livre resposta do homem à livre doação do Mistério. É aqui que a antropologia rahneriana mostra sua resistência ao "espírito moderno" em nome da fé cristã no advento: a autotranscendência não se dissolve na imanência, nem Deus é absorvido no mundo, nem a revelação reduz-se a um momento necessário do processo da totalidade do real. A Palavra da revelação é entendida como o lugar da livre gratuidade da autocomunicação divina e da acolhida igualmente livre e gratuita da fé do homem. A antropologia não é reduzida à fenomenologia do processo universal do espírito absoluto. O "ouvinte da Palavra" é projetado fora de si, aberto à exterioridade, em um êxodo livremente orientado para o advento. E o absoluto Portador de salvação não é uma espécie de resposta universal e absoluta, de lei determinante da autotranscendência humana e por isso também, ao mesmo tempo, determinada por ela, mas a Palavra carregada de Silêncio, que revela velando e, retraindo-se, oferece-se ao jogo da liberdade do amor.

É necessário, não obstante, reconhecer que a atenção de Rahner parece fixar-se de maneira privilegiada nas condições transcendentais do encontro e, por isso, no ouvinte da Palavra mais do que na própria Palavra da revelação: a reviravolta antropológica por ele operada na teologia move-se principalmente nessa direção. Se é verdade que a circularidade sujeito-objeto não é simplesmente assumida por ele, mas mantida e, ao mesmo tempo, interrompida em nome da assimetria em favor do Objeto, também é verdade que a intenção de fundo do diálogo com a modernidade leva Rahner a advertir como próprias as urgências do interlocutor. Se ele quer situar-se entre Schleiermacher e Barth, entre a pura redução da experiência religiosa à dimensão imanente do espírito humano e a reivindicação da alteridade e da transcendência do Objeto puro, que é a Palavra da revelação, seu interesse prioritário consiste em determinar as condições antropológicas da escuta da própria Palavra, de maneira que favoreça o encontro entre a subjetividade moderna e a fé na revelação. Dessa maneira, esboça-se um dúplice risco: por um lado, a autotranscendência do homem pode ser tão evidenciada que seja reconduzida ao simples processo dialético do espírito, que não leva em consideração, suficientemente, o papel da decisão e do drama da queda e da rejeição, que obscurece tremendamente a abertura do coração; por outro, o poder da Palavra pode ser tão acentuado que negligencie a intrínseca dialética da revelação e do escondimento, de maneira que o Verbo seja visto como resposta total, como pura abertura do Silêncio, medida pela pergunta da salvação e não suficientemente evocativa do Silêncio para além do dito em si. Se o primeiro risco não está de todo ausente dos desenvolvimentos do cristianismo anônimo,[28] o segundo apresenta-se em certa impressão de "sistema total" que a teologia rahneriana transmite. Quase parece que à presunção de totalidade da razão moderna Rahner responde integrando na totalidade o êxodo e o advento, o humano ir e o divino vir. Dessa maneira, porém, o Silêncio da Origem para além do Verbo arrisca ser simplesmente dissolvido no horizonte fechado do *colloquium salutis* entre a pergunta da antropologia transcendental e a resposta da cristologia do Portador absoluto de salvação. Nessa ótica, a superação dos riscos do pensamento rahneriano parece exigir uma redescoberta mais completa da alteridade em relação à totalidade do mundo do sujeito. É como se o ser autotrascendente pudesse escapar ao perigo de ficar prisioneiro de si só encontrando-se com a pura exterioridade e o denso apelo de infinito

---

[28] Cf. o volume da discípula de Rahner A. Röper, *I cristiani anonimi*, Brescia, 1967.

constituído pelo advento do Outro. A condição transcendental do encontro remete ao necessário aprofundamento da condição "objetiva", na qual venha a ser medida e efetivamente realizada: a transcendência do Outro, e, portanto, sua ulterioridade em relação às mesmas mediações históricas nas quais se revela. A Palavra exige ser transcendida na direção do Silêncio da origem, do qual provém e ao qual remete: a alteridade do Outro não se consuma no signo; Deus não está todo em sua palavra. A palavra deve ser transcendida, porque se não se fizesse isso, superando-a em obediência a ela mesma, a mediação histórica seria absolutizada e Deus encarcerado no mundo da identidade. O problema de Rahner não é diferente do de Bultmann: mediar entre identidade e alteridade, de tal modo que a alteridade não destrua a identidade, mas também que a identidade não absorva a alteridade...

CAPÍTULO V

REVELAÇÃO E PESSOA

Emmanuel Mounier

"Oausente faz escrever... O que deveria existir não existe: é uma constatação que trabalha no submerso, quase sem dor. Chega a uma região que não sabemos localizar, como se tivéssemos sido atingidos pela separação muito antes de sabê-lo. Enfim, quando a situação chega a dizer-se, a linguagem pode ainda ser aquela da antiga oração cristã: 'Que eu não seja separado de ti'. Não sem ti... Está-se doente da ausência, porque se está doente do único. O Uno não existe mais. 'Levaram-no embora', dizem numerosas canções místicas que, contando perda, inauguram a história de seus retornos, em outro lugar e sob outra forma, mas em registros que são mais efeito do que confutação de sua ausência... Assim o ausente que não está mais no céu e nem sequer na terra vive na região de uma terceira estraneidade (nem uma, nem outra). Sua 'morte' colocou-o nessa zona intermediária. De maneira aproximativa, é a região que é designada pelos autores místicos."[1] Escutar a palavra desses testemunhos da ausente Presença é escutar o Silêncio: e se dizer o Silêncio escutado é tarefa necessária da inteligência indagadora, urgência iniludível da alma atenta ao Mistério, não menos é e permanece um empreendimento sempre interrompido, uma "ouverture" que abre caminhos não percorridos para o alhures, uma "fabula mystica" evocadora de outros mundos, de pátrias outras e estrangeiras, embora próximas e suscitadoras de uma saudade pungente.

---

[1] CERTEAU, M. de. *Fabula mystica. La spiritualità religiosa tra il XVI e il XVII secolo*. Bologna, 1987. pp. 37ss.

Quando, então, se faz a pergunta especulativa à escuta da experiência contemplativa para escrutar a estrutura do ser pessoal que aí está implicada, a trama de palavra e silêncio torna-se ainda mais árdua: o pensamento transforma-se necessariamente em "transgressão" — "Denken heißt überschreiten" (E. Bloch) —, e a provisoriedade do resultado torna-se ainda mais evidente. O empreendimento, todavia, é muito sedutor para não ser tentado: não se chegou, talvez, ao conceito de "pessoa" partindo da tentativa de dizer o mistério inexprimível da encarnação do Verbo? E não é justamente a Diferença o ventre fecundo de todo possível dar-se do dizer? E a linguagem não surge no carninho de uma doação originária, de um destinar-se do Ser que, ostentando-se, se retrai e, revelando-se, se vela? Heidegger, na escuta da linguagem, não está, pois, assim tão longe de Tomás de Aquino, atento em conjugar o "intellectus fidei" ao "auditus fidei". Não se pode excluir, então, que o pensamento das coisas ocultas desde a fundação do mundo não aprenda menos da revisitação da rapsódica experiência do místico do que da estrutura orgânica cogitante do especulativo. Sondaremos a estrada: depois de ter traçado algumas linhas da experiência contemplativa, característica da oração cristã, tentaremos ler nela alguma coisa das coordenadas que aí se apresentam da estrutura do ser pessoal, em diálogo com o pensador que fez da "pessoa" o tema de seu indagar pensante, Emmanuel Mounier. Onde a pessoa parece, à primeira vista, desaparecer no abismo do Outro, veremos com surpresa perfilar-se alguns traços de seu mais profundo mistério, daquela *relatio* que a constitui e a chama, quase sua herança ontológica e sua vocação temporal e eterna.

1. Do rezar ateu "a um Deus" ao rezar cristão "em Deus"

A forma trinitária da *re-velatio* determina também a estrutura do ato com que o fiel corresponde mais profundamente à autocomunicação do Deus vivo: a oração. Rezando, o cristão não está diante do Eterno como um estrangeiro diante da Diferença inacessível, mas entra nas profundezas divinas, como que envolto pelo mistério das relações trinitárias, que vêm tocar profundamente seu ser e seu agir. Aquele que reza é, assim, introduzido na própria vida de Deus em união com Cristo, pela ação do Espírito Santo: "Per ipsum et cum ipso et in ipso est tibi,

Deo Patri omnipotenti, in unitate Spiritus Sancti, omnis honor et gloria".[2] Ao rezar, o cristão experimenta o mistério da filiação divina; não se relaciona com um ausente ou com um desconhecido, por mais adorável ou terrível que seja, mas habita no Espírito, pelo Filho, como filho no mistério do Pai: "Enviou Deus aos nossos corações o Espírito do seu Filho, que clama: *Abba*, Pai!" (Gl 4,6b; cf. Rm 8,15). Por isso, a oração é para a fé cristã o terreno da vinda da Trindade na história do mundo, o lugar da aliança entre a história eterna de Deus e a história humana: nela, a criatura toma consciência de ser acolhida no seio da Trindade, e a Trindade é reconhecida presente nas obras e nos dias dos homens. A oração é, ao mesmo tempo, o diálogo de Deus com Deus no coração do homem e o ingresso daquele que reza na Trindade divina: o cristão não reza *a um* Deus, mas reza *em* Deus.

Na oração, aquele que acredita na revelação acontecida em Cristo coloca-se, antes de mais nada, em relação com o Pai, origem de todo dom perfeito (cf. Tg 1,17): o Pai é aquele que toma a iniciativa do amor e envia o Filho e o Espírito Santo. Pura gratuidade irradiante do amor, Deus Pai é o Amante eterno, Aquele que ama desde sempre e amará para sempre, nem nunca se cansará de amar.[3] A oração é o lugar em que o indivíduo e a Igreja reconhecem essa Proveniência originária do amor, fiel e sempre nova. Como tudo vem do Pai, rezar para o cristão quer dizer, primeiramente, fazer-se terreno do advento do mistério de Deus no coração da história humana: rezar é deixar-se amar por Deus, é ficar diante da gratuidade pura do Pai, até que ela inunde o coração e a vida com sua generosidade transbordante. Rezar é receber, esperar na paciência e na perseverança do silêncio cheio de maravilha e de assombro do amor. É Deus quem age na oração, e o homem está diante do mistério na pobreza, para deixar-se amar pelo Eterno. Nesse sentido, a oração cristã é experiência noturna do Outro, silêncio, no qual nos deixamos inundar pelo mistério da presença divina, a "passio" que prepara a "actio", acolhida da qual nasce o dom. Como, porém, tudo vem do Pai, tudo retorna ao Pai: por isso, a oração cristã, terreno do advento, é, ao mesmo tempo, movimento de resposta, ato de remeter tudo a Deus, veículo da

---

[2] Cf. sobre a estrutura trinitária da liturgia cristã, VAGAGGINI, C. *Il senso teologico della liturgia*. 4. ed. Roma, 1965. Para entender ainda mais sua especificidade, pode ser útil a leitura de *Preghiera e filosofia*. MORETTO, G. (Org.). Brescia, 1991.
[3] Sobre essas referências de teologia trinitária cf. FORTE, B. *A Trindade como história. Ensaio sobre o Deus cristão*. São Paulo, Paulinas, 1987.

nostalgia de Deus que está no coração do homem, e, enquanto tal, sacrifício de louvor, ação de graças, intercessão, na qual o mundo inteiro é assumido para reencontrar a si mesmo em sua verdadeira origem. É rezando que o cristão aprende a ver todas as coisas à luz de Deus e, por conseqüência, a denunciar a injustiça e a proclamar a justiça do Reino que vem. Rezando, orienta suas vicissitudes pessoais, as dos homens e as da Igreja para a Pátria, avistada, mas ainda não possuída, do mistério eterno de Deus. Nessa ótica, o *ethos* contemplativo é, para o cristão, inseparável do tornar-se voz dos sem voz, para que tudo seja reconduzido ao coração do Pai, é ter tão profundamente o sentido das coisas de Deus que a luta pela justiça e o compromisso pela libertação do homem unem-se à fome de uma outra justiça e de uma outra libertação, típicas somente do Reino, que deve vir.

Vinda do Pai e a ele tendente, a oração suscitada pela *re-velatio* realiza-se *pelo Filho*, em união com Aquele que é o sumo e eterno Sacerdote da nova aliança, na representação de seu mistério pascal. Se o Pai é a fonte pura do amor, o Filho é aquele que acolhe eternamente o amor, o eterno Amado, que se deixa enviar ao mundo e entregar-se à morte de cruz para ser cumulado do Espírito Santo no dia da ressurreição. A oração *pelo Filho* significa, então, entrar no mistério de sua acolhida e, nesse acolher grato diante de Deus, tornar-se receptivo à Igreja e ao mundo na solidariedade do amor. Esses são os dois aspectos que a oração em relação ao Filho faz resplandecer no *ethos* cristão: a "imitação de Cristo" e o acompanhamento da fé e da vida. A "imitação de Cristo" (*imitatio Christi*) não é cópia de um modelo longínquo que se deva esforçar-se por reproduzir, mas "representação": o Cristo torna-se presente no discípulo a tal ponto que este pode dizer com o Apóstolo "já não sou eu que vivo, mas é Cristo que vive em mim" (Gl 2,20). A oração é o lugar em que o Cristo vem morar nos corações (cf. Ef 3,14): e, dado que ele é em unidade incindível o Crucificado Ressuscitado, a "imitação de Cristo" será inseparavelmente experiência da cruz de Cristo e de sua ressurreição. Imitar o Crucificado é conhecer a aridez na experiência espiritual, que é não só fruto da resistência humana, motivada pelo pecado ou pela fadiga da sensibilidade em deixar-se fazer prisioneira do invisível, mas também, e profundamente, "noite escura" (a *noche oscura* de são João da Cruz), tempo que introduz o fiel no mistério da Cruz do Senhor. Isso explica por que, de acordo com o testemunho dos místicos, todos aqueles que aceitam fazer a experiência de Deus passam pela noite da tentação e pela aridez da oração, e só assim alcançam a plenitude da luz. Por isso, dessa noite a "fabula mystica" pode dizer: "Oh! noite mais amável que a alvorada; / Oh! noite que juntaste / Amado com amada, / amada no Amado transformada!".[4] A oração cristã leva, assim, a imitar o Cristo glorificado: aqui ela se oferece como fonte de paz, participação viva no poder daquele que venceu a morte. A vida do cristão não é senão "conhecer a Cristo, conhecer o poder de sua ressurreição e a participação em seus sofrimentos, conformando-me com ele em sua morte, para ver se alcanço, a ressurreição de entre os mortos" (Fl 3,10s). A alegria dos ressuscitados é experiência da vitória da Páscoa, na qual o homem todo e todo homem é acolhido com Cristo em Deus. E é justamente nesse deixar-se acolher na acolhida do Filho que o *ethos* cristão torna-se acolhida dos outros nele. A oração, especialmente litúrgica, gera a companhia da fé e da vida: nela, os muitos tornam-se o único Corpo do Senhor, vivente no tempo. Por isso, o sentido da Igreja e o espírito de solidariedade nutrem-se nas fontes da experiência do mistério, que é a liturgia, evento do ingresso da eternidade no tempo.

A oração, suscitada pela acolhida da revelação cristã, realiza-se, finalmente, *no Espírito Santo*. No seio da Trindade, a teologia ocidental pensa o Espírito como o liame do amor eterno: entre o Amante e o Amado, o Espírito é o Amor, o *vinculum caritatis aeternae* (Agostinho), a comunhão divina, que suscita a comunhão e a paz no coração dos homens. Junto a essa tradição, que é totalmente pascal, a teologia oriental considera mais o Espírito no evento da cruz do Senhor. Para ela, o Espírito é Aquele graças ao qual Jesus entrou na solidariedade dos pecadores, dos sem-Deus, e, por isso, é o "êxtase de Deus", o dom, no qual o Eterno sai de si mesmo. O Espírito é Aquele que suscita o novo, que abre para o futuro: é liberdade no amor. A liturgia ensina a rezar *in unitate Spiritus Sancti*: enquanto o Espírito é fonte de unidade, a oração no Espírito deixa fazer a experiência da unidade do mistério. O *ethos* que se obtém é aquele do diálogo e da comunhão, que induz a reconhecer o outro como dom, que não faz concorrência, nem suscita temor. E juntamente com isso, enquanto o Espírito é abertura e liberdade, a experiência orante do Espírito torna-nos dóceis e sensíveis à profecia, dispostos ao "novo" de Deus no "antigo" dos homens. Quem rezar no Espírito não poderá não estar aberto à esperança, porque o Espírito está sempre vivo na história. Na oração, fidelidade e novidade, longe de opor-se, oferecem-se

---

[4] São João da Cruz. Noite escura. Estrofe V. In: *Obras de são João da Cruz*. Petrópolis, Vozes, 1960. v. 1, p. 290: "¡Oh noche amable más que el alborada! / ¡Oh noche que juntaste / Amado con amada, / amada en el Amado transformada!".

como aspectos da mesma experiência, na qual o futuro de Deus vem fixar sua tenda no presente dos homens, graças à obra do Consolador.

Para a tradição cristã, portanto, a oração é o lugar onde a Trindade, evento eterno do Amor, entra nas humildes e cotidianas histórias do êxodo humano, e essas, por sua vez, entram no mistério das relações divinas. Nela, a antropologia da identidade, prisioneira de si, é superada graças à acolhida do dom do advento do Outro, ao passo que a antropologia da diferença, destruidora, é vencida na experiência salvífica da Alteridade transcendente. O *ethos* do contemplativo cristão é, afinal, a vida correspondente à boa-nova da *re-velatio*, em que o homem tem tempo para Deus, porque Deus teve tempo para o homem, e o tempo entra na eternidade, porque a eternidade entrou no tempo.

2. A revelação do ser pessoal no ato do rezar "em Deus"

Aquele que reza está *em* Deus: é este o *proprium* da oração e da mística fundada na revelação ocorrida em Jesus Cristo. Envolto no diálogo pessoal dos Três, acolhido nas relações eternas que formam a "pericorese" divina, o ser humano é revelado a si mesmo como ser relacional, como "pessoa". A partir da oração e da contemplação, entendidas em sua especificidade trinitária, o ser pessoal não se define só no registro do ser em si e para si, mas também, necessariamente, no da relação com os outros: o *esse-in* e o *esse-ad* encontram-se até coincidir ontologicamente, como acontece na Trindade, em que as relações fundam-se sobre uma única subsistência, naquela profundidade abismal que o místico percebe, ao mesmo tempo, como "tudo" e como "nada" da Alteridade absoluta e acolhedora. No Deus trinitário, é a relação que subsiste no único ser, de maneira que a relação dos Três é uma comunhão ontológica, que vive da inabitação mútua e total ("pericorese"): eles são Uno, são o Deus único. Na pessoa humana do orante é, ao invés, a subsistência individual que se abre à relação com outros e com o Outro, sem jamais perder a própria singularidade, mas também superando realmente a prisão da própria solidão ontológica em relações reais de conhecimento e de amor, da qual a mais elevada é justamente a "noite mística" do abismar-se em Deus: "Quedei-me e me olvidei, / o rosto reclinei sobre o Amado; / tudo cessou, / me dei, / deixando meu cuidado / por entre as açucenas olvidado".⁵

Na experiência da oração *em* Deus, a pessoa vem, então, situar-se como sujeito absolutamente singular, fonte do dinamismo pessoal (*esse in se*), que finaliza em si mesmo a relação com a exterioridade (*esse per se*), ao mesmo tempo em que se autodestina ao outro (*esse ad*), estabelecendo com os outros uma relação de reciprocidade solidária (*esse cum*). É na unidade dessas relações, em sua interação recíproca, que a pessoa aparece como o sujeito livre e consciente da própria história. É possível verificá-lo confrontando o que do ser pessoal está expresso no ato da oração *em* Deus, fundada na fé na *re-velatio*, com o que diz da pessoa o pensador que dela fez o tema de sua pesquisa: Emmanuel Mounier.

O *ser em si* da pessoa corresponde, antes de mais nada, na experiência de quem reza, a sua subjetividade incomunicável, à autoposse, pela qual ele se pertence e se gere como fonte das próprias escolhas e dos próprios atos. Na consistência ontológica dessa singularidade — percebida por quem reza *em* Deus —, funda-se o valor absolutamente único e irrepetível de todo ser pessoal: a "subsistência" da pessoa, resguardada na oração cristã contra toda redução a qualquer possível "nirvana", é a razão profunda da resistência a toda massificação, é o motivo irrenunciável da rejeição a toda objetivação que reduza a pessoa a sua pura exterioridade, que a controle a partir do externo. Mounier escreve: "A pessoa não é um objeto. Antes, é exatamente aquilo que em cada homem não pode ser tratado como objeto... É a única realidade que nos é dado a conhecer, e simultaneamente, a construir a partir de dentro... A pessoa é uma atividade vivida como autocriação, comunicação e adesão, que se percebe e se conhece em seu ato como *movimento de personalização*".⁶ A idéia da subsistência do ser pessoal — à qual se associam as de incomunicabilidade, de originalidade absoluta e de não-participabilidade, devidas à unicidade ontológica — é o baluarte teórico contra toda possível manipulação da pessoa, a fonte profunda e oculta de toda a sua irradiação e de todo reconhecimento de sua dignidade: prova disso é justamente o testemunho dos místicos cristãos, que, embora perdidos em Deus,

---

⁵ Idem, ibidem, Estrofe VIII, p. 290: "Quedéme y olvidéme, / el rostro recliné sobre el Amado, / cesó todo, y déjeme, / dejando mi cuidado, / entre las azucenas olvidado".
⁶ Mounier, E. *O personalismo*. Livraria Martins Fontes. pp. 18-20.

se reconhecem outros dele e livres nele. E é a própria experiência do orante que mostra como o *esse in se* pessoal nada tem a ver com a clausura ciosa ou a separação altiva: este equivale à singularidade original e fontal, à superabundância de um ser que, possuindo-se na autoconsciência e na liberdade, pode abrir-se e doar-se aos outros, e acolher os outros em si. Emmanuel Mounier afirma ainda:

> Essa riqueza íntima de seu ser confere à pessoa uma continuidade que não nasce da repetição, mas da superabundância. A pessoa é o 'não-inventariável' (G. Marcel). Experimento-a continuamente como em extravasamento... O ser pessoal é generosidade; por isso, funda uma ordem inversa à adaptação e à segurança... A pessoa arrisca e se prodigaliza sem medir as conseqüências.[7]

O *ser para si* da pessoa é igualmente revelado a si mesmo no ato do rezar: colocando-se em oração no mistério divino, o orante expressa o movimento de finalização e automediação que o caracteriza e, por isso, o papel determinante que a consciência e a liberdade têm em seus atos. Pela finalização, o sujeito pessoal refere a si mesmo e mede em si mesmo a exterioridade com que se depara, exercitando as escolhas de sua liberdade; pela automediação, a pessoa distingue o objeto enquanto tal em relação à própria subjetividade, e, por isso, o determina em sua exterioridade em relação a ela mesma, o "objetiva" e, objetivando-o, conhece-o. Isso mostra como o ser em si e o ser para si do sujeito pessoal não são de modo algum concorrenciais: no ato do conhecimento e da decisão — do qual justamente a oração é experiência elevadíssima — nem o objeto é produzido pelo sujeito, pelo qual o "para si" seria a simples extensão do "em si", nem o sujeito é nulificado pelo objeto, pelo qual o "em si" seria anulado pela exterioridade que o alcança e o esmaga. O ato "objetivante" do conhecer e o finalizante da liberdade, longe de eliminar a dialética da exterioridade e da interioridade, manifestam-na em seu nível mais puro, no qual o sujeito afirma-se e expressa-se precisamente no relacionar-se com o objeto no esplendor de sua exterioridade. Mounier escreve: "Escolhendo isso ou aquilo, escolho sempre indiretamente a mim mesmo, e nessa escolha me construo. Por ter ousado, por ter-me exposto e aventurado na obscuridade e na incerteza, encontrei-me um pouco mais comigo mesmo, sem me ter propriamente buscado".[8] Também nesse

---

[7] Idem, ibidem, p. 128.
[8] Idem, ibidem, p. 122.

ponto a experiência mística é prova inobjetável: "Em uma noite escura, / de amor em vivas ânsias inflamada, / oh! ditosa ventura! / saí sem ser notada, / estando minha casa sossegada".⁹

A pessoa não cria seu objeto, nem é simplesmente plasmada a partir do externo, mas estabelece no jogo do em si e do para si uma circularidade que é, ao mesmo tempo, hermenêutica (no nível do conhecimento) e ética (no nível da liberdade): o orante não cria seu Deus, nem é simplesmente determinado por ele, mas o conhece e o ama na liberdade, deixando-se perdidamente conhecer e amar! Essa inseparável correlação de subjetividade e objetividade mostra também a profundíssima unidade do eu e de seu corpo: a corporeidade — a linha de fronteira entre interioridade e exterioridade — é a pessoa em seu acolher e enfrentar a exterioridade do outro, é a existência pessoal incorporada,¹⁰ que como tal integralmente — sem sobras ou lacerações — entra na experiência do rezar *em* Deus. Por isso, o personalismo de inspiração cristã, testemunhado em sua verdade precisamente pelo ato do orante, está longe de qualquer concepção baseada no dualismo alma–corpo: este encara o homem como totalidade pessoal, aberta ou fechada à transcendência (esse, aliás, é o significado do binômio *espírito–carne* no Novo Testamento: o mesmo homem enquanto aberto ao novo de Deus é "espírito", enquanto fechado e voltado para si mesmo é "carne"). O homem total, interioridade transcendental que se encontra com a exterioridade transcendente na automediação e na finalização do conhecer e do querer, é a pessoa, o sujeito em si que se coloca para si reconhecendo a si mesmo a dignidade do critério cognoscitivo e ético, sem por isso nulificar a dignidade e a consistência da alteridade, que resplandece na exterioridade objetiva.

O *ser para o outro* da pessoa expressa sua abertura constitutiva àquilo que é outro de si e o dinamismo decisivo de êxodo e de autotranscendência, em que se constrói a vida pessoal. O recolher-se no em si e para si já levou o sujeito a encontrar-se no conhecimento e no amor com a exterioridade do outro: o ir para o outro o conduz agora a estabelecer as relações nas quais o ser pessoal plenamente se realiza e se expressa. Mounier afirma: "O ordenamento da pessoa surge-nos agora em sua tensão fundamental. Constitui-se por um duplo movi-

---

9 São João da Cruz, *Noite escura*, cit., Estrofe v. I, p. 289: "En una noche oscura, / con ansias, en amores inflamada, / ¡oh dichosa ventura!, / salí sin ser notada, / estando ya mi casa sosegada".
10 Cf. Melchiorre, V. *Corpo e persona*. Genova, 1987.

mento, aparentemente contraditório, na realidade dialético, direcionado a uma afirmação de absolutos pessoais que resistem a qualquer redução e a edificar uma unidade universal do mundo das pessoas".[11] Poucas experiências, como da oração *em* Deus, atestam a verdade dessa dialética do ser pessoal: "A vida da pessoa é afirmação e negação de si: esse ritmo fundamental encontra-se no fundo de todos os seus atos... recolher-se exprimindo-se... A expansão da pessoa implica, como condição interior, uma expropriação de si e de seus bens que priva o egocentrismo de um de seus pólos: a pessoa só se encontra perdendo-se".[12] A experiência fundamental da pessoa torna-se, assim, a comunicação da qual a oração é forma suprema: não é o puro sair de si, o esvaziar-se sem resíduos no outro, que se dissolveria em dependência e alienação; nem é o puro acolher o outro em si, tornando-o objeto do próprio conhecer e do próprio querer; mas é a relação circular pela qual, saindo de si, a pessoa se reencontra no outro e, acolhendo o outro em si, é enriquecida, precisamente enquanto o respeita em sua alteridade. Assim entendida, a comunicação é a vida do ser pessoal, como pontualmente enfatiza Emmanuel Mounier:

> A experiência primitiva da pessoa é a experiência da segunda pessoa: o *tu,* e portanto o *nós*, precede o *eu*, ou pelo menos o acompanha... Quando a comunicação se enfraquece ou se corrompe, perco profundamente a mim mesmo: toda a loucura é um fracasso na relação com os outros — o *alter* torna-se *alienus*, e eu, por minha vez, torno-me estranho a mim próprio, alienado. Quase se poderia dizer que só existo à medida que existo para os outros, ou no limite: que ser significa amar.[13]

O dinamismo da vida pessoal consiste, então, em um permanente sair de si em direção ao outro, para compreendê-lo e assumir suas dificuldades, para dar e dar-se ao outro, na perseverança de uma relação fiel. Só assim a pessoa se expõe, *ex-siste*, torna-se próximo e é direcionada: o *esse ad* não é uma possibilidade adicionada, um aspecto acidental, mas resulta constitutivo do ser pessoal enquanto feito não para a solidão de uma interioridade auto-suficiente, mas para a comunhão de uma relação na qual reciprocamente se dá e se recebe. Dessa relação, o rezar *em* Deus é, precisamente, experiência profundíssima.

---

[11] Mounier, *O personalismo*, cit. pp. 76s.
[12] Idem, ibidem, pp. 88-91.
[13] Idem, ibidem, pp. 63ss.

O *ser com* expressa, enfim, a plena reciprocidade das consciências em que se realiza o destino da pessoa: a interioridade aberta à exterioridade e comunicante com ela é, por sua vez, alcançada pelo centro de irradiação que é a pessoa do outro, e estabelece com as outras pessoas uma relação de reciprocidade e de solidariedade objetiva. Nasce, assim, a comunhão interpessoal e sua concretização histórica, que é a comunidade dos homens: da simples justaposição de existências perdidas na exterioridade da soma de solidões de existências prisioneiras da própria interioridade, chega-se ao ser uno na distinção, à "pericorese" entre as pessoas, na qual cada um é si próprio precisamente à medida que se doa aos outros e se responsabiliza pelos outros. Na oração, correspondente à revelação trinitária, faz-se precisamente a experiência dessa comunhão solidária em Deus dos seres pessoais, em que cada um se descobre responsável por todos e ao mesmo tempo percebe-se sustentado pela co-responsabilidade dos outros. Mounier escreve: "O primeiro ato da pessoa é, pois, o de suscitar, junto com outros, uma sociedade de pessoas cujas estruturas, costumes, sentimentos e instituições sejam marcados por sua natureza de pessoas".[14] A concretização histórica dessa relacionalidade constitutiva da pessoa é a *solidariedade*, entendida como ética da responsabilidade e do compromisso para com os outros, na qual o bem do sujeito encontra sua realização única e autêntica. A oração, lugar da comunicação mais profunda com o Mistério absoluto e — nas relações divinas — com a autêntica necessidade do próximo, é a grande escola da caridade, vivida como êxodo de si, sem retorno.

Subsistência e relação constituem, portanto, o homem como pessoa no dúplice movimento de afirmação da interioridade (*esse in se* — *esse per se*) e de reconhecimento e acolhida da exterioridade (*esse ad* — *esse cum*): esses dinamismos encontram-se precisamente na experiência de quem reza *em* Deus, fundada no evento da autocomunicação divina, que é a revelação trinitária. A estrutura profunda do ser pessoal é assim revelada a si mesma como a unidade viva dessas relações dinâmicas, o sujeito consciente e livre de um situar-se da interioridade na exterioridade e da exterioridade no espaço da subjetividade. Esse situar-se livre e consciente no devenir — que a oração atue como devenir mundano radicado no devenir eterno! — constitui a história enquanto processo em ato que, acolhendo o passado no presente, abre-o ao novo do porvir: poder-se-ia

---

[14] Idem, ibidem, p. 65.

definir, então, *a pessoa como o sujeito consciente e responsável do devenir histórico*, o protagonista da mudança e da gestação do novo, que na oração é invocado e acolhido por sua fonte mais verdadeira. O ser pessoal, compreendido como *sujeito de história*, mostra, ao mesmo tempo, sua irrepetível singularidade e sua constitutiva relação com os outros, seu ser imerso em uma rede de relacionamentos, em face dos quais pôr-se e propor-se na consciência e na decisão da liberdade. Precisamente assim, a pessoa se manifesta como o ser da transcendência, interioridade aberta, continuamente desafiada e enriquecida pelo encontro com o esplendor da exterioridade, sujeito de verdadeiro conhecimento do outro, responsável para consigo mesmo e para com a dignidade infinita dos outros.

Conciliar esses vários aspectos é o dinamismo exigente e o difícil equilíbrio a que tende a existência pessoal na visão da tradição judaico-cristã: por isso, nela a vida da pessoa é pensada no quadro de uma aliança que a transcende, como resposta a uma vocação que incessantemente a afirma e a supera, aquela vocação que precisamente na oração é escutada e acolhida, ali onde o Outro atinge o mundo da identidade e, introduzindo-o na rede das relações que constituem a vida divina, abre-o ao êxodo de si para os outros e ao advento dos outros no mais profundo de si, transformado em morada hospitaleira. Mounier afirma significativamente: "No retrair-se para encontrar-se, no expandir-se para enriquecer-se e tornar-se a encontrar, no retrair-se de novo pelo desapego da posse, a vida da pessoa — sístole e diástole — é a busca, até a morte, de uma unidade pressentida, desejada, mas nunca realizada... É preciso descobrir em si, em meio às distrações, o próprio desejo de buscar essa unidade viva; e escutar longamente as sugestões que nos murmura, percebê-la na fadiga e na penumbra, sem nunca ter certeza de possuí-la. Tudo isso se assemelha a um chamamento silencioso em uma língua que exigiria toda a nossa vida para ser traduzida: eis por que a palavra 'vocação' lhe é mais adequada do que qualquer outra".[15] E vocação é voz escutada e reconhecida no silêncio de uma consumada experiência do Mistério: é experiência e fruto da oração *em* Deus, em que fala o Ausente, e escutamos sua Voz, ecoada na *re-velatio*, e imergimos nela e no Silêncio que abre para encontrarmo-nos na verdade mais profunda do que somos e devemos ser: *pessoas*.

---

[15] Idem, ibidem, pp. 91s.

CAPÍTULO VI

NATUREZA E GRAÇA

Dostoiévski e De Lubac

Entre o tudo e o nada: assim encontra-se o homem, ineliminável finitude, desproporcional à ineliminável infinitude para a qual está aberto. Sua interioridade oferece-se como uma pergunta infinita, limitada e condicionada pela exterioridade, que a transcende e quase a ameaça; ao mesmo tempo, a alteridade, que resplandece na exterioridade, parece ameaçar qualquer capacidade de acolhida do coração humano. "Pois, afinal, que é o homem na natureza? Um nada em relação ao infinito; tudo em relação ao nada; algo intermediário entre o tudo e o nada."[1] O ser pessoal encontra-se na fronteira, em uma coincidência não-estrutural consigo mesmo, incessantemente inclinado à inquietude, marcado de maneira radical pela falibilidade: "É nessa estrutura de mediação entre o pólo da finitude e o da infinitude do homem que se descobre a sua fraqueza específica e a sua falibilidade essencial".[2] A tensão para o outro constitui, portanto, ao mesmo tempo, a identidade do homem, tanto em sua condição trágica de ambigüidade e finitude como em sua capacidade de acolhida do dom que vem do alto. Por isso, a "antropologia negativa" e a "antropologia positiva" paradoxalmente acabam se correspondendo: a existência trágica apela misteriosamente a um advento da Graça que redima a pena de existir...

---

[1] Pascal, Blaise. *Pensamentos*. São Paulo, Abril Cultural, 1973. p. 56. Os pensadores, XVI. Retomo aqui várias idéias e desenvolvimentos de meu *L'eternità nel tempo*. (Milano, 1993), especialmente nos capítulos 3 e 4.
[2] Ricoeur, P. *Finitudine e colpa*. Bologna, 1970. p. 58. (Ed. orig. francesa: *Finitude et culpabilité. I, L'homme faillible; II: La symbolique du mal*. Paris, 1960).

1. O abismo dos "pensamentos duplos"

Um "artista do pensamento" da grandeza de Fédor Dostoiévski[3] dirige sua atenção privilegiada à condição "trágica" do existir humano: "É nisso que deve ser procurado seu *pathos*, é a isso que está ligada a unicidade de sua criação. Em Dostoiévski não há nada fora do homem, tudo se revela apenas no homem, tudo depende apenas do homem".[4] Escavando nas profundezas do coração humano, como verdadeiro "psicólogo do subterrâneo", ele descobre os elementos eternos, as ambigüidades estruturais, o abismo dos "pensamentos duplos", por isso, "quem passou por Dostoiévski e sofreu com ele conheceu o mistério do desdobramento, adquiriu o conhecimento dos opostos e armou-se, na luta contra o mal, de uma nova arma poderosíssima: o conhecimento do mal".[5] E nisso Dostoiévski é propriamente cristão, por unir de maneira inseparável, e ao mesmo tempo carregada de excepcional tensão, o problema de Deus e o problema do homem, que só no cristianismo encontraram-se até o abismo desconcertante do Deus crucificado nas trevas da Sexta-feira Santa: "Dostoiévski é o escritor mais cristão, na medida em que, no centro de sua obra, estão sempre o homem, o amor humano e a revelação da alma humana. Ele mesmo é a revelação do coração do ser humano, do coração de Jesus".[6]

Peregrino do pensamento e da vida nos meandros do espírito humano, Dostoiévski expressa sua ambigüidade radical e constitutiva: por meio de paradoxos levados ao extremo, nos quais exercita todo o seu "poder de negação", descobre "a contradição e o movimento trágicos que existem no estado mais profundo do ser humano, em que este movimento e tais contradições são imersos no ilimitado ser divino sem, todavia, dissolver-se nele".[7] A tragicidade da existência deixa-se reconhecer no permanente assédio do niilismo, "fenômeno que perpassa sua obra como noturna força diretriz, uma tentação sempre pronta a desencadear-se, presságio cujo conteúdo aparece desenvolvido em suas soluções só aparentemente opostas, seja no plano violento, estático, terrorista, de

---

[3] Cf. a coletânea de alguns ensaios já clássicos sobre Dostoiévski intitulada *Un artista del pensiero. Saggi su Dostoesvkij* (GIGANTE, G. [Org.], Napoli, 1992) contém escritos de L. Šestov, N. Berdjaev, F. Stepun e S. Askoldov.
[4] BERDJAEV, N. La rivelazione dell'uomo nell'opera di Dostoevskij. In: *Un artista del pensiero*, cit., p. 40. A expressão "advogado do homem" está na p. 50.
[5] Idem, ibidem, p. 57.
[6] Idem, ibidem, p. 73.
[7] Idem, ibidem, pp. 54s.

uma hipótese revolucionária, seja no plano horizontal, apaziguador, móvel dessa atitude filosófica que se expressou, inauguralmente, na fórmula de Belinskij: 'A negação: eis o meu deus'"[8]

Na obra de Dostoiévski, o niilismo trágico apresenta-se precisamente ao longo de todas as fronteiras da falibilidade humana: o nada envolve o espírito na atividade de seu conhecimento do verdadeiro, de sua vontade do bem, de seu sentimento do belo. No *plano teórico*, ao longo dos caminhos do conhecimento do verdadeiro, a questão radical do mal apresenta-se como desafio permanente à existência de um Deus que seja a verdade eterna e absoluta do mundo. A lógica é inescapável, terrível: se Deus existe, o horror do mal que devasta a Terra é sem fim. Mas esse horror é infinito: logo, Deus existe. Ao mesmo tempo, porém, o argumento remete a seu oposto: se Deus existe, o horror de um mal infinito é inadmissível. Mas esse horror existe: logo, Deus não existe. Do paradoxo não se sai senão por meio de uma conversão radical do conceito de Deus: só se Deus fizer próprio o sofrimento infinito do mundo abandonado ao mal, só se entrar nas trevas mais densas da miséria humana, a dor será redimida e a morte vencida.[9] Mas isso aconteceu na Cruz do Filho: por isso, Cristo é a prova esmagadora da verdade que salva; é, aliás, a verdade alternativa às pretensas verdades que a razão é capaz de construir com suas demonstrações. A "singularidade do verdadeiro", a verdade encarnada em um Indivíduo, identificada com sua pessoa, é o que de mais longínquo pode existir em relação a um pensamento "euclidiano": mas é o que Dostoiévski escolhe, justamente como alternativa à solução niilista da metafísica ocidental: "Se me fosse demonstrado que Cristo não está com a verdade e, efetivamente, resultasse que a verdade não está com Cristo, preferiria ficar com Cristo a permanecer na verdade".[10]

---

[8] Givone, S. *Dostoevskij e la filosofia*. Bari, 1984. p. 8. Em relação ao que segue, cf. a análise convincente desse trabalho, que na primeira parte revisita, de maneira amplamente documentada, as leituras que o pensamento contemporâneo propôs sobre Dostoiévski, ao passo que na segunda propõe "três reflexões" para uma leitura filosófica do grande narrador, respectivamente nos planos estético, ético e teórico. O jovem Dostoiévski sofrera a influência dos círculos socialistas, aos quais estava ligado o crítico V. G. Belinskij.

[9] Cf. a leitura sugestiva de Pareyson, L. La sofferenza inutile in Dostoevskij. *Giornale di Metafisica*, n.s. 4, pp. 123-170. 1982. Pareyson escreve: "O sofrimento divino vem a ser expiação e libertação totais, isto é, vitória definitiva sobre o mal e o sofrimento, precisamente porque é o momento do máximo triunfo da negatividade, ou seja, do mal e da dor, que chegam até a apoderar-se de Deus; precisamente porque é o posto mais avançado do caminho veloz da negatividade, além do qual não conseguiu nem consegue ir; e, se esse dique de resistência mínima não se rompeu com o golpe máximo, então a negatividade foi vencida para sempre, e a humanidade libertada da dor". p. 168.

[10] O trecho faz parte da carta escrita por Dostoiévski à senhora Von Vizin em fevereiro de 1854: Dostoiévski, F. *Epistolario*. Lo Gatto, E. (Org.). Napoli, 1951. v.1, p. 169.

A verdade que explica tudo e tudo organiza em uma harmonia universal, a "apoteose do conhecimento" de que fala Ivã Karamazóv, não vale seu preço: o próprio Ivã não hesita em devolver "respeitosamente" ao Deus dessa verdade o bilhete de ingresso em seu reino. Só a verdade, forjada no fogo da negação e tangenciada pelo nada, só *essa* verdade salvará o mundo: é a resposta de Alëša a Ivã. "Irmão... você me perguntou, há pouco, se existe em todo o mundo um ser que possa perdoar e tenha o direito de fazê-lo. Mas esse ser existe e pode perdoar tudo, todos *e por todos*; porque ele mesmo deu seu sangue inocente por todos e por tudo".[11] Em suma, só a partir de seu interior o niilismo se deixa refutar: só a partir das trevas da Sexta-feira Santa, em que Deus sofre e morre por amor ao mundo, é possível proclamar a vitória da vida, porque aquela morte é a morte da morte. O Deus definitivamente morto não é senão a verdade concebida metafisicamente como razão e fundamento do mundo, fiador dessa totalidade sufocante, de todo perpassada pelo horror do sofrimento humano infinito. É justamente aqui que se encontra a tragicidade ineliminável do conhecimento do verdadeiro: não se chega à luz senão através da cruz; não se entra na vida senão conhecendo a morte. Por isso, a fé deve passar pela angústia da dúvida, a afirmação pela noite da negação, e a verdade há de abrir caminho no escândalo e nas trevas mais densas. Nesse sentido, "Quão terrível é cair nas mãos do Deus vivo!" (Hb 10,31).

A tragicidade da existência humana apresenta-se também no *plano ético*: a dignidade do sofrer — que até aparece entre as formas mais elevadas de purificação e de acesso ao bem — revela-se também ambígua ao homem do subterrâneo! Ele não vacila em desmascarar os prazeres turvos e a equivocidade da vontade, que acompanham tão freqüentemente o sofrimento e nela se afirmam: "O deleite vinha da consciência muito clara que tinha de minha baixeza... não havia nenhuma outra saída, não podia tornar-me um outro homem; embora ainda houvesse tempo e fé para transformar-me em algo diferente, não poderia ter mudado".[12] Mas é justamente nessa afirmação trágica de si, nutrida pelos deleites mais ardentes do desespero, que o nada se apresenta: "Fomos natimortos e já há muito tempo nascemos de pais que não estão vivos; e gostamos sempre mais disso. Tomamos gosto por isso".[13] E é aqui que a vontade de viver impõe

---

[11] As citações de Dostoiévski remetem à coleção completa das obras em nove volumes, Firenze 1958-1963, assim subdividida: *Racconti e romanzi brevi*. Luporini, M. B. (Org.). (I, pp. 1-3); *Romanzi e taccuini*. Lo Gatto, E. (Org.), (II, pp.1-5); *Diario di uno scrittore*. Lo Gatto, E. III (Org.). Aqui: *I fratelli Karamazov*. II, 5, p. 357.
[12] Idem. *Memorie del sottosuolo*. I, 3, pp. 93ss.
[13] Idem, ibidem, I, 3, p. 210.

uma subversão moral, um ato corajoso, que se expressa em uma ética da decisão: "Era evidente que agora era necessário deixar de afligir-se e de sofrer passivamente, limitando-se a argumentar sobre a insolubilidade dos problemas, e tornava-se absolutamente imperioso fazer algo, mas, imediatamente, o mais rápido possível. Era necessário, a qualquer custo, tomar uma decisão, qualquer que fosse ou... ou... aceitar docilmente o destino como é, uma vez por todas, e sufocar tudo dentro de si mesmo, renunciando a qualquer direito de agir e de amar".[14] A alternativa a que chega Raskol'nikov é a escolha moral suprema: abandonar-se ao nada ou reagir. Mas essa só pode ser feita por quem tocou o fundo desesperador do niilismo: é aí que a expiação torna-se possível, precisamente por quem se coloca diante do Deus abismado, como companheiro supremo da dor humana e, ao mesmo tempo, juiz supremo e misericordioso do pecado do mundo. "Expiar é lutar com Deus... Aquele que expia, lutando com Deus, recebe uma ferida incurável, porque a expiação consiste precisamente nisso... Aquele que expia imputa a si mesmo essa dilaceração, acolhe-a na profundidade de seu ser, inflige-a a si mesmo, exatamente como Deus a inflige a si próprio... Expiar é permanecer na contradição — que é a mesma pela qual Deus se atormenta e se entrega à morte... A ternura é para Deus, para o Deus que sofre; mas o sofrimento é de Deus no sentido extremo, não-ultrapassável, trágico."[15]

Enfim, é pelo sentimento, que aspira à alegria e à beleza, que se experimenta a tragicidade da existência humana. Poucos como Dostoiévski perceberam a importância do *plano estético* no tocante à redenção do mundo. É ao príncipe Myškin — o protagonista de *O idiota*, figura enigmática do Inocente que sofre por amor do mundo — que o jovem niilista Hipólito faz a pergunta: "É verdade, príncipe, que uma vez disseste que o mundo será salvo pela beleza?" E o jovem — condenado à morte pela tuberculose — sente-se no direito de acrescentar: "Qual beleza salvará o mundo?"[16] O espetáculo do sofrimento é tal que nenhuma redenção pode ser buscada na direção de uma conciliação harmônica, que supere o escândalo da dor do mundo. Eis por que a beleza pela qual o mundo será salvo deve ser bem diferente de todos os sonhos e desejos possíveis de harmonia: sem passar por sua negação — que é o espetáculo escandaloso do mal que cobre a Terra —, nenhuma beleza poderá salvar-se e salvar. E eis então que é realmente

---

[14] Idem. *Delitto e castigo.* II, 1, p. 300.
[15] Givone, S. *Dostoevskij e la filosofia,* cit., pp. 123ss.
[16] Idem. *L'idiota.* II, 2. p. 470.

o aproximar-se do fim que revela a beleza oculta: o tempo redime a eternidade justamente porque passa com tanta e inexorável fugacidade. Só a morte confere ao instante a profundidade de uma totalidade e de uma eternidade alcançadas: só ao aproximar-se do nada do morrer é que se percebe a maravilha do tempo, a alegria da vida. Também a beleza se oferece, então, como sinal de ambigüidade, na fronteira entre o ser e o nada, repleta de uma aura trágica: "A beleza" — diz Dmítri Karamazóv — "é uma coisa terrível e assustadora porque é indefinível, e não se pode defini-la porque Deus nos deu somente enigmas. Aqui as duas margens se unem, aqui todas as contradições coexistem... O assustador é que a beleza não só é terrível, mas é também um mistério. É aqui que Satanás luta com Deus, e seu campo de batalha é o coração dos homens".[17] Só no fim a beleza se manifestará vitoriosa: "Quando o presente tiver passado e houver chegado o futuro, então o futuro artista encontrará belíssimas formas também para a representação da desordem e do caos transcorridos".[18] No momento, permanece aberta para a beleza a abordagem da conversão do coração, do "dom das lágrimas", de que fala o *stáriets* Zózima: "A natureza é bela e inocente; só nós somos ímpios e tolos, e não vemos que a vida é um paraíso! Porque bastaria querermos entender, e imediatamente teríamos o paraíso em toda a sua beleza, e então nos abraçaríamos chorando".[19]

Essas últimas considerações mostram a profunda ligação que existe em Dostoiévski entre as várias expressões da tragicidade da existência: o plano teórico une-se ao ético, e este à busca da beleza. Se é a decisão de fé que abre à "singularidade do verdadeiro", revelada no Deus crucificado, o caminho da verdade se encontra com o da decisão moral; e se é a conversão do coração que abre ao reconhecimento da beleza que salva, a via estética conjuga-se com o ético. Assim, a relevância da dimensão moral emerge em primeiro plano, na verdade, é justamente nela que se joga mais intensamente o conflito entre niilismo e redenção. E é aqui que se revela o nível mais profundo da tragicidade da existência humana, o que está sobretudo em jogo precisamente na ética do ato: o nível da liberdade. Nesse sentido, a Lenda do grande inquisidor é o grande apólogo do eterno conflito que torna constitutivamente trágica a vida humana: o conflito entre a audácia da liberdade e a tentação tranqüilizadora da renúncia a ela.[20]

---

[17] Idem. *I fratelli Karamazov*. II, 5, p. 174.
[18] Idem. *L'adolescente*. II, 4, p. 661.
[19] Idem. *I fratelli Karamazov*. II, 5, p. 429.
[20] Uma interpretação complexa da Lenda, "atualizada" em relação à história da cristandade russa e ocidental, é oferecida por ROZANOV, V. *La leggenda del Grande Inquisitore*. Genova, 1989 (o original apareceu em São Petersburgo, em 1894).

O cardeal inquisidor a que a Lenda se refere é a figura de quem sacrificou a liberdade à felicidade; o Cristo, o Outro, que está diante dele como um acusado é, pelo contrário, o paladino da liberdade à custa também da felicidade. O conflito entre ambos é insanável: representam a alternativa radical, que se aninha no coração de todo homem e torna trágica sua existência. Entre ambas as opções não há meio-termo, uma solução conciliatória: o *aut aut* é irremediável, total. "O homem é um ser trágico, pois pertence não só a este, mas também ao outro mundo. Para um ser trágico que, como o homem, tem a eternidade em si, a organização final, a estabilidade e a felicidade sobre a terra só são possíveis mediante a renúncia à liberdade e à imagem de Deus que está nele. Os pensamentos do homem do subterrâneo, passando pelo fogo de todas as tragédias de Dostoiévski, traduziram-se em novas revelações do cristianismo. A Lenda do grande inquisidor é a revelação do homem, intimamente unida à revelação de Cristo."[21] Eis por que no mistério do Deus crucificado é que se revela, em última análise, a profunda tragicidade da existência humana: se Deus fez sua a morte, pagando integralmente o preço da liberdade, o caminho da cruz permanecerá para sempre nesta terra como o caminho da liberdade. Todavia, justamente porque o cálice amargo foi bebido até a última gota pelo Filho eterno, o caminho que levará à vida será exatamente este.

2. O Evangelho da graça

A condição humana, trágica em sua falibilidade e duplicidade, tende, contudo, à sua superação, constitutivamente projetada para o outro de si, o infinito a que se sente chamada; como mostrou insuperavelmente Dostoiévski, também no drama do mal o homem conserva uma nostalgia não expressa ou explícita do Totalmente Outro, a cujo encontro a história do Filho em nossa carne surpreendemente vem. Todavia, não é essa nostalgia que exige ou força o advento do Outro: "Não é o sobrenatural que se explicaria pela natureza, pelo menos como postulado por ela: ao contrário, é a natureza que se explica, aos olhos da fé, por meio do sobrenatural, como desejada por ele. 'É o fim que vem antes e

---

[21] BERDJAEV, op. cit., p. 69.

evoca e recruta os meios'" (P. Claudel).²² Toda concepção que sacrificasse a liberdade da iniciativa divina para com o homem opor-se-ia à convicção — decisiva para a fé revelada — da absoluta pressuposição de Deus em relação a todo ser e operar criado: *Deus semper prior et semper maior!* Deus não é a medida do homem: sua soberania e transcendência, a liberdade e gratuidade de seu agir para conosco são o fundamento em que se assenta ou não a certeza de seu ser Amor, revelada até a profundidade do *scandalum Crucis*. Justamente onde aparece a suprema imanência do Amor — no abandono do Filho crucificado em nosso lugar e por nós — mostra-se também a absoluta transcendência e liberdade do ato com que o Eterno nos amou: "Não fomos nós que amamos a Deus, mas foi ele quem nos amou, e enviou-nos o seu Filho como vítima de expiação por nossos pecados" (1Jo 4,10).

Henry De Lubac é o pensador que fez da problemática da relação entre condição humana e ação salvífica divina o objeto central de sua pesquisa histórica e sistemática:²³ apesar das incompreensões e para além dos entusiasmos suscitados, foi mérito indiscutível do teólogo de Cambrai ter mostrado a insustentabilidade da doutrina que concebia natureza e graça como "ordens separadas", a favor de uma visão unitária do plano de Deus para a história, capaz de abraçar criação e redenção, sem sacrificar, por um lado, a autonomia do mundano e, por outro, a gratuidade da graça. Ao realizar essa tarefa, De Lubac acolhia na Teologia as intuições filosóficas de Maurice Blondel relativas ao ponto de encontro entre natural e sobrenatural, amadurecidas graças ao "método da imanência" aplicado à análise do dinamismo intrínseco ao próprio agir humano. Na ação, o homem vai além de si mesmo e se abre àquilo que, ao mesmo tempo, lhe é de todo impossível e absolutamente necessário: "Tudo em nós e fora de nós exige 'o único necessário'".²⁴ O "sobrenatural" não é extrínseco ao mundo da ação, mas é

---

[22] DE LUBAC, H. *Il Mistero del Soprannaturale*. Bologna, 1967. p. 132: "Ce n'est pas le surnaturel qui s'expliquerait par la nature, au moins comme postulé par elle: c'est au contraire la nature qui s'explique, aux yeux de la foi, par le surnaturel, comme voulue pour lui. 'C'est la fin qui est première et qui convoque et recrute les moyens'" (*Le Mystère du Surnaturel*. Paris, 1965. p. 128).

[23] Especialmente nas obras: *Surnaturel. Études Historiques*. Paris, 1946; *Le Mystère du Surnaturel*, cit. (trad. it. citada: *Il Mistero del Soprannaturale*); *Augustinisme et théologie moderne*. Paris, 1965 (trad. it.: *Agostinismo e teologia moderna*. Bologna, 1968). Os dois volumes surgidos em 1965 constituem uma "retractatio" de *Surnaturel* no sentido "agostiniano" de um esclarecimento ulterior e de um desenvolvimento das teses fundamentais. Cf. o que escreve o próprio De Lubac em *Il Mistero del Soprannaturale*, cit., pp. 75-78. De Lubac ocupou-se com Dostoiévski na parte conclusiva de *Il dramma dell'umanesimo ateo*. (1944) Brescia, 1949.

[24] "Tout en nous et hors de nous exige 'l'unique nécessaire'": BLONDEL, M. *L'Action. Essai d'une critique de la vie et d'une science de la pratique*. Paris, 1893. p. 344. Sobre as relações entre De Lubac e Blondel, cf. a pesquisa documentada de RUSSO, A. *Henri De Lubac: teologia e dogma nella storia. L'influsso di Blondel*. Roma, 1990.

como que invocado por ele como meta última e superação absoluta, embora em sua irredutibilidade permanente à nossa "exigência". Compreender a articulação e a profundidade dessa *exigence* imanente ao homem, reconhecendo a um só tempo a gratuidade do dom que a satisfaz, é o projeto em que De Lubac trabalhará em suas investigações da história da teologia e nas conclusões sistemáticas a que chegará, a serviço de um cristianismo aberto às perguntas do homem e de uma antropologia receptiva ao Mistério.

A tese histórica demonstrada por Henry De Lubac é que a idéia da separação entre natural e sobrenatural, levada a um verdadeiro e recíproco "extrinsecismo", não é tradicional no pensamento cristão: antecipada terminologicamente, e também em parte na posição dos problemas, por santo Tomás de Aquino, propenso a definir a consistência da natureza — por ele assimilada da filosofia aristotélica — no horizonte do primado da graça,[25] a questão do "sobrenatural" referir-se-á ao conceito de "natureza pura" só muito depois, no âmbito da polêmica antibaiana, tendente a reafirmar a plena gratuidade do mundo da graça, que parecia, justamente negada pela concepção proposta por Baio do estado presente da humanidade decaída, como necessariamente destinado à ajuda externa da ação divina. "Um dos principais motivos que levaram a teologia moderna a desenvolver sua hipótese da 'natureza pura' até estabelecê-la na base de toda a sua especulação sobre o fim último foi a preocupação de assegurar a plena gratuidade do sobrenatural contra os desvios do agostinismo por ela constatados".[26] É assim que a teoria da "natureza pura" surge bem no século XVI, como observará significativamente o próprio Suarez: "Cajetano e os teólogos mais modernos (*moderniores*) tomaram em consideração um terceiro estado, por eles chamado de puramente natural, que, embora de fato não tenha existido, pode, todavia, ser pensado como possível".[27] O propósito dessa "nova teologia" era enfatizar o valor da graça como de todo "indevida" em relação à natureza (*indebitum naturae*): conceber o homem *in puris naturalibus*, nos limites precisos e exclusivos do que é devido a sua natureza, parecia ser a melhor defesa da novidade surpreendente e indedutível representada pelo sobrenatural.

---

[25] Cf. a terceira parte de *Surnaturel, Aux origines du mot "surnaturel"*, pp. 323-428.
[26] DE LUBAC, H. *Il Mistero del Soprannaturale*, cit., p. 79. "L'un des motifs principaux qui ont poussé la théologie moderne à développer son hypothèse de la 'pure nature' jusqu'à la mettre à la base de toute sa spéculation sur la fin dernière, fut le souci d'assurer, contre les déviations de l'augustinisme qu'elle constatait, la pleine gratuité du surnaturel" (p. 79).
[27] SUAREZ. *De gratia*. Proleg., 4, c. 1, n. 2, citado em DE LUBAC, *Surnaturel*, cit., pp. 105s.

A intenção piedosa não tardou, porém, a produzir frutos corrompidos: a insistência na autonomia e na auto-suficiência, embora limitada, da ordem natural fez com que entre esta e a ordem da graça se concebesse cada vez mais um relacionamento de aviltante estraneidade, que se afastava clamorosamente do espírito da grande tradição cristã. "Para um tomista ardoroso, mas realmente infiel, como o é nesse ponto Cajetano, 'a natureza racional é um todo fechado, no qual as tendências e as capacidades ativas correspondem-se rigorosamente': *Naturale desiderium non se extendit ultra naturae facultatem*. Eis seu princípio; e será este o princípio de toda uma escola moderna. Um tal princípio... é o efeito de um retorno em relação a santo Tomás e a seu século, na compreensão do espírito, assim como é um revés do ímpeto que a filosofia cristã tinha conhecido."[28] Certamente, a teoria da "natureza pura" contribuiu para defender os direitos de um humanismo saudável contra o pessimismo antropológico que algumas tendências da Reforma foram semeando; porém, ao mesmo tempo, favoreceu um progressivo estranhamento da experiência espiritual do compromisso histórico e, paralelamente, do processo de uma laicização crescente, concebida em alternativa à visão de homem fundada no Transcendente. "Querendo proteger o sobrenatural contra toda contaminação, ele foi, de fato, exilado do espírito vivo da vida social, e o campo ficava livre à invasão do laicismo."[29] A própria idéia da graça, reduzida ao conceito de *indebitum naturae*, foi entendida cada vez mais em termos de um *superadditum*, de um elemento sobreposto e extrínseco em relação aos dinamismos mais profundos do ser humano, sem remontar à razão última de sua gratuidade, que a torna irredutível à natureza, e que é a superabundância da vida divina. Enfim, o relacionamento da criatura racional com o sobrenatural foi freqüentemente reduzido a uma mera não-contradição ou *non repugnantia*, em uma forma completamente incapaz de dar a razão da beleza do universo da graça e da nostalgia dele, presente no coração do homem.

De acordo com Henry De Lubac, esse extrinsecismo entre natureza e graça é contrário a toda a tradição cristã: "Toda a tradição, na verdade,... de santo Irineu a santo Agostinho e santo Tomás, bem como são Boaventura, sem

---

[28] De Lubac, H. *Il Mistero del Soprannaturale*, op. cit., p. 187. "Pour le thomiste ardent mais réellement infidèle qu'est en cela Cajetan, 'la nature raisonnable est un tout fermé dans lequel les tendances et les capacités actives se correspondent rigoureusement'. *Naturale desiderium non se extendit ultra naturae facultatem.* C'est là son principe, et ce sera le principe de toute une école moderne. Un tel principe... c'est l'effet d'un recul, par rapport à saint Thomas et à son siècle, dans l'intelligence de l'esprit, comme c'est une retombée de l'essor qu'avait connu la philosophie chrétienne" (p. 179).
[29] Idem, ibidem, p. 9. "Voulant protéger le surnaturel de toute contamination, on l'avait, en fait, exilé, hors de l'esprit vivant comme de la vie sociale, et le champ ressait libre à l'envahissement du laïcisme" (p. 15).

distinção de escolas, transmite-nos, ao mesmo tempo, essas duas afirmações, não antagônicas mas solidárias: o homem não pode viver senão para a visão de Deus, e essa visão de Deus depende absolutamente do beneplácito de Deus".[30] Cumpre, então, superar a doutrina teológica da "natureza pura" para recuperar a idéia antiga e sempre atual da unidade do desígnio divino, que envolve criação e redenção; retornando à boa-nova do Deus Amor, trata-se de repensar o problema da relação entre a natureza e a graça, assim como o das condições de possibilidade do encontro vivificante do homem com a auto-comunicação do Amor divino. Em outras palavras, a superação da separação de natural e sobrenatural deve ser efetuada, antes de tudo, referindo-se à efetiva realidade da história da salvação, que revela a correspondência entre o ato criador originário e a plenitude do ato redentor, de modo que o homem — criado por pura gratuidade do Amor eterno — seja por esse mesmo Amor destinado a receber a autocomunicação, absolutamente livre e gratuita, do Deus vivo nos eventos pascais.

O horizonte da aliança, o cristocentrismo da salvação, o seio das relações trinitárias, nos quais a criatura é chamada a existir e dos quais é chamada a participar por um dom posterior e surpreendente da graça, excluem qualquer dualismo entre uma ordem da natureza, fechada em si mesma e auto-suficiente, embora dentro de seus limites, e uma ordem da graça, que lhe seria simplesmente adicionada de fora. O *solus Christus* paulino exige a "unidade do mistério", a concentração de todos os caminhos de Deus e do homem desejado por ele, na densidade do pacto de aliança, colocado no sangue do Filho e na efusão do Espírito. E dado que, de fato, essa *historia salutis* é a única história real que — embora entre resistências e quedas — os homens vão escrevendo em conseqüência das missões divinas no tempo, de fato, não se tem uma ordem natural "separada", mas natureza e graça vivem do dinamismo das relações da aliança gratuita e surpreendente que as une. Em outras palavras, na concreta ordem histórica, o homem só há que se avir com a graça de Deus em Jesus Cristo: se há uma Palavra de Deus, há uma capacidade de escuta criada no homem, pela qual ele pode ser receptivo à revelação divina e em face dela decidir-se na liberdade; se há uma aliança entre o Eterno e os habitantes do tempo, há neles uma

---

[30] Idem, ibidem, p. 236. "Toute la tradition, en effet... depuis saint Irénée, en passant par saint Augustin et par saint Thomas comme par saint Bonaventure, sans distinction d'écoles, nous transmet à la fois ces deux affirmations, non point antagonistes mais solidaires: l'homme ne peut vivre que par la vue de Dieu — et cette vue de Dieu dépend absolument du bon plaisir divin" (p. 223).

capacidade radical de serem chamados por Deus e lhe responderem na acolhida ou na rejeição; se há o Deus vivo que vem ao encontro do homem e se lhe doa, há um êxodo humano que é abertura ilimitada do ser, autotranscendência infinita que torna possível ao homem ir ao encontro do Advento. Poder-se-ia dizer que, na concreta ordem histórica da salvação, a natureza é — radicalmente — disposição para a aliança, condição transcendental de possibilidade da graça como graça historicamente oferecida ao homem na revelação e por ele acolhida na fé. A capacidade fundamental do homem e sua liberdade diante do evento da revelação e do dom da salvação não estão, então, totalmente comprometidas pelo pecado original: se estivessem, não se poderia sequer falar de "nova aliança", porque o parceiro humano não seria capaz de participar em condições de dignidade, isto é, de consciência e de responsabilidade. Todavia, essa disposição para a graça, esse ser *capax foederis* da criatura humana, é deduzida do fato da revelação e da salvação oferecidas em Cristo, não o funda de modo algum; não é, afinal de contas, porque o homem é capaz e necessitado da aliança com Deus, que a graça é necessariamente concedida; mas é porque Deus o tornou aberto ao pacto consigo e gratuitamente decidiu oferecer-lhe seu próprio ser, que o ser humano é revelado em suas aberturas transcendentais à graça, apesar de toda a tragicidade e finitude do existir histórico. Na perspectiva de uma teologia do sobrenatural fundada na história da salvação, a "natureza" é revelada ao homem no mesmo nível que o mistério da graça!

A partir do horizonte histórico-salvífico da aliança, é possível, portanto, operar a superação da doutrina da "natureza pura" e das duas ordens separadas em favor da unidade do desígnio divino de salvação: "Se um dia Deus deve falar à sua criatura com o propósito de atraí-la a si, sem dúvida é necessário que a tenha feito, primeiramente, 'aberta e interrogativamente'. Sem dúvida, em outros termos, é necessário que já exista aí profundamente inserido por ele na própria constituição dessa criatura, vaga e indeterminada quanto se quererá em sua capacidade, e que teria podido ficar para sempre oculto, como um dúplice apelo: o da iniciativa divina e aquele que emerge da criatura como uma primeira resposta natural".[31] Em que consiste esse apelo na própria constituição do

---

[31] Idem, ibidem, pp. 174s. "Si Dieu doit un jour parler à sa créature afin d'attirer à Lui, sans doute faut-il qu'il l'ait faite à l'avance 'ouverte et interrogative'. Sans doute, en d'autres termes, faut-il qu'il y ait déjà, inscrit par Lui en creux dans la constitution même de cette créature, aussi vague et indéterminé qu'on voudra dans sa portée, et qui aurait pu demeurer à jamais caché, comme un double appel: celui de l'initiative divine, et celui qui jaillit de la créature ainsi qu'une première réponse naturelle" (pp. 167s).

homem? É aqui que a idéia da *potentia oboedientialis*, de uma espécie de correspondência ontológica entre as potencialidades da criatura e o ato com que o Criador as realiza por dom gratuito, revela-se insuficiente: "Para santo Tomás, a simples idéia de *potentia oboedientialis*, que não foi concebida para expressar a condição na qual o dom de Deus nos permite ser filhos de Deus, mas para dar conta da possibilidade do milagre, não basta para definir a relação da natureza humana com o sobrenatural. Não enfatiza, como seria necessário, o caso absolutamente original do espírito".[32] Por isso, eco de uma vastíssima tradição, santo Tomás não vacila em ir mais longe: "O homem foi constituído para ver Deus: com esse propósito, Deus fez a criatura racional, a fim de que participasse de sua semelhança, que consiste na visão dele".[33] "O fim para o qual a criatura racional existe é ver Deus em sua essência."[34] De maneira concisa, Henry De Lubac expressa assim essa convicção, amparada, aliás, nos mais variados testemunhos da tradição cristã: "A criatura espiritual não tem seu fim em si mesma, mas em Deus".[35] Ora, se Deus com um ato de soberana liberdade criou o homem, destinando-o, como seu fim, à visão de sua face, será ele mesmo a não privá-lo dos meios necessários para alcançar a meta à qual o destinou: eis por que não é pela presença do desejo de Deus no coração humano que se deduz a necessidade da graça, mas pelo livre dom da graça, pelo qual o homem é chamado a ver Deus e ajudado por ele a realizar essa vocação, que se compreende a verdadeira natureza da criatura humana e seu elevado destino. Deus permanece sempre primeiro e o soberano! "O próprio desejo não é, de maneira nenhuma, uma 'apetência perfeita'. Não constitui ainda a mínima 'ordenação' positiva para o sobrenatural. É a graça santificante, com seu cortejo de virtudes teologais, que deverá 'ordenar' o sujeito a seu fim último. Pelo menos por si só pode ordená-lo

---

[32] Idem, ibidem, p. 190. "Pour saint Thomas la seule idée de 'puissance obédientielle', qui n'a pas été conçue 'pour exprimer la condition où le don de Dieu nous met de pouvoir devenir enfants de Dieu', mais pour rendre compte de la possibilité du miracle, ne suffit point à définir le rapport de la nature humaine au surnaturel. Elle ne fait pas ressortir, comme il le faudrait, 'le cas absolument original de l'esprit" (p. 182). Logo em seguida, De Lubac observa que, pelo contrário, para Cajetano ela é suficiente: também aqui emerge à distância do grande comentarista para com santo Tomás. Enquanto para ele é evidente a originalidade absoluta da natureza racional, Cajetano reduz "o caso da natureza humana a um simples caso de espécie em sua consideração sobre os seres naturais" (p. 191).
[33] AQUINO, santo Tomás de. *De veritate*, q. 18, a. 1,5: "Homo factus est ad videndum Deum: ad hoc enim fecit Deus rationalem creaturam, ut similitudinem suae particeps esset, quae in eius visione consistit".
[34] Idem, ibidem, q. 8, a. 3, 12. Cf. também, por exemplo, q. 10, a. 11, ad 7um: "Intellectus noster factus est ad hoc quod videat Deum".
[35] DE LUBAC, H. *Il Mistero del Soprannaturale*, cit., p. 137. "La créature spirituelle n'a pas sa fin en elle-même, mais en Dieu" (p. 132). São citados muitos autores: de santo Agostinho a são Boaventura, Alexandre de Halles, santo Tomás, só para trazer alguns nomes.

'suficientemente', ou 'perfeitamente', ou 'imediatamente'... Portanto, se o desejo é realmente uma 'inclinação natural', nem por isso é uma 'inclinação suficiente' ou 'proporcionada'."[36]

O desejo de ver Deus está, portanto, no homem; aliás, radicalmente é o próprio homem e, todavia, nem por isso compromete a gratuidade da graça, porque é só por puro dom que o ser humano poderá realizar o desejo que o constitui. Na unidade do desígnio divino, situa-se, então, como que uma "dúplice gratuidade":[37] aquela pela qual o homem é criado e destinado à visão de Deus, e aquela pela qual esse desejo, inscrito na profundidade da criatura, é realizado pelo dom da graça. "Nada limita a independência soberana do Deus que se doa."[38] "Nenhuma 'disposição' da criatura jamais será capaz, de qualquer maneira, de condicionar o Criador."[39] A unidade da ordem natural e da sobrenatural é fundada não na exigência do homem, mas na unicidade da iniciativa do Amor divino, que se diferencia só em relação à criatura humana, que é, ao mesmo tempo, natureza e liberdade, desejo ontológico e vontade espiritual, ser e história. Em uma tal perspectiva, a transcendência da graça encontra-se com sua imanência, o dom gratuito de Deus com a espera radical do homem: e o encontro de natureza e graça se oferece como a plena realização do ser criatural do qual se irradia a beleza de uma antropologia aberta ao Espírito e realizada no assentimento livre à livre oferta do dom divino. Onde a destinação originária da criatura torna-se autodestinação ao Eterno, e o Deus vivo, por sua vez, gratuitamente, se destina a autocomunicar-se em plenitude ao homem, aí se realiza o milagre da antropologia sobrenatural. A eternidade entra no tempo e aí fixa morada. A identidade é alcançada e habitada pela alteridade do Outro, sem por isso ser aniquilada, e sem que, por isso, o Outro se reduza ao mesmo. Um abismo chama o outro sem eliminá-lo. O mistério do sobrenatural quer significar também esse jogo paradoxal de referimentos: *Abyssus abyssum invocat!* (Sl 42,8).

---

[36] Idem, Ibidem, pp. 120s. "Le désir lui-même n'est point un 'appétit parfait'. Il ne constitue pas encore la moindre 'ordination' positive au surnaturel. C'est encore la grâce sanctifiante, avec son cortège de vertus théologales, qui doit 'ordonner' le sujet à sa fin dernière; du moins peut-elle seule l'y ordonner 'suffisamment', ou 'parfaitement', ou 'immédiatement'... Si donc le désir est vraiment une 'inclination naturelle', il n'est pas pour autant une 'inclination suffisante' ou 'proportionnée'" (pp. 117-118).
[37] Cf. Idem, ibidem, p. 77. "Dúplice gratuidade", "dúplice iniciativa", "dúplice dom". Cf. também pp. 115ss: "Devemos distinguir diligentemente e manter uma dúplice gratuidade, um dúplice dom de Deus. Por conseguinte — se é lícito falar assim, designando-a não em si mesma, mas por meio de um dúplice objeto seu —, uma dúplice liberdade divina".
[38] Idem, *Surnaturel*, cit., p. 494.
[39] Idem, *Il Mistero del Soprannaturale*, cit., p. 307. "Aucune 'disposition' dans la créature ne pourra jamais, en aucune manière, lier le Créateur" (pp. 289-290).

CAPÍTULO VII

ONTOLOGIA E REVELAÇÃO

Heidegger e Lévinas

1. O "pastor do ser" e a questão da Diferença

Martin Heidegger é o pensador que tematizou, do modo mais radical em nosso tempo, a questão do ser, assumindo até as últimas conseqüências a tarefa, que considerou própria do homem, de "pastor do ser": "O homem não é o amo e senhor do ente. O homem é o pastor do Ser. Nesse 'menos' o homem não perde nada. Ele ganha por chegar à Verdade do Ser. Ganha a pobreza essencial do pastor, cuja dignidade consiste em ser convocado pelo próprio Ser para a guarda e proteção da Verdade".[1] O ser é o tema do pensar heideggeriano, mas, ainda anteriormente a isso, é o doar-se originário que determina sua forma, fonte silenciosa e oculta, começo e pressuposição ativa de todo formular-se em pensamento. Precisamente na tomada de consciência sempre mais explícita da originalidade do propor-se silencioso do ser em relação à formulação questionadora do existir, transparece a "reviravolta" (*Kehre*), característica do desenvolvimento do pensamento heideggeriano; essa concerne ao posicionar-se do interrogante, o perguntar do homem, não o propor-se originário e fundante do ser, e permane-

---

[1] HEIDEGGER, Martin. *Sobre o humanismo*, op. cit., p. 68. "Der Mensch ist nicht der Herr des Seienden. Der Mensch ist der Hirt des Seins. In diesem 'weniger' büßt der Mensch nichts ein, sondern er gewinnt, indem er die Wahrheit des Seins gelangt. Er gewinnt die wesenhafte Armut des Hirten, dessen Würde darin beruht, vom Sein selbst in die Wahrnis seiner Wahrheit gerufen zu sein" (*Brief über den "Humanismus"*, Bern, 1947, pp. 172s.). Retomo neste capítulo idéias e desenvolvimentos de meu *Teologia della storia*, cit., especialmente os capítulos 4 e 12.

ce no plano do existir, na direção de uma atitude mais pura diante do dar-se ("es gibt") do ser. A "reviravolta" não reveste esse mesmo dar-se, que é originariamente o evento do ser (o "Ereignis"), por força do qual tudo o que é *é* e o *é* como o ente determinado que é.²

A atitude que está no início da pesquisa filosófica do jovem Heidegger — e em geral, para ele, no início do filosofar — é o perguntar como poder originário. Filósofo é aquele que tem a audácia de questionar em profundidade, de fazer a mais radical de todas as perguntas: "Por que há simplesmente o ente e não antes o Nada?"³ "Formular efetivamente essa questão significa: a ousadia de interrogar a fundo, de esgotar o inesgotável mediante a revelação, revelando aquilo que ela impõe a investigar. Onde qualquer coisa de semelhante ocorre, há filosofia."⁴ Esse situar-se originário do interrogante faz com que a filosofia afigure-se à teologia como pura loucura: onde a filosofia é pergunta, a teologia é escuta da revelação histórica de Deus, e o que vem primeiramente em filosofia é o questionar, o que vem primeiramente em teologia é o ser questionado. Por isso, "somente épocas que não acreditam mais na verdadeira grandeza da tarefa da teologia chegam à idéia ruinosa de que a teologia tem a ganhar com um pretenso rejuvenescimento obtido mediante o contributo da filosofia, ou talvez possa vir a ser substituída ou tornada mais palatável segundo as exigências do tempo".⁵ Por isso, também uma "filosofia cristã" não pode senão oferecer-se como uma contradição em si mesma, "uma espécie de 'ferro de madeira' ('ein hölzernes Eisen') e um mal-entendido".⁶ Mesmo que seja verdade, e tal permaneça, que "a fé que não se expõe constantemente à possibilidade da incredulidade não é sequer uma fé, mas uma comodidade e uma convenção estipulada consigo mesmo para conformar-se ao dogma no futuro, como a uma tradição qualquer", também é indiscutivelmente verdadeiro para Heidegger que "o que propriamente se investiga em nossa questão é uma loucura para a fé".⁷

---

² Nessa perspectiva tem razão quem interpreta o movimento do pensamento heideggeriano com uma originalidade propriamente invertida em relação à fenomenologia desse mesmo pensar: o que vem primeiro é a "Überwindung der Methaphysik", não a "Daseinsanalyse". Cf. a análise documentada de VITIELLO, V. *Heidegger: il nulla e la fondazione della storicità*. Dalla "Überwindung der Methaphysik" alla "Daseinsanalyse". Urbino, 1976.
³ HEIDEGGER, Martin. *Introdução à metafísica*. Rio de Janeiro, Tempo Brasileiro, 1966. p. 37. (Biblioteca Tempo Universitário, 1.)
⁴ Idem, ibidem, pp. 44s.
⁵ Idem, ibidem, pp. 44s.
⁶ Idem, ibidem, pp. 44s.
⁷ Idem, ibidem. Cf. a análise convincente de SCILIRONI, C. Fede e follia: il fondamento della fede per Heidegger. In: Idem. *Possibilità e fondamento della fede*. Padova, 1988. pp. 182-228.

A "reviravolta" que vai configurando-se no itinerário heideggeriano subverte essa atitude inicial e programática do existir mediante a substituição do escutar pelo questionar primitivo: "A característica fundamental do pensamento não é o questionar, mas sim o escutar o que é sugerido pelo que deve tornar-se problema".[8] Se "na história de nosso pensamento o questionar é considerado, desde os tempos mais remotos, a característica determinante do pensar", isto não é por acaso: o esquecimento do ser e a concentração sobre entes, típicos da metafísica ocidental, que, nesse sentido, é a história do niilismo, do abandono do ser em favor das essências domináveis do pensamento, induziram o existir, que é o homem pensante, a posicionar-se como o questionador, que pretende conhecer não o ser da coisa, mas "o que ela é", justamente para dominá-la. A superação da metafísica, entendida como retrocessão ("Schritt zurück") na direção do originário, exigirá necessariamente o abandono dessa atitude pretensiosa e dominadora do existir, para chegar a uma atitude de acolhida radical do ser que se doa, em que o questionar ceda lugar ao ser questionado, a pergunta instrumental converta-se em escuta silenciosa e recolhida, o dizer torne-se o deixar-se dizer por quem escuta a linguagem: "A linguagem fala enquanto diz, isto é, mostra. Seu dizer vem do Dizer originário, tanto para aquilo que se fez palavra como para aquilo que ainda permanece inexpresso, daquele Dizer originário que vai além do perfil da linguagem. A linguagem fala no ato que, como o mostrar, alcançando todas as posições do que pode tornar-se presente, faz com que delas apareça ou desapareça o que, de tempos em tempos, torna-se presente. Como conseqüência, prestamos atenção à linguagem de maneira a deixar-nos dizer por ela seu Dizer. Qualquer que seja o modo como escutamos, cada vez que escutamos algo, o escutar é sempre aquele *deixar-se dizer* que já contém todo perceber e representar. Como o falar é escuta da linguagem, falando nós redizemos o Dizer que escutamos".[9]

No evento da linguagem, é o próprio ser que se oferece como evento: "A linguagem é a casa do Ser",[10] porque o evento do dizer se realiza tanto quanto nele, originariamente; o ser se doa retirando-se, se diz calando-se. Então, o que origina o "mostrar" da linguagem, "realidade desconhecida e não obstante fami-

---

[8] Idem. *In cammino verso il linguaggio*. Caracciolo A. (Org.). Milano, 1984 (original: 1959). p. 139. "Was erfahren wir, wenn wir dies genügend bedenken? Daß das Fragen nicht die eigentliche Gebärde des Denkens ist, sondern – das Hören der Zusage dessen, was in die Frage kommen soll" (*Unterwegs zur Sprache*. Frankfurt a.M, 1985, p. 165).
[9] Idem, ibidem, p. 200.
[10] Idem, *Sobre o humanismo*, cit., p. 55.

liar, da qual todo mostrar do Dizer originário obtém o próprio movimento... alvorada daquela manhã na qual só pode ter início a vicissitude do dia e da noite, alvorada que é, ao mesmo tempo, a primeira hora e a hora mais remota",[11] é o acontecer (*Ereignen*), o evento do ser (*Ereignis*), que "não é o resultado (*Ergebnis*) de alguma outra coisa, mas, ao contrário, a Doação (*die Er-gebnis*). Só seu generoso dar pode conceder alguma coisa como aquele *es gibt*, do qual 'o ser' ainda precisa para alcançar, como ser presente, aquilo que lhe é próprio".[12] O ser doa-se originariamente no mostrar do Dizer originário: mas, doando-se, oculta-se, porque só seu retrair-se pode consentir ao dito ser aquilo que é, ser determinado sobre o fundo obscuro do ser como iluminação (*Lichtung*), como evento determinado. "O destinar no 'envio' do ser, que é o destino que foi descrito como um dar, no qual o que destina quanto a si se detém e se retém, e nesse conter-se em si, nessa suspensão, subtrai-se ao desvelamento."[13]

Em relação a essa dialética do mostrar-se e do retrair-se do ser, o dizer, como escuta da linguagem, enquanto lugar da doação originária e do escondimento originário do Doador, se faz palavra e silêncio, um dizer calando e um calar dizendo, que é menos inadequadamente expresso na poesia e na doxologia: "Dizer é meditar, compor, amar: um inclinar-se quietamente exultante, um venerar jubiloso, um glorificar, um louvar: *laudare*... O poeta deve corresponder a esse mistério da palavra entrevisto com dificuldade e só discernível na meditação. Isso só se consegue quando a palavra poetante ecoa no tom do canto".[14] No escutar a linguagem, apresenta-se então, ao mesmo tempo, o Dizer originário do revelar-se do ser e o silêncio originário de seu ocultar-se: o que permanece excedente não é o dito movido pela Doação originária, mas *o silêncio do ser* no qual ela originariamente repousa e da qual surge. "O silêncio 'co-responde' àquele som sem som da quietude com que o Dizer originário identifica-se em seu mostrar e apropriar".[15]

A "reviravolta" do formular-se ser põe a descoberto a raiz mais profunda do pensamento heideggeriano: o primado absoluto do ser e seu evento, a Doa-

---

[11] Idem, *In cammino verso il linguaggio*, op. cit., pp. 202s.
[12] Idem, ibidem, p. 203.
[13] Idem. *Tempo ed essere*. MAZZARELLA, E. (Org.). Napoli, 1987 (original: 1962). p. 128.
[14] Idem, *In cammino verso il linguaggio*, cit., p. 180. "Sinnend, fügend, liebend ist das Sagen: ein still frohlockendes Sichbeugen, ein jubelndes Verehren, ein Preisen, ein Loben: *laudare*. *Laudes* lautet der lateinische Name für die Lieder. Lieder sagen heißt: singen. Der Gesang ist die Versammlung des Sagens in das Lied. Verkennen wir den hohen Sinn des Gesanges als Sagen, dann wird er zur nachträglichen Vertonung des Gesprochenen und Geschriebenen" (p. 216).
[15] Idem, ibidem, p. 207.

ção originária e a originalidade do nada, ou do "silêncio do ser", no qual ela se coloca e do qual provém. Essa raiz já fora o motivo inspirador de *Ser e tempo* na evidenciação da "diferença ontológica", pela qual os entes distinguem-se do ser, e o existir se acha "lançado" em relação à originalidade do nada e projetado para a possibilidade da impossibilidade pura e simples impossibilidade de existir, que é a morte. Porém, enquanto *Ser e tempo* expressa em sua incompletude a postura do perguntar originário e cessa onde se deveria ter deixado falar o ser pela incapacidade da linguagem da identidade em operar sua subversão e dizer a diferença,[16] o itinerário sucessivo de Heidegger esforça-se em abrir-se ao evento propriamente "revelador" da Doação originária. Isso acontece negativamente, no princípio, por meio da crítica das formas nas quais o esquecimento do ser foi consumado em toda a metafísica ocidental, que por isso — como Nietzsche entendeu — não é outra coisa senão a história do niilismo; e, depois, positivamente pela análise dos lugares do "acontecer" do ser, que são, por excelência, a linguagem, a arte e a poesia.

Na "pars destruens" desse itinerário, a teologia é atacada diretamente pela crítica, na forma daquela que Heidegger chama a "onto-teo-logia": o pensamento da coisificação ou da entificação de Deus não é senão um caso singular, e talvez o mais exemplar, do niilismo do Ocidente, lugar do *ocaso*, do declínio no esquecimento do ser. Reduzir Deus a um objeto entre os objetos do pensar, explicá-lo com a idéia de *causa sui*, significa simplesmente esvaziá-lo de toda a santidade e sublimidade, de todo caráter misterioso de seu ser outro, para fazer dele um ente disponível ao jogo instrumental do conceito de existir: "Onde tudo o que é presente se dá à luz do nexo causa—efeito, até mesmo Deus pode perder para a representação toda a santidade e sublimidade, o caráter misterioso de sua distância. Deus, à luz da causalidade, pode decair ao nível de uma *causa efficiens*. Então, também no âmbito da teologia, ele torna-se o Deus dos filósofos, ou seja, daqueles que definem o desvelamento e o oculto com base na causalidade do fazer, sem nunca levar em consideração a origem essencial dessa causalidade".[17] Diante desse Deus da "onto-teo-logia" não é possível nenhuma experiência de escuta do silêncio do ser, nenhuma doxologia: "Diante da *causa sui*, o

---

[16] "Essa problemática secção foi deixada em suspenso porque o pensamento não chegou a exprimir de modo suficiente tal inversão e, com a ajuda da linguagem da metafísica, não conseguiu executá-la". Idem, *Sobre o humanismo*, op. cit., p. 47.

[17] Idem. *Saggi e discorsi*. Tr. G. Vattimo. Milano, 1976. p. 20.

homem não pode cair de joelhos cheio de reverência, nem pode produzir música e dançar diante desse deus. Destarte, o pensamento desprovido de um deus, o pensamento que deve deixar de lado o deus da filosofia, o deus como *causa sui*, talvez esteja mais próximo do deus divino".[18] Onde se perde o sentido do silêncio do ser, a causa do "deus divino" está comprometida: no esquecimento do ser naufragam também o escondimento e a revelação do Totalmente Outro! A "pars destruens" — como crítica do esquecimento do ser (*Seinsvergessenheit*) — revela aqui sua possível relevância em favor de uma teologia do "deus divino" contra o "*Deus mortuus et otiosus*" da "onto-teo-logia". É como um reivindicar os direitos do Deus do silêncio da *re-velatio* contra o Deus muito humano da tagarelice filosófica e teológica!

Se é tão nítido o juízo sobre a metafísica como história do ser e de seu esquecimento e, portanto, como história do niilismo ocidental, não tão claro é o caminho da "*pars costruens*" heideggeriana em busca de um modo de dizer a diferença superando a linguagem da identidade: do ponto de vista do colocar-se do existir, esse caminho é uma espécie de educação para a escuta do Dizer originário e do não menos originário calar. Essa via da escuta é aquela na qual só pode aparecer, no entanto, o ser além da essência e do sagrado (*das Heilige*), a ele indissoluvelmente unido. É o caminho de uma peregrinação para a pátria, que é a proximidade do ser: "Só nessa proximidade se decide se e como Deus e os deuses se negam e continua a noite, se e como amanhece o dia do sagrado, se e como em tal alvorecer do sagrado podem novamente começar a aparecer Deus e os deuses. O sagrado, porém, que é só o espaço essencial da divindade, a qual, por sua vez, garante apenas a dimensão para os deuses e para Deus, só chega a aparecer se antes, e em uma longa preparação, o próprio Ser se abre e é experimentado em sua Verdade. Somente assim começa, a partir do Ser, a superação dessa apatridia na qual estão perdidos não apenas os homens, mas a própria essência do homem".[19] No caminho da escuta da Doação originária, nas

---

[18] Idem. La costituzione onto-teo-logica della metafisica. In: *Identità e differenza*. In: "Aut-Aut", 1982. nn. 187-188, pp. 35s.
[19] Idem, *Sobre o humanismo*, op. cit., p. 63. "In dieser Nähe vollzieht sich, wenn überhaupt, die Entscheidung, ob und wie der Gott und die Götter sich versagen und die Nacht bleibt, ob und wie der Tag des Heiligen dämmert, ob und wie im Aufgang des Heiligen ein Erscheinen des Gottes und der Götter neu beginnen kann. Das Heilige aber, das nur erst der Wesensraum der Gottheit ist, die selbst wiederum nur die Dimension für die Götter gewährt, kommt dann allein ins Scheinen, wenn zuvor und in langer Vorbereitung das Sein selbst sich gelichtet hat und in seiner Wahrheit erfahren ist. Nur so beginnt aus dem Sein die Überwindung der Heimatlosigkeit, in der nicht nur die Menschen, sondern das Wesen des Menschen umherirrt " (*Brief über den "Humanismus"*. p. 169).

"estradas interrompidas" que se dirigem ao coração do bosque cerrado do ser, o próprio ser se oferece, revelando-se ao mesmo tempo que se retrai e se vela: o Sagrado aparece justamente na forma do retrair-se do ser, quando se abre, mas, abrindo-se, necessariamente se retrai para permitir ao ato de seu abrir-se de determinar-se. O dia do sagrado alvorece da noite do ser, onde o ser vindo à linguagem permanece recolhido como o silêncio da proveniência e do horizonte, sobre o qual se entalha o acontecer dos entes.

A linguagem é, então, ao mesmo tempo, o lugar do advento do ser e a repetição de seu êxodo: re-velação no dúplice sentido do oferecer-se presente do velado e do novo velar-se do oculto.[20] "A linguagem é o advento manifestante-ocultante do próprio Ser."[21] Se na linguagem o ser vem à luz (ad-vem), isso se realiza justamente enquanto a proveniência desse advento permanece misteriosa e oculta: "Chamo ex-istência do homem o estar na abertura da luz".[22] "O Ser, enquanto destino que destina a Verdade, continua oculto."[23] Desse modo, se na linguagem se realiza o vir à luz do ser, que, no entanto, fica oculto, esse escondimento que permanece para além da linguagem e se manifesta como escondimento, justamente por meio dele, pode ser indicado como "silêncio do ser": "O que importa é só que a verdade venha à linguagem e que o pensamento chegue a essa linguagem. É possível que a linguagem reclame um justo silêncio, em vez de uma expressão precipitosa. Mas qual de nós, homens de hoje, poderia imaginar que seus esforços se encontrem à vontade no caminho do silêncio?"[24] Esse silêncio do ser — noite para além da iluminação, amanhecer no qual o revelado remete ao oculto e o oculto se oferece como o Destinador originário — não é puro e simples "não-ser": pode reconduzir-se ao "nada" desde que o "nada" seja pensado como ausência *da presença* ou presença *da ausência* que incide na presença justamente enquanto proveniência e morada, isto é, como ausência que é sem deixar de *ser.* "O nada não é um objeto, nem em

---

[20] Compreende-se sob essa luz a exigência heideggeriana de superar a terminologia da "Offenbarung": pense-se, por exemplo, no uso da temática do "bergen" ("Ent-bergung", "Verbergung"). In: *Beiträge zur Philosophie* (Vom Ereignis). Frankfurt a.M., 1989. p. 389, n. 243, "Die Bergung". p. 249, n. 131. "Das Übermaß im Wesen des Seyns (das Sichverbergen)".
[21] Idem, *Sobre o humanismo*, cit., p. 45. "Sprache ist lichtend-verbergende Ankunft des Seins selbst" (p. 158).
[22] Idem, ibidem, p. 41. "Das Stehen in der Lichtung des Seins nenne ich der Ek-sistenz des Menschen" (p. 155).
[23] Idem, ibidem, p. 64. "Das Sein als das Geschick, das Wahrheit schickt, bleibt verborgen" (p. 170).
[24] Idem, ibidem, p. 70. "Alles liegt einzig daran, daß die Wahrheit des Seins zur Sprache komme und daß das Denken in diese Sprache gelange. Vielleicht verlangt dann die Sprache weit weniger das überstürzte Aussprechen als vielmehr das rechte Schweigen. Doch wer von uns Heutigen möchte sich einbilden, seine Versuche zu denken seien auf dem Pfad des Schweigens heimisch?" (p. 174).

geral um ente; não se apresenta por si, nem junto com o ente, ao qual todavia inere. O *nada é a condição que torna possível a revelação do ente como tal para o ser existencial do homem*. O nada não dá somente o conceito oposto ao do ente, mas pertence originariamente à essência do próprio ser."[25] O *Ereignen* — revelação revelante, isto é, o suceder do evento que constitui e desvela as coisas em sua verdade — "faz ser o livre espaço da clareira luminosa, à qual acedendo o que está presente pode permanecer como tal e da qual escapando o que é ausente pode ser tal, sem cessar de ser".[26]

Esse silêncio do ser (esse estar ausente sem por isso "não-ser", esse nada misterioso e oculto) é, portanto, o espaço do Sagrado? E, dado que "só a partir da essência do sagrado pode-se pensar a essência da divindade",[27] é o espaço do Deus misterioso e oculto? Toda resposta corre o risco de açodamento; todavia, se deve ser excluída uma leitura em chave mística do itinerário de Heidegger, não se pode excluir que sua origem teológica — que "permanece sempre futuro"[28] — leve na direção de alguma relevância teológica do "silêncio do ser". Dois pontos emergem com evidência da crítica à "onto-teo-logia": por um lado, a não-identidade de Deus e do ser e, portanto, a não-pertinência do termo *ser* em teologia, para evitar toda coisificação e entificação do ser divino; por outro, a pertinência da dimensão do ser para fazer a experiência de Deus. "Eu acredito que o ser não possa absolutamente ser pensado na raiz e como essência de Deus, mas acredito, por outro lado, que a experiência de Deus e de seu ser manifesto, justamente enquanto esse ser manifesto pode encontrar o homem, resplandece precisamente na dimensão do ser, o que, porém, não significa, de maneira nenhuma, que o ser possa ter o sentido de um predicado possível para Deus."[29] Dessas duas afirmações pode-se extrair uma terceira: se Deus não é o ser e, portanto, não pode ser reduzido sequer a um dos entes (como acontece na

---

[25] Idem. *Che cos'è la metafisica?* Trad. de A. Carlini. Firenze, 1953. p. 24. Cf. sobre este tema GIVONE, S. *Storia del nulla*. Roma / Bari, 1995.
[26] HEIDEGGER, M. *In cammino verso il linguaggio*, cit., p. 203.
[27] Idem, *Sobre o humanismo*, cit., p. 81.
[28] "Herkunft bleibt stets Zukunft": "Sem essa proveniência teológica eu jamais teria alcançado o caminho do pensamento. Mas a proveniência permanece sempre futuro". Idem, "Da un colloquio nell'ascolto del linguaggio". In: *In cammino verso il linguaggio*, cit., p. 90.
[29] "Ich glaube, daß das Sein niemals als Grund und Wesen von Gott gedacht werden kann, daß aber gleichvoll die Erfahrung Gottes und seiner Offenbarkeit (sofern sie dem Menschen begegnet) in der Dimension des Seins sich ereignet, was niemals besagt, das Sein könne als mögliche Prädikat für Gott gelten": *Aus sprache mit Martin Heidegger an 06/XI/1951*, edição organizada por Vortragsausschuß der Studentenschaft der Universität Zürich, Zürich, 1952, citado por MARION, J. L. *Dio senza essere*. Milano, 1987. pp. 84s. n. 17.

"onto-teo-logia") e se, todavia, de seu advento só se pode fazer experiência na dimensão do ser, o espaço para Deus poderia residir naquela região do ser que não vem à luz, que fica silenciosa e oculta para além da essência, que não é o nada como simples e puro "não-ser", mas eventualmente como o além do ser enquanto ser determinado, como noite e silêncio do ser. Tendendo para essa profundidade misteriosa, o pensamento permanece aberto, perene viandante à espera de um advento: "Continuamos, portanto, também nos dias que nos esperam, a caminho, como viandantes direcionados à proximidade do Ser".[30]

O silêncio do ser, então, como para além da diferença ontológica, enquanto esta é inexprimível na linguagem da identidade, se oferece pelo menos como o possível lugar da proveniência do advento, o silente lugar fecundo das palavras e, portanto, a possível Origem silenciosa da Palavra, que possa vir a habitar nas palavras: "A própria diferença ontológica, e também o Ser, portanto, torna-se muito pequena... para pretender oferecer a dimensão, e menos ainda a 'morada divina', na qual Deus poderia tornar-se pensável... A diferença ontológica, *quase* indispensável para todo o pensamento, se oferece assim como propedêutica *negativa* ao pensamento impensável de Deus... O impensável... caracteriza Deus como a *aura* de seu advento, a glória de sua insistência, o esplendor de seu retiro".[31] O nada — pensado fora da trama da identidade que o relaciona ao ser como sua simples negação (não-ser = não-ente = nada) — se oferece como o espaço do retrair-se do ser e, ao mesmo tempo, de seu provir, como o lugar sem lugar de seu acontecer e, por isso, de seu negar-se, porque só negando-se o ser determina-se como evento: acontece. O nada como auto-negação do ser é, portanto, plenitude originária e oculta, é a ausência do fazer-se presente, o silêncio no qual ressoa a palavra, a noite na qual resplandece a iluminação, o oculto, a partir do qual e no qual se realiza a revelação. Enquanto tal, ele é, para além das essências, dos entes e de seu definir-se, negação não do ser, mas da determinação do ser e, portanto, retrair-se ou autonegar-se do ser como Doação originária. Aqui o caminho heideggeriano revela a influência da "theologia crucis" de Lutero,[32] mas evoca também a linguagem da apófase dionisiana, que se dirige à

---

[30] HEIDEGGER, *Sobre o humanismo*, cit., p. 71.
[31] MARION, *Dio senza essere*, cit., pp. 67s.
[32] Especialmente na forma indicada programaticamente nas Teses XIX e XX da *Disputatio di Heidelberg* (1518): WA 1.362, mas também em textos precedentes, que têm todo o sabor de densos manifestos hermenêuticos, como o comentário a Rm 8,19 na *Vorlesung über den Römerbrief* de 1515-1517: WA 56.371. Cf. LOEWENICH, W. von. *Theologia crucis*. Visione teologica di Lutero in una prospettiva ecumenica. Bologna, 1975. Cf. também FORTE, B. La giustificazione. Gli "initia Lutheri". In: Idem. *Sui sentieri dell'Uno*. Milano, 1992. pp. 122-199.

"Trindade para além do ser, do divino e do bem":[33] confirmação, embora indireta, de uma abertura teológica, em que refloresce sua proveniência originária desse "pastor do ser"?[34] Não poderia, então, essa indicação do nada como "silêncio do ser", enquanto lugar da proveniência do evento, oferecer-se exatamente como vestígio que abra o horizonte no tempo de pobreza? "O tempo da noite do mundo é o tempo da pobreza porque se torna sempre mais pobre. Já se tornou tão pobre que não pode reconhecer a falta de Deus como falta... E por que os poetas no tempo da pobreza?... Ser poeta no tempo da pobreza significa: cantando, inspirar-se no vestígio dos deuses foragidos. Eis por que, no tempo da noite do mundo, o poeta canta o Sagrado."[35] O "silêncio do ser" poderia talvez constituir o vestígio, detectado na noite do mundo, para abrir-se ao canto do Sagrado, para seguir não os deuses foragidos, mas o Deus silencioso e oculto no tempo do ser...[36]

2. O semblante dos outros e a superação da identidade absoluta

O itinerário de Emmanuel Lévinas[37] parte de Heidegger para superá-lo: aluno de Husserl e Heidegger, em Friburgo, entre 1928 e 1929, Lévinas herda do

---

[33] *Mistica Teologia*. PG 3.997 A. Cf. Forte, B. L'universo dionisiano nel Prologo della "Mistica Teologia". *Medioevo*, 4 (1978), pp. 1-57 (agora também em *Sui sentieri dell'Uno*, cit., pp. 11-64), e Yannaras, C. *De l'absence et de l'inconnaissance de Dieu*. Paris, 1981, sobre o relacionamento entre Heidegger e o Pseudo-Dionísio.

[34] Pense-se no que o próprio Heidegger declara: "Sem essa proveniência teológica jamais teria chegado ao caminho do pensamento. Mas a proveniência permanece sempre futuro" (Da un colloquio nell'ascolto del linguaggio. In: Heidegger, M. *In cammino verso il linguaggio*, cit., pp. 89s): "Ohne diese theologische Herkunft wäre ich nie auf den Weg des Denkens gelangt. Herkunft aber bleibt stets Zukunft" (Aus einem Gespräch von der Sprache. In: *Unterwegs. zur Sprache*, p. 91).

[35] Idem. Perché i poeti? In: Idem. *Sentieri interrotti*. Tr. P. Chiodi. Firenze, 1984. pp. 247. 249s: "Die Zeit der Weltnacht ist die dürftige Zeit, weil sie immer dürftiger wird. Sie ist bereits so dürftig geworden, daß sie nicht mehr vermag, den Fehl Gottes als Fehl zu merken, '... und wozu Dichter in dürftiger Zeit?' Dichter sein in dürftiger Zeit heißt: singend auf die Spur der entflohenen Götter achten. Darum sagt der Dichter zur Zeit der Weltnacht das Heilige" (*Wozu Dichter?*, In: *Holzwege*. 5. ed. Frankfurt a.M., 1972. pp. 248.250s.).

[36] Cf. sobre esses temas além de *Heidegger e la question de Dieu* (Paris, 1980); Costa, F. *Heidegger e la teologia*. Ravenna, 1974; Penzo, G. *Pensare heideggeriano e problematica teologica*. Brescia, 1970; Regina, U. *Heidegger. Esistenza e sacro*. Brescia, 1974. Sugestiva é a leitura de Coda, P. Dono e abbandono: sulle tracce dell'essere heideggeriano. In: *Nuova Umanità*, 6 (1984) n. 34/35, pp. 17-59.

[37] Sobre E. Lévinas, cf. entre outras obras Petrosino, S. *La verità nomade. Introduzione a Emmanuel Lévinas*. Milano, 1980; Mura, G. *Emmanuel Lévinas: ermeneutica e "separazione"*. Roma, 1982; Baccarini, E. *Lévinas. Soggettività e Infinito*. Roma, 1985; Malka, S. *Leggere Lévinas*. Brescia, 1986. Sobre o relacionamento com Heidegger, cf. o que escreve o próprio Lévinas em uma nota de *Altrimenti che essere o al di là dell'essenza* (Milano, 1983, p. 49, n. 28):

primeiro o modo de pensar — a atenção fenomenológica — e do segundo a pergunta fundamental. É a pergunta na qual — como o próprio Heidegger reconhecerá — parece naufragar o empreendimento iniciado com *Ser e tempo*: Como dizer o "outro de si" na linguagem do ser? Como fazer ouvir o som inaudito da alteridade com as palavras da identificação? Não se trata de pensar simplesmente um "ser outro", como fez, por exemplo, a "onto-teologia" em relação a Deus como Ente supremo. Trata-se — muito mais radical e problematicamente — de pensar o "outro de si" ou o "além da essência", que não se deixa reduzir ao mundo fechado dos entes. Trata-se de romper a totalidade na qual foi pensada a metafísica desde os gregos até os modernos para redescobrir a verdadeira alteridade, irredutível ao simples existir disponível do ente e, portanto, subversiva em relação à violência praticada pelo totalitarismo próprio dos sistemas da filosofia ocidental. Uma tal redescoberta da alteridade só é possível no registro da escatologia profética: "A face do ser que se revela na guerra fixa-se no conceito de totalidade que domina a filosofia ocidental. Os indivíduos reduzem-se aí a portadores de forças que os comandam às escondidas. Os indivíduos levam a essa totalidade seu sentido... A escatologia, ao invés, não introduz um sistema teleológico na totalidade, não consiste em ensinar a orientação da história. A escatologia relaciona-se com o ser, *para além da totalidade* ou da história, e não com o ser para além do passado e do presente".[38]

Esse além da totalidade não se oferece de maneira puramente negativa, como o simples sinal de "menos" diante do parêntese que abarca o todo: reflete-se, antes, de maneira incisiva dentro da própria totalidade da experiência e da história: "Pode-se remontar a partir da experiência da totalidade, a uma situação em que a totalidade se fragmenta, ao mesmo tempo que essa situação condiciona a própria totalidade. Tal situação é o fulgor da exterioridade ou da transcendência no rosto dos outros. O conceito dessa transcendência, rigorosamente desenvolvido, exprime-se pelo termo infinito".[39] Em relação a essa alteridade, que se apresenta no semblante dos outros como exterioridade e infinito, a subjetividade não está perdida: é apreendida como separação e apropriação do ser

---

"Essas linhas devem muito a Heidegger. Deformado e mal-entendido? Pelo menos essa deformação não terá sido uma maneira de esquecer a dívida, nem essa dívida um motivo de esquecimento". A segunda parte da frase final é referida ao relacionamento ambíguo entre Heidegger e o nazismo. Cf. também Brezzi, F. Pensare altrimenti la differenza: Lévinas e Heidegger. *Aquinas*, 26 (1983), pp. 459-484.

[38] Lévinas, E. *Totalidade e Infinito*. Lisboa, Edições 70, 1988. p. 10. (Biblioteca de Filosofia Contemporânea, 5.).
[39] Idem, ibidem, p. 12.

em *De l'existence à l'existant* [Da existência ao existente] (1947),⁴⁰ mediante a análise da experiência do *il y a*; como fruição e moradia em *Totalidade e infinito* (1961); como êxodo de si sem retorno, responsabilidade para com o outro a ser vivida em uma assimetria que só respeita o outro como outro, em *Autrement qu'être ou au-delà de l'essence* (1974). É sobretudo essa categoria ética da responsabilidade que permite a Lévinas superar o imperialismo da subjetividade totalizante para abrir o eu a uma verdadeira experiência do infinito que se oferece na face do outro. "A ética é o campo que designa o paradoxo de um Infinito em relação ao finito sem negar-se nessa relação":⁴¹ a ética é a explosão da unidade originária e absoluta do eu, a abertura ao além da experiência, o lugar do testemunho — e não da tematização — do Infinito a partir da responsabilidade para com os outros de um sujeito que suporta tudo, que está submetido a tudo, que sofre por todos e é responsável por tudo.

A reflexão metafísica é, portanto, assumida e superada na reflexão ética: só graças à responsabilidade pelo outro que o sujeito sai realmente do encarceramento de si, rompe a totalidade ilusória de seu mundo e aceita tornar-se refém do outro. Só então, na inquietude para com o outro levada até a substituição, o eu atinge realmente a si mesmo, livre dos grilhões do próprio mundo absoluto, para reencontrar-se no ter-se perdido por causa e em favor do outro. É por essa via que Deus vem à idéia, pelo vestígio dele que se oferece no semblante dos outros: "Pensamos que a idéia-do-Infinito-em-mim — ou minha relação com Deus — me ocorre na concretude de minha relação com o outro homem, na socialidade que é minha responsabilidade para com o próximo: responsabilidade que não contraí em nenhuma 'experiência', mas da qual o semblante dos outros, por força de sua alteridade, por força da sua própria estranheidade, fala como que do mandamento vindo *não se sabe de onde*... como se o semblante do outro homem, que de repente 'me interpela' e me ordena, fosse o nó do enredo mesmo da superação por parte de Deus, da idéia de Deus...".⁴² É como o apresentar-se de uma revelação ética de Deus de um seu vir à idéia só quando o pensamento da totalidade do eu se rompe no gesto da responsabilidade pelo outro: "É necessário um ato de justiça — a retidão do face-a-face — para que se produza a abertura que leva a Deus — e a 'visão' coincide aqui com esse ato de

---

⁴⁰ Idem. *Dall'esistenza all'esistente*. Casale Monferrato, 1986.
⁴¹ Idem, *Altrimenti che essere...*, cit., p. 186.
⁴² Idem. *Di Dio che viene all'idea*. Milano, 1982. pp. 12s.

justiça... Não pode haver nenhum 'conhecimento' de Deus que prescinda da relação com os homens. O outro é justamente o lugar da verdade metafísica, indispensável à minha relação com Deus. Não desempenha de modo nenhum o papel de mediador. O outro não é a encarnação de Deus, mas precisamente por seu rosto, no qual está desencarnado, a manifestação da majestade em que Deus se revela".[43] Relacionando-se com o outro sem correlação, amando o próximo por pura gratuidade, vivendo a responsabilidade pelos outros, sem a preocupação da reciprocidade, o sujeito não só é outro, mas também atinge o "outro de si", o para além de seu mundo, e nesse espaço para além do pensado e do dito deixa-se alcançar pelo advento do Outro, não como objeto morto, mas como Deus vivo, o "Deus-que-vem-à-idéia, como vida de Deus".

Como Lévinas chegou a essa superação radical da totalidade no Infinito que se apresenta no semblante dos outros e, portanto, a essa resolução global da metafísica na ética, da subjetividade absoluta na responsabilidade para com o outro, experimentada como êxodo de si sem retorno? Se a primeira e fundamental indagação lhe veio de Heidegger e da releitura que este faz da metafísica ocidental como história do niilismo, a forma da resposta foi-se delineando na progressiva reapropriação de suas raízes judaicas: o judaísmo ofereceu-se-lhe como categoria do humano, religião da ética da responsabilidade, testemunho purificado no fogo do Holocausto do valor infinito do Outro, que se apresenta na revelação, para a superação do imperialismo do sujeito e da violência que se lhe segue. "Nenhuma religião, decerto, em cânones de conformismo, de domínio e de fundação econômica. Mas é provavelmente característica do povo judaico viver e suportar, já em sua história excepcional e na precariedade de sua condição e de sua posição na terra, a incompletude de um mundo experimentada a partir da exigência, irredutível e urgente, da justiça na qual reside a essência de sua própria mensagem religiosa. Crueza do mundo... do qual o judaísmo não é somente a consciência, mas também o testemunho, isto é, o martírio... Como se o destino judaico representasse uma rachadura no invólucro do ser imperturbável e uma presença percebida em meio a uma insônia na qual o inumano não está mais encoberto e oculto pelas necessidades políticas por ele construídas e não está mais justificado por sua universalidade."[44]

---

[43] Idem, *Totalidade e infinito*, cit., p. 65.
[44] Idem. *L'aldilà del versetto. Letture e discorsi talmudici.* Napoli, 1986. pp. 71s.

É de modo especial ao *Talmude* que Lévinas atribui o mérito de singularizar a verdade e, portanto, de contestar toda presunção de totalidade. O princípio talmúdico de que "a Torá fala a linguagem dos homens" encerra o grande pensamento de que a Palavra de Deus pode ser contida nas palavras das quais se servem os seres criados entre si: "Contração admirável do Infinito, o 'mais' habitante no 'menos', o Infinito no Finito".[45] É por isso que o judaísmo nos torna atentos à palavra concreta e singular e nos abre à verdade que se comunica na proximidade concretíssima do outro. A raiz profunda da superação da metafísica na ética da responsabilidade é esse pensamento judaico da revelação, que vem de outro lugar em relação ao mundo grego: nesse encontro de mundos, a alteridade se oferece para romper o imperialismo ocidental da subjetividade, e a descoberta do outro no apresentar-se desnudo da exterioridade de seu semblante, vestígio de infinito, vem desbloquear a impossibilidade constituída do dever dizer a diferença na linguagem da identificação, o "outro de si" nas palavras da metafísica, exaurida no esquecimento do ser. Graças a esse retorno às raízes judaicas, Lévinas fecunda o pensamento grego do Ocidente com um desafio novo e real: o da alteridade corretamente entendida, aquele para além do todo que, acontecendo na proximidade do outro, chama o eu à responsabilidade e o abre aos outros libertando-o do encarceramento de si. Nesse sentido, não há dualismo em Lévinas, quase simples justaposição de filosofia e revelação, de pensamento grego e tradição bíblica: nele os dois mundos se encontram, e a eleição do "lugar" grego, com a seriedade de suas perguntas e de seus caminhos interrompidos, oferece-se como terreno de advento de um pensamento que vem de algures e para ele se abre. O judaísmo é testemunho do Outro, selado pela permanente inquietude da consciência judaica para com toda presunção de totalidade e pela permanente intolerância de todo totalitarismo para com essa forma tenaz de singularização inaudita da verdade.

---

[45] Idem, ibidem, p. 59.

CAPÍTULO VIII

TEMPO E REVELAÇÃO

Friedrich Nietzsche

A busca de uma "redenção do tempo" caracteriza a filosofia de Friedrich Nietzsche e o advento do niilismo por ela anunciado como superação das modernas "filosofias da história" voltadas para essa redenção no tempo, e na qual a razão adulta aspiraria celebrar o próprio triunfo. Está nesse encontro paradoxal de niilismo e redenção a aporia insolúvel de Zaratustra que o torna, ao mesmo tempo, afastadíssimo e extremamente próximo do Evangelho cristão do tempo como καιρος, tempo favorável, hora da graça, toda jogada na acolhida do advento do Outro. Na verdade, opondo-se a uma redenção *do* tempo histórico mediante a retomada do eterno retorno, entendido como redenção *a partir do* tempo, Nietzsche acaba por eliminar a consistência da alteridade em que tudo se resolve no círculo da repetição do idêntico, não há mais espaço para a Diferença. A dialética entre tempo e eternidade, fundada na revelação como advento do Outro e expressa na espera vigilante de uma redenção do tempo, é, inseparavelmente, o reconhecimento da alteridade que salva da prisão opressiva da identidade absoluta.

1. Tempo circular e tempo linear

Mircea Eliade observou que a diferença principal entre o homem das sociedades arcaicas e aquele das sociedades modernas, fortemente marcadas pelo judeu-cristianismo, "consiste no fato de o primeiro sentir-se solidário com o cosmo e os ritmos cósmicos, enquanto o segundo considera-se solidário apenas com a História".[1] Certamente também para o mundo arcaico há uma história: mas trata-se de uma "história sagrada", indefinidamente repetível a partir do modelo exemplar conservado e transmitido pelos mitos. É como se se percebesse uma "revolta contra o tempo concreto, histórico", uma "nostalgia de um retorno periódico ao tempo mítico das origens, ao 'grande tempo'".[2] Os objetos e os atos não têm um valor autônomo intrínseco, mas recebem valor e tornam-se reais conforme participam de uma realidade que os transcende: o gesto adquire sentido à medida que é repetição de uma ação primordial. "Com a repetição do ato cosmogônico, o tempo concreto... é projetado no tempo mítico, *in illo tempore*, no qual ocorreu a fundação do mundo."[3] "A realidade é alcançada em virtude da *repetição* ou da *participação*."[4]

Os modos de ser, de pensar e de agir do mundo arcaico foram elevados à dignidade filosófica por Platão, cujo grande mérito consistiu "no esforço do justificar teoricamente essa visão da humanidade arcaica, com os meios dialéticos que a espiritualidade de sua época colocava-lhe à disposição".[5] Por trás desse esforço especulativo está a ânsia de responder à pergunta suscitada pela "cruz do tempo": Como regenerar a história? Como ancorá-la em um fundamento que lhe dê consistência, dignidade e duração? Como anular o peso do negativo, o senso de incompletude, a percepção inexorável da queda, e fundar, ao mesmo tempo, um comportamento medido pelos valores que levem ao eterno e não se deixem absorver e dissipar no flutuar dos dias? A humanidade arcaica avalia a possibilidade da regeneração cíclica do tempo por meio da superação ritual da história: para ela o que realmente é essencial e primordial é o início, aquele início arquetípico que Platão identificou com o mundo das idéias. "Tudo recomeça a cada instante a partir de seu início: o passado não é senão a prefiguração do futuro, nenhum acontecimento é irreversível, e nenhuma transformação é definitiva. Em um certo sentido, pode-se dizer que nada de novo se produz no mundo, pois tudo é simples repetição dos mesmos arquétipos primordiais."[6]

---

[1] ELIADE, M. *O mito do eterno retorno*. São Paulo, Mercuryo, 1992. p. 11.
[2] Idem, ibidem, p. 7.
[3] Idem, ibidem, p. 29.
[4] Idem, ibidem, p. 38.
[5] Idem, ibidem, p. 38.
[6] Idem, ibidem, p. 80.

Essa atitude não deve ser confundida com uma forma de desprezo da existência e das realidades deste mundo: mostra, ao contrário, "o esforço desesperado para não perder o contato com o *ser*", a paixão por dar dignidade a uma vida que parece simplesmente acontecer, queimando-se no próprio ato de realizar-se. Na especulação grega, o mito do eterno retorno "tem o sentido de uma tentativa suprema de 'estabilização' do devenir, de aniquilação da irreversibilidade do tempo".[7] A visão cíclica da história não é regresso ou queda para trás, mas regeneração, repetição do arquétipo, que é a única realidade e o único valor realmente essencial e duradouro.

Que resposta oferece essa visão à pergunta que eleva da "cruz da história"? Que significado tem o sofrimento no ciclo do eterno retorno? Não seria provavelmente errado dizer que ele é exorcizado: constituindo um momento do processo, que será anulado na repetição do arquétipo, o sofrimento torna-se "normal". A "normalidade" da dor, seu retorno cíclico, seu cíclico desaparecimento, bem como a aceitação que faz da necessidade virtude, são o ideal do sábio, a resignação de quem se abandona — como um puro caso do universal — ao processo eterno da vida, ao eterno retorno do idêntico originário e sempre almejado. É voltando o olhar para trás, para o puro "início", é repetindo esse arquétipo de beleza e de bem indefectível que o sofrimento é redimido: a nostalgia sustém a espera do retorno, e o retorno resgata as decaídas da espera. A concepção cíclica do tempo anula, assim, a consistência do momento presente: a forte densidade do fragmento se rarefaz, nenhum futuro é de fato iminente, e a impermanência do tempo, com toda a concretude que lhe inere, é enobrecida só pelo lamento e pelo gesto da repetição do modelo originário.

Nessa perspectiva, o homem torna-se mero "caso" do universal, e seu futuro não é senão o retorno, sem novidade ou surpresa verdadeiras. O mundo arcaico, assim como a cultura grega, não conhece a dignidade irrepetível da pessoa, sujeito histórico único e singular, nem a espera de um novo dia vindouro, que dê realce a todas as coisas com sua luz. O que propriamente falta ao mito do eterno retorno é a dimensão do futuro: "A teoria pagã é desprovida de esperança, porque esperança e fé são essencialmente ligadas ao futuro; e não pode haver um verdadeiro futuro se os tempos passados e vindouros são concebidos como fases equivalentes dentro de uma recorrência cíclica sem princípio nem

---

[7] Idem, ibidem, pp. 81 e 129.

fim. Com base em uma contínua revolução de ciclos determinados, podemos esperar só por uma cega rotação de miséria e de felicidade, de felicidade ilusória e de miséria real, mas não uma eterna beatitude — uma repetição infinita do idêntico, porém nada de novo, de resolutivo e de final".[8]

São os profetas judaicos que valorizam a história, concebendo um tempo linear, procedente em sentido único em direção ao futuro: se, para as religiões arcaicas, as revelações aconteceram no tempo mítico, "no instante extratemporal do início",[9] para a fé de Israel a revelação acontece no tempo histórico. A história é o lugar da revelação de Deus, e históricas são as formas de sua autocomunicação; de maneira especial, é história a palavra na qual ele se diz, embora sem esgotar-se nela, e é história o conjunto dos gestos de salvação que realiza. As maravilhas do Eterno são operadas nos eventos e por meio das palavras dos dias dos homens, e sua promessa abre novo futuro, de todo indedutível e impensável a partir das lembranças ou dos pensamentos do homem. O tempo histórico adquire nova dignidade; a revelação como história, a história como epifania e, ao mesmo tempo, como escondimento da Glória têm como dúplices conseqüências imediatas a valorização do tempo histórico e sua permanente abertura para um futuro não dedutível de nenhuma premissa.

O ato no qual se expressam de forma mais elevada a dignidade da experiência humana concreta e sua disponibilidade incondicional ao futuro do Deus vivo, entrado na história, é o ato de fé: Abraão é realmente o pai de um novo povo, que não é mais a humanidade arcaica ligada ao eterno retorno, mas o povo de Deus perdidamente confiado na promessa do Eterno, abandonado a sua fidelidade e, por isso, incondicionalmente aberto à novidade indedutível da realização. Se o sacrifício do primogênito era, para o mundo paleossemítico, um costume de significado completamente inteligível, gesto repetitivo da cosmogonia, e, portanto, rito capaz de redimir o tempo repropondo o início, em Abraão torna-se ato de fé: "Por meio desse ato, aparentemente absurdo, Abraão funda uma nova experiência religiosa: *a fé*".[10] Graças ao ato de fé no Deus que parece negar suas promessas *Deus contra Deum*!, o tempo está aberto à impossível possibilidade divina, e a decisão humana de confiar no Eterno, também quando ele parece

---

[8] Löwith, K. *Significato e fine della storia*. Milano, 1989. p. 189.
[9] Eliade, op. cit., p. 95. Sobre a idéia bíblica de revelação e sua relação com a concepção da história, cf. as teses de Pannenberg, W; Rendtorff, R; Rendtorff, T; Wilckens, U. *Rivelazione come storia*. Bologna, 1969.
[10] Eliade, op. cit., p. 99.

permanecer silencioso e oculto, adquire o sabor de uma infinita dignidade, a ponto de dar valor a todo o tempo histórico. "O profeta é o homem que se sabe circundado por Deus, que não conhece em seu espaço nem em seu tempo, um lugar ou um momento que estejam vazios de Deus. Que seja tomado pelo pavor ou pela alegria — não importa! O que age nesse destino não são os sentimentos, mas as realidades. O peso dos profetas significa a plenitude de Deus."[11]

A concepção cíclica do tempo e da história é assim substituída por uma concepção "aberta", "linear": "voltar-se para aquele que vem"[12] é a atitude profética. O olhar do profeta dirige-se não ao eterno passado do início, e sim para a frente, para o futuro da promessa de Deus que infunde cor a todas as coisas de nosso presente. A esperança assume o lugar da saudade; o valor do ato e a dignidade da decisão singular, ativa e responsável anulam o primado da repetição; a regeneração do tempo não acontece à custa de seu esvaziamento, mas graças à irrupção do novo da promessa de Deus, que abre ao homem que o acolhe na liberdade a perspectiva de um horizonte último, e dá ao hoje o valor do "entretempo", que está entre o "já" e o "ainda não", e às realidades presentes o caráter iniludível do que é "penúltimo" diante do "último". Por isso, a fé dos profetas expressa-se no gesto do martírio: "O martírio... é a obstinação do homem em querer-se diferente, em querer-se com Deus. Nada, no martírio, é revelado do mistério do além; a morte não é explicada. Pelo contrário, e o aquém, é a história humana que de uma extremidade à outra é explicada. O martírio é a negação do absurdo. Tudo tem um significado por força do último testemunho de um homem que aceita o significado até o fim. Tudo se orienta em relação a esse testemunho. A tradição judaica chamou de *santificação de Deus* o martírio, do qual os profetas deram, na história, o primeiro exemplo".[13]

---

[11] Neher, A. *L'essenza del profetismo*. Casale Monferrato, 1984. p. 271.
[12] Cf. o capítulo assim intitulado em Buber, M. *La fede dei profeti*. Casale Monferrato, 1985. pp. 98ss.
[13] Neher, op. cit., p. 271.

2. A redenção "a partir do" tempo e a redenção "do" tempo

Friedrich Nietzsche denuncia o fracasso de todas as religiões do progresso — ligadas à mensagem judaico-cristã tanto nas suas formas teológicas como nas secularizadas — e, portanto, também de qualquer possível teologia ou filosofia da história, e proclama o eterno retorno do idêntico como meio para desmascarar a "mentira bimilenar", que induziu a acreditar em uma história progressiva procedente de um princípio absoluto para um fim absoluto. "O anticristo nietzschiano funda o próprio 'poder' em sua concepção do tempo; a força de sua crítica concentra-se na relação que a metafísica e o cristianismo instauram entre conceito e tempo. Aqui talvez se encontre a chave para entender a idéia nietzschiana de niilismo e de sua possível superação."[14] A concepção do tempo histórico que a metafísica ocidental absorveu da herança judaico-cristã de fato subjugou todas as coisas à vontade de poder do homem, e o próprio homem à idéia de progresso: só livrando-se dessa razão instrumental e querendo deliberadamente o que deve ser por natureza, o homem tornar-se-á o "super-homem", isto é, saberá elevar-se acima do fluir sempre igual do tempo (o "Übermensch" é, então, propriamente o homem que está acima, o "supra-homem"). Mas isso só se realiza se a cada instante ele se mostrar capaz de atualizar os primórdios, repetindo em cada instante o instante da eternidade: realiza-se, assim, o eterno retorno da vida em sua dúplice plenitude de criação e destruição, de alegria e de dor, de bem e de mal.

Para atingir a redenção *a partir do* tempo histórico, Nietzsche recorre à idéia do eterno retorno, declarando imediatamente como ela parece ambígua: condenação para quem é prisioneiro da "mentira bimilenar" do tempo, escolha libertadora para quem suporta o peso do instante imane. É no Aforismo 341 de *A gaia ciência*, chamado justamente *Il peso più grande* [O maior peso], que essas idéias são apresentadas: Nietzsche percebe a tal ponto seu caráter decisivo que as põe como selo do Livro Quarto, intitulado *Sanctus Januarius*, com referência ao espaço do absolutamente milagroso,[15] e as acompanha com o

---

[14] Cacciari, M. Concetto e simboli dell'eterno ritorno. In: *Crucialità del tempo. Saggi sulla concezione nietzschiana del tempo.* Cacciari, M. (Org.). Napoli, 1980. p. 55.

[15] Em uma carta a Franz Overbeck de 29 de janeiro de 1882, de Gênova, Nietzsche, particularmente eufórico, escreve: "Vocês também têm uma 'primavera' como nós? Esses são os verdadeiros 'milagres de são Januário' ('*Wunder des Heiligen Januarius*')". Os milagres, portanto, de uma vida vivida em plenitude, em uma natureza generosa.

Aforismo conclusivo do livro, intitulado *Incipit tragoedia*, quase a dizer que "a tragédia 'começa' tão logo se coloca em tal pensamento o 'peso' que tudo decide".[16] "Que aconteceria se, um dia ou uma noite, um demônio rastejasse furtivo na mais solitária de suas solidões e lhe dissesse: 'Essa vida, como você a vive agora e a viveu, terá de vivê-la mais uma vez e, assim, por inumeráveis vezes: e jamais haverá nela algo de novo; mas toda dor, todo prazer, todo pensamento e suspiro e toda coisa, indizivelmente pequena e grande, de sua vida terão de retornar para você: e tudo na mesma seqüência e sucessão — e assim também essa aranha e essa luz do luar entre as árvores, e assim também esse instante e eu mesmo. A eterna ampulheta da existência é girada novamente: e você com ela, grão de areia!' Você não se jogaria por terra, rangendo os dentes e amaldiçoando o demônio que assim falou? Ou talvez você tenha vivido uma vez um instante imane, no qual essa teria sido sua resposta: 'Você é um deus, e jamais entendi coisa mais divina?' Se aquele pensamento o tomasse em seu poder, a você, como você é agora, faria logo uma metamorfose, e talvez o trituraria; a pergunta que você se faria cada vez e em todo caso: 'Você quer isso mais uma vez e por inumeráveis vezes?' sobrecarregaria seu agir como o maior peso! Ou então, quanto teria de amar a si mesmo e a vida para não *desejar mais* outra coisa senão essa última sanção eterna, esse desfecho?"[17]

A ambigüidade do apresentar-se do círculo é evidente: "O eterno retorno é o pensamento mais significativo porque é radicalmente comprometedor em relação a todas as coisas; pretende o máximo de poder em cada instante da existência. Mas isso faz dessa doutrina a premissa de destinos muito diferentes. Para aqueles que acolhem seu convite antievasivo, abre-se o encanto para a plenitude de significado da vida; para aqueles que, ao contrário, persistem em uma atitude de renúncia, a inevitabilidade do retorno comporta um sentimento de náusea, de frustração, e provoca o explicitar-se da rejeição da vida".[18] Para quem entendeu bem a novidade inaudita não há mais um início e um fim, mas o início é o fim e o fim o início na plenitude de um presente eterno, que está além da vida e da morte, da felicidade e do sofrimento, do bem e do mal: é o instante.

---

[16] REGINA, U. *L'uomo complementare. Potenza e valore nella filosofia di Nietzsche.* Brescia, 1988. p. 41.
[17] NIETZSCHE, F. *La Gaia Scienza.* Tr. F. Masini, Milano, 1977. pp. 248s.
[18] REGINA, op. cit., p. 228.

Nietzsche explicita o alcance do instante na narrativa *Da visão e do enigma* em *Assim falava Zaratustra*: "Olha para este pórtico... Aqui convergem dois caminhos: ninguém ainda os seguiu até o fim. Este largo que desce dura uma eternidade... e esse outro longo caminho que sobe... é a outra eternidade... Esses caminhos são contrários, opõem-se um ao outro, e encontram-se aqui nesse pórtico. O nome do pórtico está escrito em cima; chama-se 'instante'. Se alguém, todavia, seguisse sempre, cada vez mais longe, por esses caminhos, acaso julgas, anão, que eternamente se oporiam? 'Tudo quanto é reto mente — murmurou com desdém o anão. Toda verdade é sinuosa; o próprio tempo é um círculo'... Vi um moço pastor a contorcer-se anelante e convulso, com o semblante desfigurado, e uma forte serpente negra pendendo-lhe da boca... 'Morde! Morde! Arranca-lhe a cabeça! Morde!'... O pastor começou a morder... e saltou para o ar. Já não era homem nem pastor; estava transformado, radiante: *ria*! Nunca houve homem na terra que risse como *ele*!"[19]

A intensa valorização do instante diferencia o eterno retorno de Nietzsche daquele dos antigos: "No *instante*, junto à cancela, o pastor *decide*, no momento em que um *grito sai* da boca de Zaratustra, morder a serpente. A duração penetra no instante... Então, *no instante* consiste o pensamento abismal de Zaratustra — não no tempo como eterno retorno simplesmente, não no Destino que o reconhece, mas na coragem sobre-humana... de quem excede no instante toda a duração".[20] Não um tempo circular, mas um tempo "kairológico" é o que ele pretende recuperar contra o "tempo linear" das concepções do progresso: "O eterno retorno de Zaratustra *não* pertence à verdade sinuosa, ao tempo circular, do qual o anão e o espírito da gravidade falam... O eterno retorno nietzschiano distancia-se radicalmente disso: é justamente do tempo como duração, disposta quer circular quer linearmente, que é preciso redimir-se — é precisamente além do tempo como forma vazia do devenir que anela o canto do sim e do Amém".[21] Um trecho do próprio Nietzsche confirma a validade dessa leitura: "Gravemos o reflexo da eternidade em *nossa* vida! Esse pensamento tem mais conteúdo que todas as religiões que menosprezaram esta vida fugaz, e ensinaram a olhar para uma *outra* vida indeterminada".[22]

---

[19] Nietzsche, F. *Così parlò Zarathustra*. Milano, 1976. pp.183-186.
[20] Cacciari, op. cit., pp. 80ss.
[21] Idem, ibidem, p. 76.
[22] v, 11 [p. 159]: tr. it. v, 11 [p. 264].

Não é, então, a retomada do círculo, mas sua transcendência contra qualquer idéia possível de tempo, circular ou linear que seja, que interessa a Nietzsche: "Para Nietzsche, o eterno retorno é a ocasião desafiadora em base à qual o homem decide sua vida para sempre. O círculo aparece transcendido pelo sentido que traz seu repetir-se".²³ O instante é a redenção *a partir do* tempo, o espaço do "supra-homem": "No instante, o homem pode subtrair-se à tentação evasiva e concentrar-se no significado eterno que pode conferir a *cada* instante. O instante leva, portanto, a uma escolha: ou se procura no tempo, pelas utopias ou pelas nostalgias, uma alternativa para a tarefa, ou então se faz dele a mesma interpelação que a eternidade nos dirige sobre o sentido da vida... O instante que se repete é o 'pórtico' através do qual o sentido investe o idêntico transfigurando-o".²⁴ A decisão dá tanto poder ao instante porque "rompe a necessidade do círculo e entra na liberdade do eterno retorno. Não mais fato, mas *amor fati*... Na decisão, o instante não vem mais depois do passado e antes do futuro. A decisão rompe o tempo, o perfura. E com o instante que segue o passado e precede o futuro revela-se o instante que tem passado e futuro como suas articulações".²⁵

Justamente por isso, todavia, o recurso à idéia "abismal" do eterno retorno revela-se insuficiente e demonstra oferecer-se como uma redenção irredenta: evidencia-o um outro episódio de Zaratustra, *O convalescente*: "Eu, Zaratustra, o afirmador da vida, o afirmador da dor, o afirmador do círculo, chamo-te a ti, o mais profundo de meus pensamentos!"²⁶ Zaratustra argumenta sobre isso com seus animais, que lhe retorquem:

> Tudo vai, tudo torna; a roda da existência gira eternamente. Tudo morre; tudo torna a florescer; correm eternamente as estações da existência... o anel da existência conserva-se eternamente fiel a si mesmo. A todos os momentos a existência principia; em torno de cada *aqui* gira a bola acolá. O centro está em toda parte. A senda da eternidade é tortuosa. — Ah! astutos orgãozinhos! – respondeu Zaratustra tornando a sorrir. — Como sabíeis bem o que se deveria cumprir em sete dias! E como aquele monstro se me introduziu na garganta a fim de me afogar! Mas com uma dentada cortei-lhe a cabeça e cuspi-a para longe de mim!... Eu, contudo, estou

---

²³ REGINA, op. cit., p. 230.
²⁴ Idem, ibidem, pp. 241. 246.
²⁵ VITIELLO, V. *Utopia del nichilismo. Tra Nietzsche e Heidegger.* Napoli, 1983. pp. 66s.
²⁶ NIETZSCHE, *Così parlò Zarathustra*, op. cit., pp. 253ss.

aqui estendido, fatigado de ter mordido e cuspido, ainda doente de minha própria libertação.²⁷

Zaratustra torna-se, assim, um condenado a ser o professor do que deveria libertar e não liberta:

> Teus animais bem sabem quem és, Zaratustra, e o que deves chegar a ser: *tu és o mestre do eterno retorno das coisas, é este agora teu destino*!... Olha, nós sabemos o que ensinas: que todas as coisas retornam eternamente e nós com elas; que já existimos uma infinidade de vezes, e todas as coisas conosco. Ensinas que há um grande ano do devir, um ano monstruoso que, à semelhança de uma ampulheta, deve sempre girar novamente para correr e se esvaziar outra vez... Regressarei de novo com este sol, com esta terra, com esta águia, com esta serpente, *não* para uma vida nova ou para uma vida melhor ou análoga. Retornarei eternamente para essa mesma vida, igual nas grandes como nas pequenas coisas, a fim de ensinar outra vez o eterno retorno de todas as coisas, a fim de novamente dizer a palavra do grande meio-dia da terra e do homem, a fim de novamente anunciar o Super-homem aos homens.²⁸

Por si só, a consciência do eterno retorno não dá ao homem a possibilidade de fixar-se para além do vazio repetir-se do ciclo, ou acima dele, na permanência do eterno, subjacente a toda impermanência externa, para além do bem e do mal, onde só é bênção:

> E minha bênção consiste em estar por cima de cada coisa como seu próprio céu, como sua abóbada redonda, sua abóbada cerúlea e sua segurança eterna: bem-aventurado aquele que assim abençoa! Porque todas as coisas são benditas na fonte do eterno e para além do bem e do mal...²⁹

A intensidade do instante não redime realmente do tempo:

> O passado redimido não é o passado que vem *antes* da redenção. Mas significa que a redenção não aconteceu... A decisão que abre o instante contrapondo-se ao passado não pode redimir o passado. O que resulta

---

[27] Idem, ibidem, p. 178. A redenção irredenta manifesta-se também no permanecer do desgosto, que evidentemente nem sequer a escolha do instante dissolverá: "O que me afogava e me atravessava na garganta era o grande tédio do homem; e também o que predissera o adivinho: 'Tudo é igual; nada merece a pena; o saber asfixia... Retorna eternamente o homem de que estás enfastiado, o pequeno homem'" (p. 257).
[28] Idem, ibidem, pp. 259ss.
[29] Idem, ibidem, p. 193 (Terceira parte: "Antes do nascer do sol").

redimido é sua imagem-interpretação do passado, não o passado... Na verdade, a objeção mais séria do anão a Zaratustra... é justamente sua presença. A presença de uma força de gravidade *junto* da força que leva para o alto — junto de, e não dentro de — é um obstáculo insuperável para a redenção pensada ainda a partir do Instante, da Presença como lugar de ostentação do que é, do que vale.[30]

Justamente por colocar-se como o proclamador do eterno retorno do idêntico, Nietzsche revela assim a ambigüidade fundamental de seu pensamento: fascinado pela repetição da eternidade, ele se interessa, como poucos, pela questão da redenção e do futuro. "O autêntico problema da filosofia de Nietzsche não é diferente, em substância, de um interrogativo que sempre esteve aí: que sentido tem a existência humana na totalidade do ser?"[31] Seu problema é o futuro, a vontade de acreditar nele e de prepará-lo; a essência profunda de Zaratustra não é a saudade ou a lembrança, mas a profecia; a denúncia não quer ser senão "prelúdio para uma filosofia do futuro".[32] "Profundamente influenciado por uma consciência cristã, Nietzsche não era capaz de realizar a 'subversão de todos os valores' que o cristianismo tinha efetuado contra o paganismo: de fato, embora pretendesse reconduzir o homem moderno aos valores antigos do paganismo clássico, permanecia tão cristão e moderno que *só uma* questão o preocupava: o pensamento do *futuro* e a *vontade* de acreditar nele."[33]

A diferença em relação aos gregos é abismal: "Para eles, o movimento circular visível das esferas celestiais revelava um *logos* cósmico e uma realização divina; para Nietzsche, o eterno retorno é o pensamento 'mais terrível' e o 'máximo valor', já que este está em contraste com sua redenção futura. Nietzsche quis 'superar' a temporalidade do tempo na eternidade do eterno retorno; os gregos tomaram os movimentos do sempre-sendo e pensaram o tempo que transcorre como cópia desbotada da eternidade... Para os gregos, o eterno retorno do emergir e do regredir explicava a mudança constante na natureza e na história: para Nietzsche, o reconhecimento de um eterno retorno exige um ponto de vista extremo e estático... Todos esses superlativos, querer 'supremo' e 'extremo' e querer às arrecuas, criar e transformar, são tão antinaturais quanto não-

---

[30] VITIELLO, *Utopia del nichilismo*, cit., pp. 6s.
[31] LÖWITH, K. *Nietzsche e l'eterno ritorno*. (1935. 2. ed. 1956) Roma/Bari, 1982. p. 4.
[32] Vorspiel einer Philosophie der Zukunft é o subtítulo de *Jenseits von Gut und Böse*. Leipzig, 1886.
[33] LÖWITH, *Significato e fine della storia*, cit., p. 252.

gregos; são uma herança da tradição judaico-cristã, da fé em que o mundo e o homem sejam criados pela vontade onipotente de Deus e em que Deus e sua fiel cópia humana sejam essencialmente vontade. No pensamento de Nietzsche, nada tem maior relevo que nossa essência criativa: criativa graças ao ato da vontade, como no Deus do Antigo Testamento... Como homem moderno, Nietzsche estava tão desesperadamente separado de uma originária 'fidelidade para com a Terra' e do sentimento de uma eterna segurança sob a abóbada celeste, que o seu esforço de 'retraduzir' o homem na natureza estava condenado desde o começo ao fracasso. Sua doutrina biparte-se, pois a vontade de eternizar a existência do Eu moderno, jogada no existir, não se coaduna com a visão da eterna circularidade do mundo natural".[34] Com a retomada do mito do eterno retorno e com a aporia irresoluta de sua paixão pelo futuro, Nietzsche torna-se a confirmação viva do fascínio e, ao mesmo tempo, do limite da concepção de vida e de mundo que tinha plasmado o homem arcaico e a cultura grega, e o testemunho paradoxal da insuperabilidade da concepção 'kairológica' do tempo trazida pelo cristianismo.

Na verdade, a valorização da história, como lugar no qual se revela e se oculta a glória do Deus vivo, típica da concepção dos profetas judeus do "tempo linear" guiado pela promessa, toca seu vértice e sua radicalização na revelação cristã: com a encarnação, o Filho eterno faz-se sujeito de uma vicissitude plenamente humana, embora permaneça no plano do ser de Deus; com a paixão e a morte, ele faz sua a dor infinita do negativo, a "cruz da história" em suas formas mais atrozes, até o supremo ato do abandono, em que o *Deus contra Deum* revela-se na forma mais dramática; com a ressurreição, ele introduz no tempo a novidade inaudita da vitória de Deus, que vence a morte e doa a vida em plenitude. O seguimento de Jesus, Senhor e Cristo, é fé que abre, ao mesmo tempo, para o futuro de Deus e para o presente dos homens no qual ele veio habitar com seu advento. Assim, a *re-velatio* cristã supera definitivamente os velhos esquemas do eterno retorno: descobrindo a importância da experiência religiosa da "fé" e o valor da personalidade humana, irrepetível em sua singularidade, em sua liberdade e em seu destino eterno diante do mistério do Deus pessoal, o cristianismo assume e desenvolve, de maneira original e criativa, a herança de Israel.

---

[34] Löwith, *Nietzsche e l'eterno ritorno*, cit., pp. 124s.

O tempo meramente quantificado no suceder-se dos instantes repetitivos do eterno, ou também em um subseguir-se de quedas infinitas para o nada, é substituído pela revelação neotestamentária pela idéia do tempo qualificado, tornado novo por decisão de fé diante da palavra do anúncio e da oferta da graça: o tempo "kairológico", percebido como καιρος, hoje da graça, hora da salvação doada pelo Eterno ao homem, que acolhe seu advento. A boa-nova do cristianismo será então a salvação *da* história, não a salvação *a partir da* história, a redenção *do* tempo, não a redenção *a partir do* tempo: o humilde "hoje" do homem é assumido e redimido pelo "hoje" do Filho do homem e pode tornar-se, acolhendo Jesus, o "hoje" de Deus. Portanto, não se trata simplesmente de uma salvação *na* história, pela qual o tempo permanece somente como "cenário", "theatrum gloriae Dei": trata-se, muito mais e intensamente, de uma redenção do tempo histórico operada pela graça do Deus vivo entrado nele e pela livre acolhida do homem, verdadeiro sujeito e protagonista da história. A "história da salvação" constrói-se sobre a possibilidade de uma "salvação da história", fundada no mistério do advento, com que o Deus vivo fez sua a história dos homens.[35]

O problema do sofrimento também encontra nova luz na visão cristã da redenção: o fato de que o Filho de Deus tenha feito sua a morte no abandono da Sexta-feira Santa dá um significado completamente novo à paixão do mundo. A "cruz da história" não é exorcizada, reduzida a uma passagem obrigatória no ciclo do eterno retorno: no grito da "hora nona", ela é assumida seriamente em toda a dramaticidade que lhe inere. Todavia, enquanto assumido pelo Filho que se entrega por amor ao mundo em obediência ao Pai, o sofrimento assume o valor de uma *imitatio Christi*, de uma representação em nós de sua dor salvífica, "para completar em minha carne o que falta das tribulações de Cristo, pelo seu corpo, que é a Igreja" (Cl 1,24). Na noite da dor visitada pelo Outro com seu advento, prepara-se então o amanhecer do mundo novo: não o retorno ao início, mas a antecipação da pátria; não a nostalgia ou o lamento, mas a realização da esperança que não decepciona. Aquele que é a aliança em pessoa faz sua a "cruz do tempo", abrindo no "tempo da cruz" o caminho para a Glória oferecida a toda criatura: o fragmento de tempo que o Crucificado faz seu não é, porém, o átimo de Nietzsche, assumido pela vontade de poder, mas o instante do êxodo humano,

---

[35] Cf. sobre esses temas FORTE, B. *Teologia della storia. Saggio sulla rivelazione, l'inizio e il compimento*. 2. ed. Milano, 1992.

enquanto visitado e habitado pelo Advento divino. Precisamente porque a cruz é a cruz do Ressuscitado, ela é o lugar onde a Diferença vem encontrar e transformar a identidade, o lugar da decisão salvífica diante da graça oferecida ao mundo, que se atualiza continuamente no querigma, graças à força do Espírito Santo.

Compreende-se, então, por que a alternativa Dioniso ou o Crucificado permaneceu a aporia irresoluta de Nietzsche: ele procurou no mundo grego o que *não podia* encontrar; iludiu-se, em certos momentos, pensando ter detectado no eterno retorno o caminho da redenção *a partir do* tempo, mas, de fato, buscou uma redenção no poder do instante, que não está fora do tempo, mas o constitui. Nisso permaneceu profundamente cristão, marcado pelo destino do tempo "kairológico" introduzido pelo cristianismo e pela conseqüente descoberta da pessoa como sujeito e protagonista livre e consciente do instante, justamente por isso, contudo, sedenta de eternizar-se na redenção do próprio tempo e da própria história para participar do instante eterno, que sozinho vence a finitude da dor e da morte. Na verdade, o instante não escapa à tirania do tempo até o momento em que se faz espaço de uma decisão que liberta a identidade do encarceramento de si mesma e abre-a ao advento puro e forte da Alteridade: mas essa é a decisão pelo Outro que visitou o tempo, a hora da graça, o καιρος. Nietzsche é grande demais para não intuí-lo: daqui sua paixão pelo Crucificado, o Deus que teve tempo para o homem e habitou o fragmento do instante. Mas, ao mesmo tempo, ele resiste ao salto, e sua busca do eterno retorno permanece demasiado cristã para satisfazer a necessidade de redenção, demasiado pagã para superar a si mesma em uma abertura libertadora ao advento do Outro no horizonte do mesmo, do Deus da eternidade no tempo dos homens. Onde triunfa o eterno retorno, ainda que de todo consumado no instante, não há espaço para nenhuma *re-velatio*, na qual o advento do Outro venha tornar novas todas as coisas...

CAPÍTULO IX

REVELAÇÃO E "ÉSCHATON"

A questão escatológica

A questão do Outro apresenta-se com força no horizonte do sujeito histórico quando este se depara com o interrogativo do futuro último: a esplêndida continuidade que o mundo da ideologia supunha entre o hoje da razão e o amanhã de sua realização, embora por meio da laboriosa evolução do processo de ajuste do real ao ideal, foi clamorosamente desmentida pelas vicissitudes históricas dos totalitarismos. O "éschaton" oferece-se como interrupção e questionamento radical: a revelação, aliás, entendida como advento do Último na morada penúltima, é testemunho fiel da novidade irredutível daquele que vem. O Deus do advento pede para aqueles que sua promessa conduz para que saiam do mundo fechado de uma escatologia domesticada às medidas da razão ideológica e abre-lhes — sozinho — para os horizontes libertadores do êxodo e do Reino. Jamais, como na questão escatológica, uma idéia correta da revelação é garantia do respeito e da acolhida do Outro, em todo o vigor salvífico que seu vir a este mundo comporta, no tocante à prisão da identidade enfatizada...

1. A questão do futuro e a crise da modernidade

Na satisfeita completude do sistema, a razão moderna presume abraçar a totalidade do devenir histórico, até mesmo em suas reservas e potencialidades mais ocultas: a história levada ao conceito não é senão "a comemoração e o calvário do espírito absoluto; a efetividade, a verdade e a certeza de seu trono, semoqual o espírito seria a inerte solidão".[1] Em tal horizonte de totalidade, onde se conserva um verdadeiro e próprio "êxtase do cumprimento", não há mais espaço para a ulterioridade: absolutizando o ato da razão como pura fenomenologia do Espírito absoluto, Hegel consumou o triunfo do presente não só sobre o passado, mas também sobre o futuro. Se, por um lado, no abraço do sistema repousam os milênios das "fadigas do Espírito", por outro, nele se fecham as portas do futuro: uma vez alcançado o vértice, não há mais lugar para a novidade. A lei do devenir da história torna-se clara para a consciência, a tal ponto que não há mais nada de novo a ser esperado; nada, pelo menos, que possa transtornar a compreensão do todo e de suas leis imanentes. Por isso, o tempo da filosofia como "saber absoluto" é o "domingo da vida": dia de plenitude, gozo pela meta alcançada. A dolorosa cisão, da qual nasce todo conhecer, é sanada na reconciliação mais elevada: a coruja de Minerva — que sinaliza à noite da consciência o aproximar-se da luz plena do saber — anuncia uma escatologia realizada, na qual o que é penúltimo cede lugar ao advento último e definitivo do Espírito a si mesmo. Aqui está a concisão fecunda do sistema, "que satura dialeticamente toda a obra de Hegel e continuamente, de maneira altamente polifônica, altamente unitária, a compenetra": o sujeito ajusta o objeto, o uno é a mediação total do outro, "o eu e a coisa coincidem na expressão lacônica da felicidade e da conciliação".[2] Dessa maneira, porém, o "domingo da vida" converte-se inexoravelmente na "Sexta-feira Santa" do futuro: em que tudo está compreendido e nada mais há para esperar. A repetição eterna do processo não acrescentará nada de inédito: a suposta maturidade do pensamento não conhecerá mais assombro e maravilha, porque não atenderá nenhum advento nem temerá surpresa alguma.

Na realização do sistema, o círculo da vida fecha-se: a tudo foi dado um sentido. A velha questão da dor teve a resposta mais tranqüilizante: o negativo do mundo não é o dilacerante oposto do positivo, mas pertence-lhe como momento necessário do processo, como uma etapa da verdade. "O verdadeiro é o vir-a-ser de si mesmo, o círculo que pressupõe e tem no início seu próprio fim

---

[1] Hegel, G. W. F. *Fenomenologia do espírito.* Vozes, Petrópolis, 1992. 2 v. (Coleção Pensamento Humano, 12), p. 220. "... die Erinnerung und die Schädelstätte des absoluten Geistes, die Wirklichkeit, Wahrheit und Gewißheit seines Throns, ohne den er das leblose Einsame wäre" (*Phänomenologie des Geistes.* Hoffmeister, J. (Org.), 6. ed. Hamburg, 1952, p. 564).
[2] Bloch, E. *Soggetto–Oggetto. Commento a Hegel.* Bologna, 1975. pp. 32 e 39. Toda a obra demonstra a tese expressa na conclusão da *Introdução* de 1951: "Hegel negou o futuro, nenhum futuro negará Hegel" (p. 5).

como sua meta, e que só mediante a atuação e o próprio fim é efetivo... O verdadeiro é o todo. Mas o todo é somente a essência que se completa mediante seu desenvolvimento. Sobre o absoluto, deve-se dizer que é essencialmente *resultado*; que só no *fim* é o que é na verdade."[3] Desse modo, o negativo e o positivo reduzem-se em simples momentos da história do Espírito, pólos necessários e complementares do processo, ambos superados na reconciliação final: "O movimento é assim o duplo processo e vir-a-ser do todo; vale dizer, de modo que cada momento estabelece o outro momento, e cada qual tem em si ambos os momentos; como dois aspectos. Estes, tomados em conjunto, constituem o todo enquanto se dissolvem a si mesmos e se fazem momentos seus".[4] A verdade é a totalidade: e essa, adquirida e abraçada pela "fadiga do conceito", é a resposta exaustiva à pergunta pelo sentido, que se ergue das dolorosas contradições do real. No movimento vital do processo, toda contradição é dissolvida, toda cisão superada: "Pois não só a substância do indivíduo, mas o próprio espírito do mundo teve a paciência de percorrer essas formas em toda a extensão do tempo e tomar sobre si o ingente esforço da história mundial, para plasmar, portanto, em cada forma, na medida de sua capacidade, a totalidade de seu conteúdo".[5] O verdadeiro é o sentido realizado, a totalidade explicada e conciliada, e por isso "o triunfo báquico, em que não há membro que não esteja ébrio; e porque cada membro, ao separar-se, também imediatamente se resolve, o triunfo é ao mesmo tempo repouso translúcido e simples".[6]

O que em Hegel foi resposta a uma necessidade aguda de reconciliação histórica, depois da dramática crise da Revolução Francesa e de seus desdobramentos, tornou-se, não raramente, na multiforme herança hegeliana, cedência ao fascínio de um saber absoluto, presunçoso protagonismo histórico da razão adulta: aqui está o limite constitutivo e dramático da ideologia moderna, em todas as suas expressões, burguesas ou revolucionárias. Herança de Hegel, como produto da síntese efetuada de ideal e real realizada no sistema, a ideologia

---

[3] HEGEL, op. cit., pp. 30s. "Das Wahre ist das Werden seiner selbst, der Kreis, der sein Ende als seinen Zweck voraussetzt und zum Anfange hat und nur durch die Ausführung und sein Ende wirklich ist... Das Wahre ist das Ganze. Das Ganze aber ist nur das durch seine Entwicklung sich vollendende Wesen. Es ist von dem Absoluten zu sagen, daß es wesentlich *Resultat*, daß es erst am *Ende* das ist, was es in Wahrheit ist; und hierin eben besteht seine Natur, Wirkliches, Subjekt, oder Sichselbstwerden zu sein" (pp. 20s).
[4] Idem, ibidem, pp. 43s. "Die Bewegung ist so der gedoppelte Prozeß und Werden des Ganzen, daß zugleich ein jedes das andre setzt und jedes darum auch beide als zwei Ansichten an ihm hat; sie zusammen machen dadurch das Ganze, daß sie sich selbst auflösen und zu seinen Momenten machen" (p. 36).
[5] Idem, ibidem, p. 36.
[6] Idem, ibidem, p. 46.

pretende mudar o mundo e a vida a partir do conceito: a realidade vivida deve adequar-se à realidade programada; o "negativo" e o "positivo" devem chegar à síntese, que supera ambos, por meio de um processo dialético que reveste as relações históricas, as situações reais. A totalidade — abraçada pelo pensamento — não demorará em converter-se, assim, em totalitarismo, historicidade dura e violenta, transformação revolucionária tendente a adequar o real, resistente e obtuso, ao ideal progressista e iluminado. A parábola das ideologias modernas não fará senão evidenciar essa conseqüencialidade: a falta de aderência à realidade e o fechamento ao novo c às suas surpresas manifestarão, ao mesmo tempo, o terrível tédio e o altíssimo custo — em termos humanos e não menos sociais e ecológicos — das presunções ideológicas. Desse modo, a "dialética do Iluminismo" partirá da constatação evidente e dolorosa de como "a terra totalmente iluminada resplandece sob o signo de uma desventura triunfal".[7]

Esse destino da época moderna une a ideologia revolucionária à ideologia burguesa: se o totalitarismo da primeira é descarado, abertamente repressivo e violento, o da segunda é sutil e penetrante, difundido pelos "persuasores ocultos" das sociedades do bem-estar, exigentes e presunçosos não menos que os vários "senhores" da revolução. Tanto em um como no outro caso, pressupõe-se um sentido já dado a todas as coisas, uma justificação ideal que exorcize a dramaticidade dos custos, um projeto realizado, que só deve ser totalmente atuado para que tudo funcione. O fracasso cruel rompe ambos os sonhos de totalidade: por isso, em ambas as frentes, a crise da razão "adulta" delineia-se como rejeição de sua totalidade farta e programada, como colapso dos horizontes de sentido oferecidos por ela, como necessidade, nova e realmente revolucionária em suas potencialidades, da diferença, que rompa o círculo das respostas deduzidas pela identidade já dada. O futuro apresenta-se com impetuosidade surpreendente: não aquele programado e dedutível do presente, típico da ideologia, mas aquele obscuro, inquietante e indisponível da vida e da história reais. Para além da modernidade e de sua parábola, o assim chamado "pós-moderno" apresenta-se sobretudo, como mal-estar, intolerância e rejeição: onde a razão emancipatória tinha soluções claras e evidentes, organizadas dentro de um significado onicompreensivo e manifesto, descobre-se o excesso obscuro da vida em relação a todo "sentido" ideal, o grilhão doloroso da finitude e da morte, o transtor-

---

[7] ADORNO, Th. W. & HORKHEIMER, M. *Dialética do esclarecimento*. Fragmentos filosóficos. Rio de Janeiro, Jorge Zahar Editor, 1985.

no não resolvido do negativo, a diferença, que desarticula qualquer presunção tranqüila de posse da identidade. É um adeus às seguranças, uma restituição da morte e do nada, o abandono de qualquer fundamento para navegar rumo ao desconhecido, "sem sentido", antes finalmente livre da captura do sentido. "Pensamento mole", "longo adeus ao ser e ao fundamento", a aventura da diferença depois do triunfo báquico da identidade parece resolver-se em um puro e vazio "acontecer", em um permanente precipitar-se no nada.[8] A perda do sentido, conseqüente à crise das respostas totalizantes da razão moderna, torna-se assim cada vez mais, na grande onda da rejeição, perda do gosto em formular-se a pergunta pelo sentido: o que afinal é contestado não é tanto a resposta quanto a própria legitimidade da questão e até mesmo a consistência da dor da qual emerge. Se tudo "acontece", não cai talvez no vazio também a dor? Por que então perguntar por seu sentido? Por que buscar uma saída?

O futuro — ressurgido em toda inquietude e obscuridade que lhe convêm das cinzas dos cativeiros ideológicos — parece assim submergir em um novo abraço de totalidade: o fundamento "forte", onicompreensivo e tranqüilizador cede o lugar à ausência de fundamento que, porém, não é menos vasta e total. Se o nada pode oferecer-se como a simples forma invertida do tudo, o sinal de menos diante do parêntese da realidade, o futuro perde novamente sua obscuridade: será prolongamento do presente, perpetuar-se da fraqueza, queda contínua. Paradoxalmente, a categoria de "futuro", em relação à qual se tornou evidente o fracasso da razão forte da modernidade, mostra precisamente a linha vermelha da continuidade que une o pós-moderno niilista ao mundo do qual ele provém e que com tanta força rejeita. O "pensamento mole" deduz o futuro do presente de maneira não menos totalitária que o "pensamento forte" da identidade de real e de ideal: é incapaz de assombro e de acolhida do novo, pelo menos no mesmo grau em que o era a presunção totalizante da razão ideológica.

A indedutibilidade e a novidade do futuro requerem então um pensamento diferente, capaz de abandonar os cativeiros da ideologia, mas também suficientemente vigilante para não cair nos de sua subversão. Abrir-se a tal pensamento significa tomar em consideração o retorno do futuro como possibilidade e como desafio, e por isso com a autêntica alteridade e novidade do futuro, confrontan-

---

[8] Cf., por exemplo, o volume coletivo *Il pensiero debole* (Milano, 1983), como também VATTIMO, G. *Al di là del soggetto*. Milano, 1984; Idem. *La fine della modernità*. Milano, 1985.

do-se com o último, sem deduzi-lo do penúltimo. A escatologia — justamente enquanto a doutrina das coisas últimas (εσχατα) e novas ("novissima") — revela aqui sua surpreendente atualidade de reserva crítica em relação aos obstáculos da modernidade e de seu desenvolvimento niilista: ela é pensamento "novo" porque tem a audácia de pensar o "novo", de abrir-se sem reservas às suas surpresas...

2. A redescoberta da escatologia e a revelação

Se a escatologia é o "novo pensamento", capaz de abrir-se à novidade não programável e não dedutível do "éschaton", não surpreende que a grande reviravolta da superação da "razão moderna" seja estimulada particularmente pela reflexão teológica, baseada na promessa da revelação. A doutrina das coisas últimas, que se tornara o inócuo capítulo conclusivo da dogmática cristã, reveste-se de nova atualidade e insuspeitado interesse. "Se, para o liberalismo do século XIX, podia ser aplicado o lema de Troeltsch: 'O escritório escatológico está fechado na maioria das vezes', desde o princípio deste século, ao contrário, este faz algumas horas extras".[9] A questão do futuro reveste, com energia renovada, todos os aspectos do pensamento e o solicita a confrontar-se com o que vem e com o novo da esperança cristã: descobre-se que "o elemento escatológico não é uma das componentes do cristianismo, mas simplesmente o meio em que se move a fé cristã, aquilo que dá o tom a tudo o que há nele, as cores da aurora de um novo dia esperado, que banham tudo o que existe".[10] À redescoberta da escatologia corresponde também uma recuperação da questão do sentido e das possíveis respostas a ela, para além da crise do moderno e da queda niilista pós-moderna: o apresentar-se renovado do horizonte último une-se assim à busca do sentido perdido.

A retomada escatológica na teologia do século XX pode ser reconstruída em três etapas, ao mesmo tempo cronológicas e especulativas: a primeira pode

---

[9] Balthasar, H. U. von. *I novissimi nella teologia contemporanea.* Brescia, 1967. p. 31.
[10] Moltmann, Jürgen. *Teologia da esperança*; estudos sobre os fundamentos e as conseqüências de uma escatologia cristã. São Paulo, Herder, 1971. p. 2. "Das Eschatologische ist nicht etwas *am* Christentum, sondern es ist schlechterdings das Medium des christlichen Glaubens, der Ton, auf den in ihm alles gestimmt ist, die Farbe der Morgenröte eines erwarteten neuen Tages, in die hier alles getaucht ist" (*Theologie der Hoffnung*, 12. ed., München, 1985, p. 12).

ser remontada ao ingresso do "éschaton" no pensamento da fé na forma de *Objeto puro*, diferente e soberano em relação aos pressupostos mundanos; a segunda refere-se à reivindicação da abertura necessária do *sujeito* ao poder que vem do futuro e, portanto, à decisão como condição escatológica, necessária à entrada do que é último no tempo penúltimo; a terceira etapa esforça-se, enfim, por realizar a *mediação do sujeito e do objeto*, propondo um advento do "éschaton" unido à acolhida vigilante e comprometida do êxodo humano.[11]

A primeira etapa esboçara-se desde o início — na passagem do século XIX ao século XX — como crítica à redução moderna do futuro de Deus no presente do homem: foi o "escatologismo conseqüente" que denunciou a miopia das interpretações liberais da pregação de Jesus e de seu objeto central, o Reino. Para os teólogos embalados pelo fascínio da "razão moderna", a religião reduzia-se a uma dimensão do espírito ("eine Provinz des Geistes"; F. Schleiermacher), produzida "necessária e espontaneamente" ("notwendig und von selbst") no íntimo de toda alma boa pelo "sentimento da dependência" infinita ("Abhängigkeitsgefühl"). Como conseqüência, o Reino de Deus resolvia-se em ideal moral, paz e concórdia provadas já no presente pelas "almas belas", "união dos homens por meio do amor" (A. Ritschl). Resultava ser realmente bem-aventurado quem, "pela honestidade de sua vontade e a poesia de sua alma, sabe criar novamente no próprio coração o verdadeiro Reino de Deus" (E. Renan). "Percebe-se, ínsito nesses conceitos, o impressionante ideal de vida apresentado à burguesia no término do século XIX":[12] a crise deste mundo burguês, que coincide com a eclosão inesperada da Primeira Guerra Mundial, revela sua presunção, satisfeita em suas conciliações ideais, mas desmentida pela realidade dramática dos processos históricos.

A denúncia da continuidade entre o divino e o humano ecoava, aliás, na leitura que os "escatologistas conseqüentes" tinham feito da "boa-nova": na veemência da rejeição exasperam os tons de ruptura da pregação do Profeta galileu e fazem dele um "fanático apocalíptico", que "não tem mais nada em comum com este mundo, e já tem um pé no mundo futuro" (J. Weiss), um grande iludido e um grande derrotado que soube aferrar a roda da história e fazê-la

---

[11] Uma reconstituição significativa da "querelle eschatologique" do século XX pode ser encontrada em: Idem, ibidem, pp. 27ss. Cf. também Forte, B. *Cristologie del novecento*. Brescia, 1983. pp. 20ss; Idem. *Teologia della storia*, 2. ed. Milano, 1991. cap. 18, que aqui é retomado em parte.
[12] Pannenberg, W. *Cristologia. Lineamenti fondamentali*. Brescia, 1974. p. 39.

girar vertiginosamente para a frente, mas acabou esmagado por ela (A. Schweitzer). De tal modo, porém, a verdade reconquistada está novamente perdida: o realismo do "éschaton" anunciado por Jesus dissolve-se em uma mensagem sem nenhuma incidência possível sobre a história. Nesse sentido, "a assim chamada 'escatologia coerente' nunca foi realmente coerente e, por isso mesmo, levou até os dias de hoje uma existência obscura".[13]

É mérito de Karl Barth ter redescoberto o conteúdo escatológico da fé cristã em toda a sua *objetividade* irredutível: contra as presunções do universo liberal, desmascaradas pela crise do tempo histórico, seu comentário a Carta aos Romanos de Paulo, na segunda edição (1922), representa o grito de denúncia, ao mesmo tempo violento e libertador. Partindo de Rm 8,24 — "Na esperança, nós já fomos salvos. Ver o que se espera já não é esperar" —, Barth observa:

> Um cristianismo que não seja totalmente escatologia, nada, absolutamente nada tem a ver com *Cristo*... O espírito que a todo e qualquer instante do tempo presente não proceder... da morte e apontar para a nova vida, esse não é o *Espírito Santo*... O que não é esperança é tronco, jugo, algema; é tão pesado quanto a própria palavra realidade. Não liberta, antes aprisiona; não é misericórdia, porém juízo e perdição... Redenção é o invisível, o inacessível, o impossível, que vem a nosso encontro na forma de esperança.[14]

A motivação última desse primado absoluto do elemento escatológico está na transcendência de Deus, em seu ser o Objeto puro, irredutível à captura do sujeito: "Sim! Dura, santa e poderosa é a verdade. É de tal sorte nossa redenção, o próprio Deus, Deus *por nós*, que não podemos nos apropriar dela em nenhum caso como vitória, plenitude, como presença, se não em esperança. Como poderia a verdade ser 'a Verdade' se nós, quais somos, pudéssemos examiná-la e ajuizar a respeito dela? Como poderia a Verdade ser Deus se, para nós, fosse uma possibilidade entre outras?... 'Comunicação direta de Deus' não

---

[13] MOLTMANN, op. cit., p. 28.
[14] BARTH, Karl. *Carta aos Romanos*. São Paulo, Novo Século, 1999. da 5. ed. alemã. 1ª parte, caps. I a VII, p. 484: "Christentum, das nicht und gar und restlos Eschatologie ist, hat mit *Christus* ganz und gar nichts zu tun. Geist, der nicht in jedem Augenblick der Zeit aufs neue Leben aus dem Tode ist, ist auf alle Fälle nicht der *heilige Geist*... Was nicht Hoffnung ist, das ist Klotz, Block, Fessel, schwer und eckig wie das Wort 'Wirklichkeit'. Es befreit nicht, sondern es nimmt gefangen. Es ist nicht Gnade, sondern Gericht und Verderben... Erlösung ist das Unanschauliche, Unzugängliche, Unmögliche, das als *Hoffnung* uns begegnet" (*Der Römerbrief* [1922]. 2 ed. Zürich, 1954. p. 298).

é comunicação divina".[15] O cristianismo é em tudo e por tudo escatologia, pois tem a ver em tudo e por tudo com a soberania inatingível e o excesso do Deus da revelação, que se comunicou com o homem em forma de promessa e de esperança, e não na de um objeto qualquer do conhecer, mas como o Objeto puro e transcendente que nos precede e nos supera em todas as dimensões.

Também Barth, contudo, não se subtrai ao radicalismo da rejeição: o confronto dialético com o pensamento liberal leva-o a negar toda a consistência do humano e do mundano diante do Deus que vem. "Em Cristo, Deus fala; fustiga o não-Deus das mentiras deste mundo e confirma a si mesmo ao negar-nos quais somos e ao rejeitar o mundo, qual é."[16] "A ressurreição é a *revelação*, a descoberta de Jesus como o Cristo, e nele o aparecimento e o conhecimento de Deus; a origem da necessidade de dar a honra a Deus e de contar com o desconhecido e invisível em Jesus, dando-lhe as credenciais de Consumador dos tempos... Na ressurreição, o novo mundo do Espírito Santo toca o velho mundo carnal qual tangente roçando o círculo, não o tocando mas tangenciando apenas; chega ao ponto de tangência como o limite entre os dois mundos."[17] Desse modo, porém, a força do Objeto puro é tal que esmaga toda possibilidade de acolhida e deixa o sujeito em toda a sua estraneidade e distância diante do advento divino: contra todas as premissas, o "positivismo da revelação" (D. Bonhoeffer) torna-se o resultado final do radicalismo escatológico do jovem Barth. "A irrupção transcendental do 'éschaton' na história conduz a história humana à sua crise final. Aqui, porém, o 'éschaton' torna-se a eternidade transcendental, o sentido transcendental de todos os tempos, e está ao mesmo tempo próximo e distante de todos os momentos da história."[18] A escatologia é esvaziada de toda tomada direta sobre a densidade da vicissitude humana, e essa permanece puro domínio do protagonismo histórico: "O positivismo da revelação torna as coisas bastante simples... o mundo, por assim dizer, fica entregue a si mesmo, o que é um grave erro".[19]

---

[15] Idem, ibidem, pp. 483ss. "Ja so hart und heilig und gewaltig ist die Wahrheit, so sehr ist sie unsre Errettung, so sehr ist sie Gott *selbst*, Gott *für uns*, daß sie als Sieg, als Erfüllung, als Gegenwart in keinem Fall anders für uns zu haben ist denn 'durch Hoffnung'. Wie konnte sie die Wahrheit sein, wenn wir, wie wir sind, direkte Einsicht von ihr nehmen könnten? Wie könnte sie Gott sein, wenn sie uns je eine Möglichkeit unter andern werden könnte?... Direkte Mitteilung von Gott ist keine Mitteilung von Gott" (pp. 297s).

[16] Idem, ibidem, p. 46. "Im Christus aber redet Gott, wie er ist und straft den Nicht-Gott dieser Welt Lügen. Er bejaht sich selbst, indem er uns, wie wir sind, und die Welt, wie sie ist, verneint" (p. 16).

[17] Idem, ibidem, p. 30. "Im der Auferstehung berührt die neue Welt des Heiligen Geistes die alte Welt des Fleisches. Aber sie berührt sie wie die Tangente einen Kreis, ohne sie zu berühren, und gerade indem sie sie *nicht* berührt, berührt sie sie als ihre Begrenzung, als *neue* Welt" (p. 6). Cf. K. Barth em Forte, B. *Cristologia del novecento*, op. cit., pp. 63ss.

[18] Moltmann, op. cit., p. 30.

[19] Bonhoeffer, Dietrich. *Resistência e submissão*. 2. ed. Rio de Janeiro, Paz e Terra/Sinodal, 1980. p. 134 (carta de 5 de maio de 1944).

É, pois, também em reação ao radicalismo do primeiro Barth que Rudolf Bultmann, inicialmente unido a ele na defesa da "teologia dialética" antiliberal, separa-se dele para recuperar a dignidade do *sujeito humano* não contra, mas em relação à oferta do dom escatológico de Deus. Também para ele "a pregação de Jesus é *anúncio escatológico*, isto é, anúncio de que a realização da promessa já é iminente, de que o Reino de Deus está às portas".[20] Também para ele, essa categoria decisiva não pode ser reduzida a uma concepção ética: "O Reino de Deus *não é um 'sumo bem' em sentido ético*. Não se trata de um bem ao qual volvem o querer e o agir humanos. Não se trata de uma grandeza que possa ser realizada de alguma forma por um comportamento humano e que de algum modo tenha necessidade dos homens para chegar à existência... O Reino de Deus é algo prodigioso, aliás, é, por excelência, 'o prodigioso' que se opõe a tudo o que existe aqui e agora, e é 'totalmente outro'".[21] Precisamente enquanto tal, o Reino não pode ser fixado em conteúdos representativos, nem mesmo nos da apocalíptica: "Jesus não realça os castigos do inferno, nem esboça imagens magníficas da glória celeste... O significado verdadeiro do 'Reino de Deus' para a pregação de Jesus não está nos acontecimentos dramáticos de sua vinda nem naquilo que a fantasia humana é capaz de imaginar sobre sua maneira de ser. A pregação interessa não como um modo de ser, mas como um acontecimento extraordinário que, para o homem, significa o grande *aut aut*, que o coloca *na decisão*".[22] Em outras palavras, não conta o que o Reino é, mas o fato de que ele venha, de maneira não dedutível e não programável, impelindo o homem à decisão: "O Reino de Deus é um poder *que determina totalmente o presente, embora seja totalmente futuro*. Determina o presente pelo fato de que leva o homem à decisão".[23]

---

[20] Bultmann, R. *Gesù*. (1926). Brescia, 1972. p. 123. "*Eschatologische Botschaft* ist die Verkündigung Jesu, d.h. die Botschaft, daß nunmehr die Erfüllung der Verheißung vor der Tür stehe, daß nunmehr die Gottesherrschaft hereinbreche" (*Jesus*, Tübingen, 1964, p. 28). Cf. sobre a teologia bultmanniana Forte, op. cit., pp. 105-144.

[21] Bultmann, *Gesù*, op. cit., pp. 129 e 130s. "Jedenfalls aber ist schon jetzt deutlich, daß die Gottesherrschaft *nicht ein 'höchstes Gut' im Sinne der Ethik ist*. Sie ist kein Gut, auf das menschliches Wollen und Handeln sich richtet, keine Größe, die in irgendeinem Sinne durch menschliches Verhalten verwirklicht wird, die in irgendeinem Sinne der Menschen bedürfte, um zu ihrer Existenz zu kommen. Sie ist als eschatologische eine schlechthin unweltliche Größe... *Die Gottesherrschaft ist also etwas Wunderbares*, und zwar das 'Wunderbare' schlechtin, das allem Jetzigen und Hiesigen Entgegengesetzte, '*Ganz andere*', Himmlische (R. Otto)" (pp. 34s.).

[22] Idem, ibidem, pp. 132ss. "Die eigentliche Bedeutung der 'Gottesherrschaft' liegt also für die Verkündigung Jesu jedenfalls nicht in den dramatischen Ereignissen ihres Kommens und in dem, was sich menschliche Phantasie über ihren Zustand auszumalen vermag. Sie interessiert ihn als Zustand überhaupt nicht, sondern als das wunderbare Ereignis, das für den Menschen das große Entweder-Oder bedeutet, das den Menschen in die *Entscheidung* hineinstellt" (p. 38).

[23] Idem, ibidem, p. 141. "Vielmehr ist die Gottesherrschaft eine Macht, *die die Gegenwart völlig bestimmt, obwohl sie ganz Zukunft ist*. Sie bestimmt die Gegenwart dadurch, daß sie den Menschen in die Entscheidung zwingt" (p. 46).

A hora escatológica é, então, para Bultmann, aquela na qual o Deus que vem encontra o indivíduo, em toda a concretude e dignidade de sua singularidade: "Para Jesus, Deus é o poder que põe o homem na situação de decisão",[24] e o homem é aquele "que está em seu *hic et nunc*, na decisão, com a possibilidade de decidir-se por meio de sua ação livre".[25] A definitividade dessa hora — "a hora da decisão" — está no fato de que ninguém pode decidir no lugar de um outro, nem alguém pode programar ou deduzir seu tempo: "Sou *eu* que devo viver *minha* vida, assim como sou *eu* que devo morrer *minha* morte".[26] Aqui está, aliás, o fascínio e o drama das presunções ideológicas, das visões globais do mundo: "Compreende-se bem por que as ideologias são tão caras ao homem:... geralmente, prestam-lhe grande serviço: permitem-lhe livrar-se de si mesmo, dispensam-no dos problemas que sua existência concreta lhe suscita, da preocupação e das responsabilidades que lhe são conexas... por isso, justamente no momento em que sua existência é abalada e torna-se problemática, ele acha de que livrar-se e, em vez de tomá-la a sério, prefere entendê-la como um caso redutível à generalidade comum, a ser integrado em um contexto, a ser objetivado para evadir de sua existência pessoal".[27] A urgência da decisão impede o homem de confiar em um sentido já disponível, em um quadro já dado: diante do anúncio do Reino que vem, querigma ao mesmo tempo jubiloso e exigente, cada um joga a verdade de si próprio, e só encontra o sentido do próprio existir decidindo-se à acolhida, à autenticidade de uma vida, que liberta da prisão das falsas seguranças e da morte do coração. A responsabilidade do sujeito humano em sua singularidade resulta de tal sorte acentuada que dá a impressão de uma "teologia da solidão" em que, no fim, o poder do Reino vindouro do futuro é entregue nas mãos do presente da decisão solitária do indivíduo. Trata-se de um lamentar as "cebolas do Egito", depois de ter saboreado a sublime experiência da libertação da escravidão do universo liberal?[28] Trata-se de uma "redução" da alteridade de Deus, particularmente da escatológica, ao

---

[24] Idem, ibidem, p. 185. "Gott ist für Jesus die Macht, die den Menschen in die Situation der Entscheidung stellt" (p. 90).
[25] Idem, ibidem, p. 144. "Jesus sieht also den Menschen als in seinem Hier und Jetzt in der Entscheidung stehend mit der Möglichkeit der Entscheidung durch seine freie Tat" (p. 49).
[26] Idem. La concezione del mondo e dell'uomo nel Nuovo Tessamento e nella grecità (1940). In: Idem. *Credere e comprendere*. Brescia, 1977. p. 428.
[27] Idem. Che senso ha parlare di Dio? (1924). In: Idem, *Credere e comprendere*, cit., p. 40.
[28] É a crítica de Barth a Bultmann: BARTH, K. *Rudolf Bultmann. Ein Versuch ihn zu verstehen* (1952), agora em *Comprendere Bultmann*. Paris, 1970. pp. 133-190 (trad. it. Torino, 1970).

arbítrio de uma fé "que cria seu objeto"?²⁹ Ou se trata, ao contrário, de uma "interpretação existencial", que tende a captar o significado atual da mensagem escatológica preponderante do Novo Testamento? Qualquer que seja a resposta a essas perguntas, permanece verdadeiro que o "escatologismo existencial" de Bultmann não parece capaz de dar plenas razões do conteúdo da escatologia cristã. Os extremos do objetivismo radical e da subjetividade exasperada tocam-se, remetendo a uma síntese que evite tanto conceber o "éschaton" como glória de Deus à custa da morte do homem quanto pensá-lo como glória do homem à custa da morte de Deus. A rejeição da plenitude de sentido das visões totalizantes da razão moderna não legitima buscar o sentido nem no simples colapso das grandezas mundanas, nem na pura exaltação das possibilidades decisionais do homem.

Na busca dessa síntese, entendida como superação do objetivismo barthiano e do risco de "redução existencial" do "éschaton", tem-se a terceira entrada da escatologia no pensamento teológico do século XX: ela valoriza a nova consciência da *circularidade hermenêutica*, que opera entre o sujeito e o objeto em todo ato de conhecimento e interpreta, sob essa luz, a relação entre o elemento escatológico e a consciência do homem e do mundo.³⁰ Em especial, opõe à "historicidade violenta" do pensamento "forte" da razão moderna uma "historicidade aberta", que mantenha o presente do homem e o futuro de Deus em uma relação necessariamente assimétrica, tal que jamais esqueça do excesso e da ulterioridade que estão do lado de Deus e do *novum* que sua promessa abre à história. A alteridade escatológica bate à porta de toda identidade fechada e a provoca à superação de si mesma e do próprio horizonte exclusivo.

Boa parte dessa "escatologia histórica" pode ser considerada o pensamento de Jürgen Moltmann, especialmente na obra *Teologia da esperança*.³¹ Ela se apresenta como projeto hermenêutico que reveste todo o pensamento cristão: "A escatologia poderia recuperar sua proeminência no campo da teologia, permanecendo, todavia, um estéril tema de discussões teológicas, a menos que se consiga tirar dela conseqüências para um novo modo de pensar e agir com

---

[29] Cf., por exemplo, as críticas a Bultmann de Mancini, I. *Novecento teologico*. Firenze, 1977, pp. 212ss.
[30] Sobre o impacto das várias entradas da "história" na consciência teológica do século XX, cf. Forte, *Cristologie del novecento*, cit., especialmente pp. 9-62.
[31] Cf. Moltmann, *Teologia da esperança*, cit. Sobre Moltmann, cf. Gibellini, R. *La teologia di Jürgen Moltmann*. Brescia, 1975.

referência às coisas e às situações deste mundo. Enquanto a esperança não penetrar e modificar o pensamento e a ação do homem, continuará inoperante e ineficaz".[32] A razão teológica é concebida, sob este prisma, como "spes quaerens intellectum", labuta incessante de adequação do pensamento ao futuro prometido, disponibilidade às surpresas de Deus e à originalidade do devenir histórico. Longe de pressupor a identidade de real e ideal, a consciência do "éschaton" mantém aberto o sujeito ao permanente excesso do Objeto puro, e portanto, à novidade do advento do Deus vivo, não dedutível de nenhuma premissa, mas radicalmente fruto de sua liberdade. O próprio evento da revelação não adapta o mistério de Deus às palavras humanas: por isso, ele se oferece, acima de tudo, como "promessa", comunicação na esperança, que antecipa e prepara a realização, sem captá-lo e forçá-lo na urgência do "agora". Desse modo, longe de fechar ou parar a história, a revelação abre-a ao futuro de Deus: "A lembrança da promessa... é como um aguilhão na carne do presente de todas as épocas e o impele sempre em direção ao futuro... Ela é a *promissio inquieta* que não permite que a experiência humana do mundo torne-se uma completa e auto-suficiente imagem cósmica da divindade, fazendo antes que a experiência do mundo permaneça aberta à história".[33]

Se a abertura do pensamento ao vindouro e ao novo é a forma que o "éschaton" da revelação imprime à razão teológica, o conteúdo que lhe transmite é o futuro de Deus: não um futuro já colocado nas mãos e na mente do homem — como é o *homo absconditus*, presente no "princípio esperança" de Ernst Bloch[34] —, mas o futuro de Jesus Cristo, revelado como esperança na contradição de sua ressurreição em relação à morte na Cruz: "A escatologia cristã fala de 'Cristo e de seu futuro'. Sua linguagem é a linguagem das promessas. Compreende a história como a realidade inaugurada pela promessa. Na promessa e na esperança presente, o futuro da promessa, que ainda não se realizou, se acha em contradição com a realidade dada. Nessa contradição se faz a experiência da

---

[32] Moltmann, *Teologia da esperança*, cit., pp. 22s. "Es könnte die christliche Eschatologie auch ihre tonangebende Rolle im Ganzen der Theologie wiedergewinnen und bliebe doch ein steriles Theologumenon, wenn es nicht gelingt, die Konsequenzen für ein neues Denken und Handeln im Umgang mit den Dingen und Verhältnissen dieser Welt daraus zu ziehen. Solange die Hoffnung nicht das Denken und Handeln von Menschen umgestaltend ergreift, bleibt sie auf dem Kopf stehen und unwirksam" (pp. 27s).

[33] Idem, ibidem, p. 93ss. "Die Erinnerung an die vergangene Verheißung... bohrt als Stachel im Fleische jeder Gegenwart und öffnet sie für die Zukunft... Es ist die *promissio inquieta*, an der augustinische *cor inquietum* in Wahrheit entsteht. Es ist die promissio inquieta, die die menschliche Welterfahrung nicht zum in sich geschlossenen Kosmosbild der Gottheit werden läßt, sondern die Welterfahrung der Geschichte offen hält" (p. 78).

[34] Ao confronto com Bloch, Moltmann dedica o *Appendice*, acrescentado a *Teologia della speranza*, cit., pp. 407ss.

historicidade do real, na linha de frente que separa o presente do futuro prometido. A história, com suas extremas possibilidades e riscos, revela-se no evento promissor da ressurreição e da cruz de Cristo".[35] Dessa maneira, o conteúdo da escatologia cristã é completamente reconduzido à autocomunicação do Deus vivo e à relação que esta estabelece entre o presente do mundo e o futuro manifestado em sua promessa: todo sentido da história, fruto de visões pretensamente totais, esboroa-se; como também, na perspectiva da aliança celebrada no evento pascal, estão superadas tanto a negação do homem em nome do primado absoluto do advento divino, como a exaltação indevida da decisão do indivíduo. O Objeto puro e o sujeito histórico, o Deus vivo da revelação e o homem artífice e protagonista do amanhã encontram-se na aliança escatológica, repleta do definitivo futuro prometido.

Em um tal quadro interpretativo, esse futuro fica indeterminado em seu excesso: é alcançado na forma da "promessa" e do itinerário, não na da antecipação realizadora da "prolepse". Uma impressão de instabilidade e de incerteza não pode ser evitada, até mesmo no pensamento do bem mais elevado, da verdade mais profunda: o "já" da salvação resulta desequilibrado em favor do "ainda não". A escatologia "do presente", verificável, por exemplo, com abundância nos escritos de João, parece sacrificada ao primado absoluto do futuro.[36] Há, não obstante, na interpretação de Moltmann, uma presença do futuro, que não deve ser negligenciada: no futuro se acredita e se confia, porque — enquanto futuro pessoal, ligado ao evento da ressurreição de Cristo — nele habita o próprio mistério de Deus. Esse confiar cegamente não é evasão consoladora ou fuga para o amanhã ou nostalgia do passado: ao contrário, é esperança vigilante, abertura atual da vida e do coração, compromisso de renovação e libertação no hoje. "Quem espera em Cristo não se adapta à realidade como é, mas começa a sofrer por causa dela, a contradizê-la. Paz com Deus significa discórdia com o mundo, pois o aguilhão do futuro prometido incide implacavelmente na carne

---

[35] Idem, ibidem, p. 262. "Christliche Eschatologie spricht von 'Christus und seiner Zukunft'. Ihre Sprache ist die Sprache der Verheißungen. Sie versteht Geschichte als die durch Verheißung geöffnete Wirklichkeit. Die noch nicht verwirklichte Zukunft der Verheißung tritt in der gegenwärtigen Verheißung und Hoffnung in einen Widerspruch zur gegebenen Wirklichkeit. Die Geschichtlichkeit des Wirklichen wird in diesem Widerspruch an der Frontlinie der Gegenwart zur verheißenen Zukunft erfahren. Geschichte wird in ihren letzten Möglichkeiten und Gefahren an dem Verheißungsgeschehen von Auferstehung und Kreuz Christi offenbar" (pp. 204s.).

[36] No índice bíblico de *Teologia da esperança*, cit., p. 445, há só uma citação do *corpus johanneum*, 1Jo 3,2, e também está relacionada só à parte que concerne ao futuro. Cf. as observações críticas de Pozo, C. *Teologia dell'aldilà*. 4. ed. Milano, 1986, pp. 74ss. Na distinção entre "promessa" e "prolepse" joga-se a diferença de perspectivas entre o pensamento de Moltmann e o de PANNENBERG, *Cristologia*, cit. Cf. FORTE, *Cristologie del novecento*, cit., pp. 23ss.

de todo presente não realizado".³⁷ O que interessa a Moltmann é evidenciar como não é o *cor inquietum* a inventar ou produzir o amanhã do "éschaton", mas a irrupção do Outro, a ressurreição de Cristo. É a clara tomada de distância das teses do "princípio esperança" de Ernst Bloch, para o qual, "nas hipóstases dos deuses, os homens nunca expressaram algo que não *um futuro ardentemente desejado*", porque no *Deus absconditus* não está contido senão "o *problema* de qual importância ele tem para o legítimo mistério do *homo absconditus*".³⁸ Para Bloch, o futuro de Deus está, portanto, oculto no presente do homem: o Deus oculto não é senão o homem oculto a si mesmo: "O *homo absconditus* preserva, portanto, uma esfera preordenadamente durável, na qual, se não perece, pode propor-se aparecer com seus caracteres fundamentais, em seu mundo aberto".³⁹ Para Moltmann, só o verdadeiramente Outro, que se apresenta no evento da ressurreição do Crucificado, torna autenticamente inquieto o coração, libertando-o das falsas seguranças e estimulando-o ao compromisso para com a libertação do mundo, para tirar do presente dos homens o autêntico futuro da promessa de Deus. O "já" está prenhe do "ainda não", que veio residir nele, embora não se lhe entregue totalmente. Por isso, o sentido que a teologia da esperança oferece ao homem inquieto não é certeza tranqüilizante ou posse ilusória, mas desafio e confiança, luta e contemplação, vigilância e espera serena, que mudam desde agora o presente do homem.

A redescoberta da escatologia, em reação à crise da razão moderna e às quedas do niilismo pós-moderno, coincide assim com uma afirmação mais rigorosa da alteridade de Deus, não dedutível do que é mundano nem disponível à apreensão da subjetividade. Essa recuperação da "divindade de Deus" está ligada ao esforço de não obscurecer a dignidade do protagonista humano, e por isso, de levar em consideração aquela singular "humanidade do homem", que, negligenciando-a, a escatologia não teria nenhuma vinculação com o real. A forma de aproximar as duas afirmações encontra-se naquela "escatologia histórica", que lê no evento da morte e ressurreição do Senhor Jesus o lugar onde

---

[37] MOLTMANN, *Teologia da esperança*, cit., p. 9. "Wer auf Christus hofft, kann sich nicht mehr abfinden mit der gegebenen Wirklichkeit, sondern beginnt an ihr zu leiden, ihr zu widersprechen. Frieden mit Gott bedeutet Unfrieden mit der Welt, denn der Stachel der verheißenen Zukunft wühlt unerbittlich im Fleisch jeder unerfüllten Gegenwart" (p. 17).
[38] BLOCH, E. *Das Prinzip Hoffnung*. Frankfurt a.M., 1959. pp. 1402 e 1406: "Menschen sprachen in der Götter-Hypostasen allemal nichts anderes als *ersehnte Zukunft*". "Nur am Deus absconditus ist das *Problem* gehalten, was es mit dem legitimen Mysterium *Homo absconditus* auf sich habe".
[39] Idem, ibidem, p. 1534: "Homo absconditus behält mithin eine vorgeordnet bleibende Sphäre, worin er, wenn er nicht untergeht, sein gründlichstes Erscheinen in seiner aufgeschlagenen Welt zu intendieren vermag".

"a humanidade de Deus" tornou possível a "divinização do homem". Se o supremo abandono do Filho, que entrega o Espírito ao Pai na hora da morte, abre a história à ulterioridade insondável da Origem silenciosa, sua ressurreição no Espírito manifesta a destinação última do mundo à glória de Deus tudo em todos: revelando o mistério do Deus trinitário, a Páscoa revela o próprio Deus como mistério do mundo, como sua profundidade última e oculta, e, por isso, não somente como transcendência doxológica à qual abrir-se no assombro e na adoração, mas também como transcendência escatológica, na direção da qual caminhar na esperança vigilante e comprometida para realizar até o fim a autêntica "humanidade do homem", que é, ao mesmo tempo, glorificação do Eterno. O evento pascal oferece-se como o lugar onde é posta a circularidade mais verdadeira entre o sujeito humano e o mistério divino, o Objeto puro e outro em relação a toda redução mundana: e a identidade na contradição, que se deixa captar entre o Crucificado e o Ressuscitado resplandece como a prometida identidade na contradição entre o presente do mundo e o futuro de Deus. O Outro que se apresenta no horizonte do "éschaton" não é o concorrente ou o destruidor do eu, mas precisamente o contrário: O Vindouro e Novo que liberta e salva, já a partir de sua instalação entre nós, embora sem sujeitar-se às coordenadas do presente, no evento da revelação.

CAPÍTULO X

RESISTÊNCIA E REVELAÇÃO

Dietrich Bonhoeffer

1. A transição epocal e a falsa alternativa: a "teologia da crise"

Onde estamos? Quem somos? A resposta a essas perguntas mostra como — há cinqüenta anos de seu sacrifício — a situação do cristianismo ocidental não é hoje tão diferente da que constituiu o horizonte da vida, da obra e do martírio de Dietrich Bonhoeffer. Suas análises — fruto de uma mescla extraordinária de biografia e teologia[1] — interpretam de maneira singularmente penetrante a transição epocal da qual nós, como ele, somos, ao mesmo tempo, espectadores e atores: a parábola da época moderna, o processo que vai *da embriaguez do sentido à sua crise*. O homem se quer finalmente dono do próprio destino, guardião e protagonista do próprio amanhã na força do próprio presente: o mundo, afirmará Bonhoeffer seguindo Dilthey, tornou-se adulto ("die mündig gewordene Welt"), atingiu a sua maioridade ("Mündigkeit").[2] Esse sonho inspira

---

[1] Cf. Bethge, E. *Dietrich Bonhoeffer. Theologe. Christ. Zeitgenosse.* 4. ed. München, 1978 (nova edição italiana: *Dietrich Bonhoeffer. Teologo cristiano contemporaneo. Una biografia.* Brescia, 1991). Também Abromeit, H.-J. *Das Geheimnis Christi. Dietrich Bonhoeffers erfahrungsbezogene Christologie.* Neukirchen/Vluyn, 1991, recentemente insistiu sobre a importância da experiência e das vivências para a reflexão teológica, cristologicamente centrada, de Bonhoeffer. Retomo aqui, com algumas modificações, o texto apresentado na Conferência bonhoefferiana, em Trento, em 5 de abril de 1995.

[2] Sobre o relacionamento entre Bonhoeffer e Dilthey, cf. Feil, E. *Die Theologie Dietrich Bonhoeffers. Hermeneutik Christologie. Weltverständnis.* München-Mainz, 1971.

os grandes processos emancipatórios da época moderna — desde aqueles dos povos do assim chamado Terceiro Mundo até os das classes exploradas e das raças oprimidas e os da mulher, na variedade dos contextos culturais e sociais — até o ponto em que a "emancipação" pode ser reconhecida como o autêntico evangelho da modernidade, a boa-nova de um mundo finalmente livre das dependências, que fariam do homem uma "consciência infeliz", não dona de si mesma. Esse projeto de emancipar o mundo e a vida a partir da idéia leva o homem "moderno" a querer uma realidade totalmente iluminada pelo conceito, no qual se expresse completamente a força da razão. A modernidade, tempo do sonho emancipatório, torna-se, então, também e inseparavelmente, o tempo das visões globais do mundo, das ideologias. A ideologia supõe ter a chave da ciência e, portanto, poder explicar tudo, dando sentido a tudo, iluminando o mundo e a vida. Porém, justamente porque leva a luz da razão a abraçar a realidade total até estabelecer a equação completa entre o ideal e o real, a ideologia torna-se necessariamente violenta. A realidade deve curvar-se ao poder do conceito: o sonho de totalidade torna-se, assim, inexoravelmente totalitário; o todo compreendido pela razão converte-se em totalitarismo. Não por acaso, nem por simples incidente de percurso, todas as aventuras da ideologia moderna, tanto de direita como de esquerda, da ideologia burguesa à ideologia revolucionária, desembocam em formas totalitárias e violentas. E é precisamente a experiência histórica dos totalitarismos ideológicos que produzem a crise da razão moderna. O pensamento totalmente iluminado resolve-se em causa de triunfal desventura: longe de produzir emancipação, gera dor, alienação e morte. A embriaguez do sentido cede lugar à sua crise inexorável.

    Se a razão iluminada explica tudo e, iluminando, tudo soluciona, a pós-modernidade se oferece antes como tempo que está além da totalidade luminosa da ideologia, tempo pós-ideológico ou do longo adeus, tempo de abandono em relação à violência totalizante da idéia e do declínio em relação às presunções de fundamento e de motivação última. Se, para a razão adulta, tudo tinha um sentido, para o pensamento mole da condição pós-moderna nada parece ter mais sentido. É o tempo de naufrágio e de queda. A crise do sentido torna-se a característica peculiar da inquietude pós-moderna. Delineia-se, assim, o semblante extremo da crise epocal do século findo: o semblante da *décadence*. Assim Bonhoeffer descreve-a:

> Como não há nada de duradouro, rui o fundamento da vida histórica, a confiança, em todas as suas formas. Como não se tem confiança na verdade, os sofismas da propaganda lhe tomam o lugar. Como não há confiança

na justiça, declara-se justo o que convém... Essa é a situação de nosso tempo, que é um tempo de verdadeira decadência.[3]

A decadência não é o abandono dos valores, a renúncia a vivenciar algo pelo qual, todavia, se pensa valer a pena viver. Bem mais sutilmente, a decadência priva o homem da paixão pela verdade, tira-lhe o gosto de lutar por uma razão mais elevada, despoja-o daquelas motivações fortes que a ideologia ainda parecia oferecer-lhe.

A decadência gostaria de persuadir a um otimismo ingênuo, universal, que não precisa afirmar a negatividade do adversário, porque só tende a subjugá-lo ao próprio cálculo e ao próprio interesse, sem preocupar-se com a verdade. A *décadence* esvazia de força o valor, porque não lhe interessa medir-se com ele: tende a levar os homens a não pensar mais, a fugir da lida e da paixão do verdadeiro, para abandonar-se ao imediatamente desfrutável, calculável com o único interesse do consumo imediato. É o triunfo da máscara em prejuízo da verdade: é o niilismo da renúncia a amar, em que os homens fogem da dor infinita da evidência do nada, confeccionando-se máscaras de "seriedade", atrás das quais ocultar a tragicidade do vazio. Esse realizar-se da parábola da modernidade, que da embriaguez do sentido chega à queda do sentido e ao tempo da *décadence*, é o horizonte de nosso agir e pensar atual como cristãos. Mas essa também é a situação que, com intuição antecipadora, Bonhoeffer havia descrito em suas análises da época moderna e em relação à qual tinha proposto a centralidade do Deus sofredor e o Evangelho do cristianismo não-religioso, em contraste claro e forte com outras respostas teológicas, em sua opinião ainda afetadas pela ideologia e comprometidas com o feitiço do espírito moderno.

Às presunções da razão totalizante, a reflexão religiosa, de fato, já opusera uma alternativa vigorosa, que ao mesmo tempo pretendia constatar e provocar o naufrágio do pensamento forte da ideologia, que se tinha infiltrado na teologia cristã: é mérito indiscutível de Karl Barth ter reproposto o conteúdo escatológico da fé cristã em toda a sua irredutível alteridade e objetividade, contra as pretensões do universo liberal, desmascaradas pela crise do tempo histórico. O comen-

---

[3] Bonhoeffer, D. *Ética*. Bethge, E. (Org.). São Leopoldo, Sinodal, 1988. p. 64: "Weil es nicht Beständiges gibt, darum zerbricht die Grundlage des geschichtlichen Lebens, das Vertrauen, in jeder Form. Weil es kein Vertrauen zur Wahrheit gibt, darum tritt an ihre Stelle die sophistische Propaganda. Weil es kein Vertrauen zur Gerechtigkeit gibt, darum wird das, was nutzt, als recht erklärt... Das ist die einzigartige Situation unserer Zeit, und es ist echter Verfall" (*Ethik*, hrsg. E. Bethge, München, 1966, pp. 114s.).

tário barthiano à Carta aos Romanos, na segunda edição (1922), representa o grito de denúncia, ao mesmo tempo violento e libertador, da reviravolta dialética da teologia cristã. A motivação última do primado absoluto do Deus vivo contra as presunções da razão moderna é captada por Barth na transcendência do Objeto puro, irredutível à apreensão do sujeito: o cristianismo há de avir-se, em tudo e por tudo, com a soberania e o excesso do *Deus dixit*, do evento da revelação do Deus vivo, que se comunicou de uma vez por todas ao homem em Jesus Cristo na forma da promessa e da esperança, e não de um objeto qualquer do conhecer humano. Nesse sentido, a teologia, pensamento totalmente plasmado pelo advento da Palavra de Deus, é "antiideologia" pura e forte: a oposição ferrenha de Barth ao nacional-socialismo é prova disso. O próprio Barth escreverá na *Dichiarazione teologica di Barmen* [Declaração teológica de Barmen], manifesto da Igreja Confessante ("Bekennende Kirche"), inspirador da resistência cristã contra o nazismo: "Jesus Cristo, tal como nos é testemunhado pela sagrada Escritura, é a única Palavra de Deus, que devemos escutar e à qual devemos confiança e obediência tanto na vida como na morte. Rejeitamos a falsa doutrina segundo a qual a Igreja, como fonte de seu anúncio, pode e deve reconhecer, além e junto com essa única Palavra de Deus, ainda outros eventos e forças, figuras e verdades como revelação de Deus".[4]

Barth, todavia, não se subtrai ao radicalismo da rejeição: o confronto dialético com o pensamento liberal leva-o a negar toda consistência do humano em relação ao Deus que vem. É aqui que Bonhoeffer identifica a fraqueza da posição barthiana: contrapor um "não" absoluto a um "sim" muito forte não significa subverter verdadeiramente a lógica daquele "sim", mas emaranhar-se nele. A revelação transforma-se em um sistema total completamente análogo àquele que Barth quer negar, segundo um "positivismo da revelação" (Offenbarungspositivismus), portador de uma imagem de Deus que é somente a negação e o avesso da afirmação do homem: "Barth é o primeiro teólogo — e isso permanecerá como seu grandíssimo mérito — a iniciar a crítica da religião, mas pôs em seu lugar uma doutrina positivista da revelação... O positivismo da revelação simplifica muito as coisas, instituíndo em conclusão uma lei da fé e despedaçando aquilo que para nós é um dom de Deus — pela

---

[4] É a primeira tese da *Theologische Erklärung von Barmen* (31 de maio de 1934), redigida por Barth e por ele citada em *Kirchliche Dogmatik* II/1, Zürich, 1942. p. 194. Também em Niesel, W. *Bekenntnisschriften und Kirchenordnungen der nach Gottes Wort reformierten Kirche*. München, 1938 (segunda edição s.d. Zollikon-Zürich), pp. 325-337.

encarnação de Cristo! Em lugar da religião agora está a Igreja — o que por si é bíblico —, mas o mundo, em certa medida, fica entregue a si mesmo, o que é um grave erro".⁵ Opondo à totalidade ideológica uma totalidade não menos completa, embora pensada a partir de Deus, Barth permanece na ótica da "religião", que também queria superar, e daquela visão completa e sem resíduos, que a religião constrói, abandonando a discrição e a obscuridade da fé. O limite da teologia barthiana é, afinal de contas, sua incapacidade de levar a fundo a interpretação não-religiosa e, portanto, a leitura não-ideológica da revelação bíblica: "Barth foi o primeiro a reconhecer que o erro de todas as tentativas, que no fundo, sem querer, navegam ainda na corrente da teologia liberal, consistia em querer manter no mundo, ou contra o mundo, um espaço para a religião. Contra a religião, ele fez descer a campo o Deus de Jesus Cristo, πνευμα contra σαρξ. Esse é seu maior mérito, mas foi na interpretação não-religiosa dos conceitos teológicos que não forneceu nenhuma indicação concreta, seja na dogmática, seja na ética. Aqui está seu limite, e por isso sua teologia da revelação torna-se 'positivismo da revelação' ('Offenbarungspositivismus')".⁶

É também em reação a Barth que Rudolf Bultmann, inicialmente unido a ele na defesa da "teologia dialética" antiliberal, separa-se dele para recuperar a dignidade do sujeito humano não contra, mas em relação à oferta do dom do Deus que vem. A hora escatológica é, para Bultmann, aquela em que o Deus do Evangelho encontra o indivíduo, que se decide por ele em toda a concretude e dignidade de sua individualidade: "a hora da decisão". O caráter definitivo dessa hora consiste no fato de que ninguém pode decidir no lugar de outro, nem alguém pode programar ou deduzir o próprio tempo de um ideal abstrato: "Sou *eu* que

---

5 BONHOEFFER, D. *Resistência e submissão*. 2. ed. Rio de Janeiro, Paz e Terra/Sinodal, 1980. p. 134 (carta de 5 de maio de 1944): "Barth hat als erster Theologe — und das bleibt sein ganz großes Verdienst — die Kritik der Religion begonnen, aber er hat dann an ihre Stelle eine positivistische Offenbarungslehre gesetzt... Der Offenbarungspositivismus macht es sich zu leicht, indem er letztlich ein Gesetz des Glaubens aufrichtet und indem er das, was eine Gabe für uns ist — durch die Fleischwerdung Christi! —, zerreißt. An der Stelle der Religion steht nun die Kirche — das ist an sich biblisch —, aber die Welt ist gewissermaßen auf sich selbst gestellt und sich selbst überlassen, das ist der Fehler" (*Widerstand und Ergebung. Briefe und Aufzeichnungen aus der Haft.* hrsg. von E. Bethge, 12. ed., Gütersloh, 1983, p. 137).
6 Idem, ibidem, pp. 157s (carta de 8 de junho de 1944): "Barth erkannte als erster den Fehler aller dieser Versuche (die im Grunde alle noch im Fahrwasser der liberalen Theologie segelten, ohne es zu wollen) darin, daß sie alle darauf ausgehen, einen Raum für Religion in der Welt oder gegen die Welt auszusparen. Er führte den Gott Jesu Christi gegen die Religion ins Feld, pneuma gegen sarx. Das bleibt sein größtes Verdienst... aber in der nichtreligiösen Interpretation der theologischen Begriffe hat er eine konkrete Wegweisung gegeben, weder in der Dogmatik noch in der Ethik. Hier liegt seine Grenze und darum wird seine Offenbarungstheologie positivistisch, 'Offenbarungspositivismus', wie ich mich ausdrückte" (pp. 161s).

devo viver *minha* vida, assim como sou *eu* que devo morrer *minha* morte".[7] Está aqui o fascínio e o drama das visões globais do mundo oferecidas pela ideologia: "Compreende-se bem por que as ideologias são tão caras ao homem:... em geral lhe prestam um grande serviço: permitem-lhe livrar-se de si mesmo, dispensam-no dos problemas que sua existência concreta lhe suscita, das preocupações e das responsabilidades que lhe são conexas... por isso, justamente no momento em que sua existência é abalada e torna-se problemática, ele acha de que livrar-se e, em vez de tomá-la com seriedade, prefere entendê-la como um caso a ser reduzido à generalidade comum, a ser integrado em um contexto, a ser objetivado para evadir de sua existência pessoal".[8] A teologia da decisão mostra o outro lado da crítica cristã ao universo ideológico: esta salta sobre a concretude do indivíduo, sacrificando-a à lei trágica, embora tranqüilizante, da adequação à norma universal, exibida pela própria ideologia (pense-se nos mecanismos ideológicos de justificação da violência para com o adversário da idéia).

A atenção voltada ao indivíduo, colocado pelo querigma na situação da decisão, leva Bultmann a relacionar à existência sua leitura do texto bíblico, até introduzir a chave hermenêutica da "demitização"; a de todo tendente a liberar o apelo existencial presente no texto do aparato mítico no qual é expresso. De tal modo, porém, Bultmann retorna ao arbítrio do sujeito interpretante sobre o objeto interpretado, típico do mundo liberal, e chega a comprometer o próprio centro e coração do Evangelho. Destarte, não se consuma efetivamente a ideologia da superação; pelo contrário, opera-se um retorno ao horizonte fechado da subjetividade, no qual tudo é reconduzido ao domínio do ideal sobre o real. "Bultmann", escreve Bonhoeffer,

> parece ter percebido o limite de Barth, mas o entende, equivocadamente, no sentido da teologia liberal, sucumbindo, assim, ao procedimento tipicamente liberal da redução (os elementos "mitológicos" do cristianismo são eliminados e o cristianismo é reduzido à sua "essência"). Sou de opinião, porém, que todos os conteúdos, compreendidos os conceitos "mitológicos", devem ser mantidos — o Novo Testamento não é o revestimento mitológico de uma verdade universal! Entretanto, essa mitologia (a ressurreição etc.) é a própria coisa. Acontece que esses conceitos de-

---

[7] BULTMANN, R. La concezione del mondo e dell'uomo nel Nuovo Testamento e nella grecità (1940). In: Idem. *Credere e comprendere.* Brescia, 1977. p. 428.
[8] Idem. Che senso ha parlare di Dio? (1924). In: *Credere e comprendere,* cit., p. 40.

vem ser interpretados de maneira a não pressupor a religião como condição da fé... A meu ver, só assim a teologia liberal será superada (pela qual também Barth, ainda que de modo negativo, ainda é influenciado). Ao mesmo tempo, no entanto, sua problemática é efetivamente assumida e respondida (o que *não* acontece no positivismo da revelação da Igreja confessante). Assim, a emancipação do mundo não é mais motivo de polêmica e de apologética, tornando-se antes realmente mais bem compreendida do que se entende a si mesma, isto é, a partir do Evangelho de Cristo.[9]

A interpretação existencial — e o seu aspecto negativo, a "demitização" — afinal não se desprende das malhas do universo ideológico, ficando contida na leitura "religiosa" dos conceitos bíblicos, que partem, sim, do humano, mas não se abrem verdadeiramente à surpresa do Deus "inútil", abandonado na Cruz.

Se Barth não supera a ideologia porque lhe contrapõe sua simples negação, perdendo de vista a dignidade do humano e o valor da fidelidade à terra, Bultmann não obtém o mesmo resultado, porque opera a redução da novidade cristã ao horizonte do sujeito interpretante. Ambos permanecem nos esquemas da "religião", entendida como estrutura humana de apreensão do divino, um por excesso de negação, o outro por defeito da mesma: a teologia nascida da crise do moderno permaneceu um produto seu, uma "teologia da crise", que só prolonga, na verdade, o estertor da ideologia. O que ocorre, então, é uma interpretação não-religiosa dos conceitos bíblicos, uma leitura que estabelece como fundamento e tem como chave hermenêutica o sofrimento do Deus crucificado, a infinita fraqueza de seu abandono, vivido com total fidelidade à terra por ele amada, e ao mesmo tempo em plena transgressão de toda absolutização do horizonte penúltimo. O grito da hora nona ultrapassa o fechamento totalizante da

---

[9] BONHOEFFER, cit., pp. 158s (carta de 8 de junho de 1944): "Bultmann scheint nun Barths Grenze irgendwie gespürt zu haben, aber er mißversteht sie im Sinne der liberalen Theologie und verfällt daher in das typisch liberale Reduktionsverfahren (die 'mythologischen' Elemente des Christentums werden abgezogen und das Christentum auf sein 'Wesen' reduziert). Ich bin nun der Auffassung, daß die vollen Inhalte einschließlich der 'mythologischen' Begriffe bestehen bleiben müssen — das Neue Tessament ist nicht eine mythologische Einkleidung einer allgemeinen Wahrheit!, sondern diese Mythologie (Auferstehung etc.) ist die Sache selbst! — aber daß diese Begriffe nur in einer Weise interpretiert werden müssen, die nicht die Religion als Bedingung des Glaubens voraussetzt... Erst damit ist m. E. die liberale Theologie (durch welche auch Barth, wenn auch negativ, noch bestimmt ist) überwunden, zugleich aber ist ihre Frage wirklich aufgenommen und beantwortet (was im Offenbarungspositivismus der B. K. *nicht* der Fall ist!). — Die Mündigkeit der Welt ist nun kein Anlaß mehr zu Polemik und Apologetik, sondern sie wird nun wirklich besser verstanden, als sie sich selbst versteht, nämlich vom Evangelium, von Christus her" (pp. 162s).

ideologia, deixando irromper no penúltimo a iminência e a soberania do último. Enquanto a "teologia da crise" permanece prisioneira da idéia, o encontro com a Palavra do Cristo vivo liberta e muda o coração e a vida: "Com uma idéia se estabelece uma relação de conhecimento, de entusiasmo — talvez até mesmo de realização, mas nunca um compromisso pessoal de obediência... um cristianismo sem compromisso de obediência é sempre um cristianismo sem Jesus Cristo; é uma idéia, um mito".[10] Não há teologia cristã se não se sai dos pressupostos do idealismo e da racionalidade moderna: "O idealismo suprime o princípio primeiro de toda teologia, o de que Deus se fez homem real por livre graça. Cristo não é a realização necessária de um princípio divino, ou mesmo humano. A proximidade de toda forma de docetismo, quer de idealismo quer de racionalismo, é, sem dúvida, o motivo da forte atração que este exerce".[11] E Cristo é sempre concretíssimo Cristo vivo, que se encontra na Igreja: eis o que o jovem Bonhoeffer havia percebido com surpreendente intensidade em antítese à teologia liberal: "A unicidade irrepetível da Igreja manifesta-se somente onde a concebemos como a comunhão e comunidade de Deus fundada e atuada pelo Espírito, e enquanto tal a consideramos qual 'Cristo existente como comunidade', como a presença de Cristo".[12] O "não" a Hegel e a seus epígonos é total: "A Encarnação de Deus não pode ser deduzida de uma idéia de Deus na qual a humanidade já pertença à idéia de Deus, como em Hegel".[13] Ela é a fonte verdadeira e real que põe em crise a religião, e, portanto, a "teologia da crise", construída sobre seus esquemas.

2. O verdadeiro desafio: a "crise da teologia"

A insuficiência da alternativa teológica, tanto dialética como existencial, à ideologia leva Bonhoeffer a procurar não em uma teologia da crise, mas em uma "crise da teologia", bem mais radical, o meio da persistência do cristianismo

---

[10] Idem. *Discipulado*. São Leopoldo, Sinodal, 1980. p. 21. Cf. também p. 112, em que é desenvolvida a contraposição entre Palavra e idéia: a primeira fraca e rejeitada pelos homens, a segunda, forte aos olhos do mundo.
[11] Idem. *Cristologia*. Brescia, 1984. p. 64.
[12] *Sanctorum Communio*. Roma/Brescia, 1972. p. 200. Embora de matiz hegeliano (Hegel fala no âmbito da religião absoluta da Igreja como "Deus existente enquanto comunidade"), a fórmula tem sabor radicalmente antiidealístico por fazer referência à *sanctorum commnunio*, existente empiricamente como a presença viva e concreta do Cristo.
[13] Idem, *Cristologia*, cit., p. 93.

para além do fim da modernidade, no inquieto delinear-se do pós-moderno: não um pensamento "forte", totalizante ao par das visões ideológicas, mas um pensamento "fraco", baseado, porém, na fraqueza do *Deus sofredor*, apresenta-se ao prisioneiro de Tegel como o itinerário possível para a terra prometida. O Deus feito homem é o único que liberta do cativeiro ideológico: "Jesus Cristo não se defronta com a realidade como um estranho: só ele carregou e experimentou no próprio corpo a essência do real, trazendo-lhe palavras que nenhum outro na terra sabe dizer; só ele não sucumbiu à uma ideologia. Mas é o ser real puro e simples que trouxe consigo e realizou a essência da história e lhe personificou a lei".[14] O Deus sofredor nada tem a ver com o Deus ideológico, "tapa-buracos" ("Lückenbüßer") das carências humanas, intimado a acertar as contas da conciliação ideal: "Tornou-se-me de novo evidente que não devemos atribuir a Deus o papel de tapa-buracos, em face da incompletude de nossos conhecimentos; se, de fato, os limites do conhecimento continuam a ampliar-se — o que é objetivamente inevitável —, também Deus é continuamente alijado. Deus não é um tapa-buracos; não deve ser reconhecido apenas nos limites do nossas possibilidades, mas no centro da vida; Deus quer ser reconhecido na vida, e não só na morte; na saúde e na força, e não apenas no sofrimento; no agir, e não só no pecado. A razão de tudo isso está na revelação de Deus em Jesus Cristo. Ele é o centro da vida e não veio absolutamente 'a propósito' para responder questões irresolvíveis".[15] O Deus sofredor é a boa-nova que nos livra de toda forma "religiosa", de todo cativeiro ideológico do divino, feito a nossa imagem e semelhança: "Aqui está a decisiva diferença em relação às demais religiões. A religiosidade humana remete o homem, em sua tribulação, ao poder de Deus no mundo; Deus é o deus *ex machina*.

---

[14] Idem, *Ética*, cit., p. 128 ("A história e o bem": 1941): "Jesus Christus tritt nicht als ein Wirklichkeits-fremder der Wirklichkeit gegenüber, sondern er ist es, der allein das Wesen des Wirklichen am eigenen Leibe trug und erfuhr, der aus dem Wirklichen heraus redete wie kein Mensch auf Erden, der als einziger keiner Ideologie verfallen ist, sondern *der* Wirkliche schlechthin ist, der das Wesen der Geschichte in sich getragen und erfüllt hat und in dem das Lebensgesetz der Geschichte verkörpert ist" (*Ethik*, p. 244).

[15] Idem, *Resistência e submissão*, cit., p. 152 (carta de 29 de maio de 1944): "Es ist mir wieder ganz deutlich geworden, daß man Gott nicht als Lückenbüßer unserer unvollkommenen Erkenntnis figurieren lassen darf; wenn nämlich dann — was sachlich zwangsläufig ist — sich die Grenzen der Erkenntnis immer weiter herausschieben, wird mit ihnen auch Gott immer wieder weggeschoben und befindet sich demgemäß auf einem fortgesetzten Rückzug... Gott ist auch hier kein Lückenbüßer; nicht erst an der Grenzen unserer Möglichkeiten, sondern mitten im Leben muß Gott erkannt werden; im Leben und nicht erst im Sterben, in Gesundheit und Kraft und nicht erst im Leiden, im Handeln und nicht erst in der Sünde will Gott erkannt werden. Der Grund dafür liegt in der Offenbarung Gottes in Jesus Christus. Er ist die Mitte des Lebens und ist keineswegs 'dazu gekommen', uns ungelöste Fragen zu beantworten" (pp. 155s).

A Bíblia remete o homem à impotência e ao sofrimento de Deus; somente o Deus sofredor pode ajudar. Nesse sentido, podemos dizer que a referida evolução rumo à emancipação do mundo, com a qual se elimina uma falsa imagem de Deus, abre o olhar para o Deus da Bíblia, que obtém poder e espaço no mundo graças à sua impotência. É justamente aqui que se deverá inserir a interpretação mundana".[16] A grande diferença entre a atitude religiosa, no fundo simplesmente pagã, e o cristianismo não-religioso mede-se precisamente pela participação no sofrimento de Deus: "Homens buscam a Deus na tribulação/imploram auxílio, felicidade e pão;/salvação da doença, da culpa, da morte./Assim fazem todos, todos: cristãos e pagãos./Homens buscam a Deus na tribulação/ encontram-no pobre, insultado, sem teto nem pão./Vêem-no consumido pelos pecados, pela fraqueza e pela morte./Os cristãos estão próximos a Deus em seu sofrimento".[17]

Na escola do Deus da compaixão, a existência cristã apresenta-se, primeiramente, como pungente forma de *fidelidade à terra*: o "não" ao humano e ao mundano, próprio da teologia dialética, cede o lugar a um "sim" baseado na humanidade e na compaixão do Deus conosco. "Aprendi, nos últimos anos, a conhecer e compreender mais e mais a profunda 'aquendidade' ('Diesseitigkeit') do cristianismo. O cristão não é um *homo religiosus*, mas simplesmente um homem, como Jesus foi homem".[18] Deve-se então viver o aquém não contra Deus, mas com ele: "Quando desistimos completamente de fazer algo de nós mesmos... então nos lançamos inteiramente nos braços de Deus, e não mais levamos a sério nossos padecimentos, e sim os sofrimentos de Deus no mundo, e então vigiamos com Cristo no Getsêmani, e penso que isso é fé, isso é μετανοια. Assim nos tornamos homens, cristãos... Por que deveremos tornar-nos presunçosos

---

[16] Idem, ibidem, p. 173 (carta de 16 de julho de 1944). "Hier liegt der entscheidende Unterschied zu allen Religionen. Die Religiosität des Menschen weist ihn in seiner Not an die Macht Gottes in der Welt, Gott ist der deus ex machina. Die Bibel weist den Menschen an die Ohnmacht und das Leiden Gottes; nur der leidende Gott kann helfen. Insofern kann man sagen, daß die beschriebene Entwicklung zur Mündigkeit der Welt, durch die mit einer falschen Gottesvorstellung aufgeräumt wird, den Blick freimacht für den Gott der Bibel, der durch seine Ohnmacht in der Welt Macht und Raum gewinnt. Hier wird wohl die 'weltliche Interpretation' einzusetzen haben" (p. 178).
[17] Idem. Cristãos e pagãos. In: *Resistência e submissão*, cit., pp. 176s. "Menschen gehen zu Gott in ihrer Not, / flehen um Hilfe, bitten um Glück und Brot, / um Errettung aus Krankheit, Schuld und Tod. / So tun sie alle, alle, Christen und Heiden. / Menschen gehen zu Gott in Seiner Not, / finden ihn arm, geschmäht, ohne Obdach und Brot, / sehn ihn verschlungen von Sünde, Schwachheit und Tod. / Christen stehen bei Gott in Seinen Leiden" (*Christen und Heiden*. In *Widerstand und Ergebung*, p. 182).
[18] Idem, ibidem, p. 177 (carta de 21 de julho de 1944). "Ich habe in den letzten Jahren mehr und mehr die tiefe Diesseitigkeit des Christentums kennen und verstehen gelernt. Nicht ein homo religiosus, sondern ein Mensch schlechthin ist der Christ, wie Jesus... Mensch war" (p. 183).

com o sucesso ou preocupar-nos com o fracasso quando no aquém da vida participamos do sofrimento de Deus?"[19] Esse compartilhamento da humanidade do Deus sofredor não tem nada de dolorismo pessimista, mas é antes a afirmação decidida do poder da ressurreição: "A vitória sobre a morte insere-se no âmbito das possibilidades humanas; a vitória sobre a morte, chama-se ressurreição. Não é da *ars morendi*, e sim da ressurreição de Cristo, que pode soprar no mundo atual um novo vento purificador... Viver segundo a ressurreição: isso significa Páscoa".[20] Precisamente por isso a fidelidade à terra, fundada na participação do amor do Deus Crucificado pelo mundo, não justifica nenhuma exaltação de auto-suficiência humana: Bonhoeffer está plenamente ciente de que a modernidade tem sido vivida freqüentemente como pura e simples eliminação da hipótese Deus. "O movimento na direção da autonomia do homem... atingiu em nosso tempo certa plenitude. O homem aprendeu a se bastar a si mesmo em todas as questões importantes, sem o auxílio da 'hipótese de trabalho: Deus'."[21] O cristianismo não-religioso não tem nada da clareza solar dessa mentalidade "moderna"; posiciona-se antes nas antípodas da visão totalizante, que, por exemplo, Hegel tem da fé cristã como "religião do espírito e não do mistério, não do fechado, mas do manifesto".[22] Compreende-se então por que é caro a Bonhoeffer o tema da *disciplina arcani*, que é a forma do falar não-religioso de Deus, do participar também na expressão da *kénosis* divina: "Deve-se repristinar uma disciplina do arcano que proteja os mistérios da fé cristã contra a profanação".[23] O que o prisioneiro de Tegel não aceita é que à presunção da razão ideológica seja contraposto um cristianismo da negação dos valores terrenos: "Tenta-se demostrar ao mundo emancipado que não pode viver sob a tutela de 'Deus'. Não

---

[19] Idem, ibidem, p. 178: "Wenn man völlig darauf verzichtet hat, aus sich selbst etwas zu machen... dann wirft man sich Gott ganz in die Arme, dann nimmt man nicht mehr eigenen Leiden, sondern das Leiden Gottes in der Welt ernst, dann wacht man mit Christus in Gethsemane, und ich denke, das ist Glaube, das ist 'Metanoia'; und so wird man ein Mensch, ein Christ... Wie sollte man bei Erfolgen übermütig oder an Mißerfolgen irre werden, wenn man im diesseitigen Leben Gottes Leiden mitleidet?" (p. 183).

[20] Idem, ibidem, p. 123 (carta de 27 de março de 1944). "Die Überwindung des Sterbens ist im Bereich menschlicher Möglichkeiten, die Überwindung des Todes heißt Auferstehung. Nicht von der ars moriendi, sondern von der Auferstehung Christi her kann ein neuer, reinigender Wind in die gegenwärtige Welt wehen... Von der Auferstehung her leben — das heißt doch Osten" (pp. 125s).

[21] Idem, ibidem, p. 155 (carta de 8 de junho de 1944). "Die Bewegung in der Richtung auf die menschliche Autonomie... ist in unserer Zeit zu einer gewissen Vollständigkeit gekommen. Der Mensch hat gelernt, in allen wichtigen Fragen mit sich selbst fertig zu werden ohne Zuhilfenahme der 'Arbeitshypothese: Gott'" (pp. 158s).

[22] Hegel, G. W. F. *Lezioni sulla filosofia della religione*. Oberti E. e Borruso G. (Orgs.). 2 v. Bologna, 1974. Terceira Parte: II, p. 250.

[23] Bonhoeffer, op. cit., p. 134 (carta de 5 de maio de 1944). "Es muß eine Arkansdisziplin wiederhergestellt werden, durch die die *Geheimnisse* des christlichen Glaubens vor Profanierung geschützt werden" (p. 137).

obstante a já ocorrida capitulação diante de todas as questões mundanas, restam todavia as assim chamadas 'questões últimas' — a morte, a culpa —, às quais somente 'Deus' poderá dar resposta... De certa forma, vivemos, portanto, das assim chamadas questões últimas do homem. Que acontecerá, porém, no dia em que tais questões deixarem de existir enquanto tais, ou seja, quando também elas encontrarem respostas 'sem Deus'?"[24]

Abandonada toda apologética desprovida de sentido e de baixa qualidade, como a que contrapõe à ideologia um pensamento da fé, igualmente ideológico, não resta senão o caminho, indicado pelo Crucificado, de um amor do mundo tão grande que assuma o inteiro existir do mundo e de sua culpa, pronto a aceitar carregar com Deus o peso da existência sem Deus: "O homem é chamado a partilhar o sofrimento de Deus em relação ao mundo sem Deus. Deve, por isso, viver efetivamente no mundo sem Deus, sem tentar ocultar, transfigurar religiosamente, seja como for, esse ser sem Deus do mundo. Deve viver 'mundanamente', ou seja, liberto das falsas amarras e dos estorvos religiosos. Ser cristão não significa ser religioso de determinada maneira... Não é o ato religioso que faz o cristão, mas sim a participação no padecimento de Deus na vida do mundo".[25]

Desse modo, longe de contrapor o último ao penúltimo, o fiel aprende a amar *o penúltimo no horizonte do último*: "Só quando se reconhece a impronunciabilidade do nome de Deus é que se pode por fim pronunciar também o nome de Jesus Cristo; só quando se ama a tal ponto a vida e a terra, que pareça que com elas tudo se perde e é finito, é que se pode crer na ressurreição dos mortos e em um novo mundo; só quando se reconhece a própria submissão à lei de Deus é que se pode falar finalmente também da graça; e só quando a ira e a vingança de Deus contra seus inimigos subsistem como realidade válida é que algo do perdão e do amor para com os inimigos pode tocar nosso coração. A meu ver, quem quiser ver e sentir muito apressada e diretamente à moda

---

[24] Idem, ibidem, p. 156. "Man versucht, der mündig gewordenen Welt zu beweisen, daß sie ohne den Vormund 'Gott' nicht leben könne. Wenn man auch in allen weltlichen Fragen schon kapituliert hat, so bleiben doch immer die sogenannten 'letzten Fragen' — Tod, Schuld — auf die nur 'Gott' eine Antwort geben kann... Wir leben also gewissermaßen von diesen sogenannten letzten Fragen der Menschen. Wie aber, wenn sie eines Tages nicht mehr als solche da sind, bzw. wenn auch sie 'ohne Gott' beantwortet werden?" (p. 159).

[25] Idem, ibidem, p. 175 (carta de 18 de julho de 1944). "Der Mensch wird aufgerufen, das Leiden Gottes an der gottlosen Welt mitzuleiden. Er muß also wirklich in der gottlosen Welt leben und darf nicht den Versuch machen, ihre Gottlosigkeit irgendwie religiös zu verdecken, zu verklären; er muß 'weltich' leben, d.h. er ist befreit von der falschen religiösen Bindungen und Hemmungen. Christsein heißt nicht in einer bestimmten Weise religiös sein... Nicht der religiöse Akt macht den Christen, sondern das Teilnehmen am Leiden Gottes im weltlichen Leben" (p. 180).

neotestamentária não é cristão... Não se pode nem se deve dizer a última palavra antes da penúltima. Vivemos no penúltimo e cremos no último, não é assim?"[26] O amor daquilo que é penúltimo valoriza plenamente sua dignidade, ainda que Deus não existisse ("etsi Deus non daretur"), isto é, não apesar da presença de Deus, mas por causa dela, até mesmo se hipoteticamente viesse a faltar: "Não podemos ser honestos sem reconhecer que devemos viver no mundo — 'etsi deus non daretur'. E reconheçamos exatamente isso — diante de Deus! Ele mesmo nos obriga a esse reconhecimento. Assim, nosso tornar-se adulto nos leva a reconhecer mais verdadeiramente nossa condição diante de Deus. Deus nos dá a conhecer que devemos viver como indivíduos capazes de enfrentar a vida sem ele. O Deus que está conosco é o Deus que nos abandona! (Mc 15,34). O Deus que nos faz viver no mundo sem a hipótese do trabalho de Deus é Deus diante do qual permanentemente estamos. Diante de Deus e com Deus vivemos sem Deus. Deus se deixa banir do mundo na cruz, Deus é impotente e fraco no mundo e exatamente assim está ao nosso lado e nos ajuda... Cristo não ajuda graças à sua onipotência, mas graças à sua fraqueza e ao seu sofrimento".[27] Em Jesus Cristo, o último não anula, mas redime o penúltimo: "Só Cristo nos dá a realidade última, a justificação de nossa vida perante Deus; apesar disso, ou até por causa disso, não nos são subtraídas ou poupadas as realidades penúltimas... A vida cristã é o alvorecer das realidades últimas em mim, é a vida de Jesus Cristo em mim. Mas é sempre também um viver nas realidades penúltimas, à espera das

---

[26] Idem, ibidem, p. 85 (carta de 5 de dezembro de 1943 — 2º Domingo do Advento). "Nur wenn man die Unaussprechlichkeit des Namens Gottes kennt, darf man auch einmal den Namen Jesus Christus aussprechen; nur wenn man das Leben und die Erde so liebt, daß mit ihr alles verloren und zu Ende zu sein scheint, darf man an die Auferstehung der Toten und eine neue Welt glauben; nur wenn man das Gesetz Gottes über sich gelten läßt, darf man wohl auch einmal von Gnade sprechen, und nur wenn der Zorn und die Rache Gottes über seine Feinde als gültige Wirklichkeit stehen bleiben, kann von Vergebung und von Feindesliebe etwas unser Herz berühren. Wer zu schnell und zu direkt neutestamentlich sein und empfinden will, ist m. E. kein Christ... Man kann und darf das letzte Wort nicht vor dem vorletzten sprechen. Wir leben im Vorletzten und glauben das Letzte, ist es nicht so?" (pp. 86).

[27] Idem, ibidem, p. 173 (carta de 16 de julho de 1944). "Wir können nicht redlich sein, ohne zu erkennen, daß wir in der Welt leben müssen — 'etsi deus non daretur'. Und eben dies erkennen wir — vor Gott! Gott selbst zwingt uns zu dieser Erkenntnis. So führt uns unser Mündigwerden zu einer wahrhaftigen Erkenntnis unserer Lage vor Gott. Gott gibt uns zu wissen, daß wir leben müssen, als solche, die mit dem Leben ohne Gott fertig werden. Der Gott, der mit uns ist, ist der Gott, der uns verläßt (Markus 15,34). Der Gott, der uns in der Welt leben läßt ohne die Arbeitshypothese Gott, ist der Gott, vor dem wir dauernd stehen. Vor und mit Gott leben wir ohne Gott. Gott läßt sich aus der Welt herausdrängen ans Kreuz, Gott ist ohnmächtig und schwach in der Welt und gerade und nur so ist er bei uns und hilft uns. Es ist de Matth 8,12 ganz deutlich, daß Christus nicht hilft kraft seiner Allmacht, sondern kraft seiner Schwachheit, seines Leidens!" (pp. 177s).

[28] Idem, Ética, cit., p. 82. "Nur Christus bringt uns das Letzte, die Rechtfertigung unseres Lebens vor Gott, dennoch oder vielmehr darum bleibt uns das Vorletzte nicht abgenommen und erspart... Christliches Leben ist der Anbruch des Letzten in mir, das Leben Jesu Christi in mir. Es ist aber immer auch Leben im Vorletzten, das auf das Letzte wartet" (p. 150).

supremas".²⁸ Por isso, a Igreja fala de Deus não às margens, mas no centro do vilarejo: "Os religiosos falam de Deus quando o conhecimento humano (às vezes por preguiça mental) chega ao fim ou quando faltam as forças humanas e com efeito aquele que chamamos a campo é sempre o *deus ex machina*, como solução fixa para problemas insolúveis, ou como força diante do malogro humano: sempre, portanto, tirando proveito da debilidade humana ou em face das limitações humanas; isso inevitavelmente ocorre sempre e só enquanto os homens, mediante suas próprias forças, não deslocam os limites humanos um pouco mais adiante, e o Deus concebido como *deus ex machina* não se torna supérfluo... quero falar de Deus vida nos limites, mas no centro, não nas fraquezas, mas na força; não, portanto, em relação à morte e à culpa, mas na vida e no bem do homem".²⁹

Decisiva é a *relevância ética* da interpretação não-religiosa do cristianismo: enquanto a ideologia desresponsabiliza, transferindo para as exigências da razão universal o peso do negativo, lido como momento necessário do processo histórico, o cristianismo não-ideológico conhece só uma graça "muito preciosa", paga pessoalmente: "É preciosa por custar a própria vida ao homem, e é graça justamente por lhe dar a vida; é preciosa por condenar o pecado, e é graça por justificar o pecador. A graça é sobretudo preciosa por tê-lo sido para Deus, por lhe ter custado a vida de seu Filho".³⁰ Enquanto a ideologia é construída sobre a afirmação de si até tornar-se violência contra o outro, a fé não-religiosa leva o cristão a "existir-para-os-outros", em um êxodo de si sem retorno: "O 'ser-para-os-outros' de Jesus é experiência da transcendência. Somente da liberdade de si mesmo, só do 'ser-para-os-outros' até a morte nascem a onipotência, a onisciência e a onipresença. Fé é participação nesse ser de Jesus... Nossa relação com Deus não é uma relação 'religiosa' com um ser mais supremo, mais poderoso e melhor que se possa pensar — isso não é verdadeira transcendência —, e sim uma nova vida no 'ser-para-os-outros', no participar do ser de Jesus.

---

[29] Idem, *Resistência e submissão*, cit., p. 132. (carta de 30 de abril de 1944). "Die Religiösen sprechen von Gott, wenn menschliche Erkenntnis (manchmal schon aus Denkfaulheit) zu Ende ist oder wenn menschliche Kräfte versagen — es ist eigentlich immer des deus ex machina, den sie aufmarschieren lassen, entweder zur Scheinlösung unlösbarer Probleme oder als Kraft bei menschlichem Versagen, immer also in Ausnutzung menschlicher Schwäche bzw. an den menschlichen Grenzen; das hält zwangsläufig immer nur solange vor, bis die Menschen aus eigener Kraft die Grenzen etwas weiter hinausschieben und Gott als deus ex machina überflüssig wird... — ich möchte von Gott nicht an den Grenzen, sondern in der Mitte, nicht in den Schwächen, sondern in der Kraft, nicht also bei Tod und Schuld, sondern im Leben und im Guten des Menschen sprechen" (p. 135).

[30] Idem, *Discipulado*, cit., p. 10.

O transcendente não é compromisso infinito, inatingível, mas o próximo que é dado de quando em quando, que é alcançável. Deus em forma humana!... 'o homem para os outros'!, e por isso o crucificado. O homem que vive a partir do transcendente".[31] Esse "ser-para-os-outros" é a única via de superação da dolorosa cisão da consciência: aqui a distância de Hegel e da ideologia é total. Para Hegel, "a consciência infeliz é a consciência-de-si como essência duplicada e ainda de todo emaranhada na contradição, que só pode ser superada pela via do conhecimento".[32] "Só na autoconsciência como conceito do espírito a consciência atinge seu ponto de inflexão (*Wendungspunkt*): aqui, a consciência, partindo da variegada aparência do aquém sensível e da noite vazia do além ultra-sensível, se apresente no dia espiritual da presencialidade."[33]

Segundo Bonhoeffer, ao invés, o "conhecimento de si é a tentativa eternamente inconclusa do homem no sentido de superar, mediante o pensamento, a própria divisão interior, para chegar à unidade consigo mesmo, pela via de um incessante distinguir-se de si".[34] Só o retorno a Deus, a unidade reencontrada com ele, pode dar verdade e paz ao coração do homem: "O ponto decisivo da experiência especificamente ética não é mais o distanciamento do homem em relação a Deus, aos homens, às coisas e a si mesmo, e sim a unidade reencontrada, a reconciliação".[35] E essa unidade se encontra no Crucificado: "O amor é a revelação de Deus; e a revelação de Deus é Jesus Cristo... O amor não tem sua origem em nós, mas em Deus, não é um comportamento do homem, mas de Deus, Jesus Cristo é a única definição do amor. Mas incorreríamos no mais grave equívoco se da visão de Jesus Cristo, de sua obra e de seus sofrimentos quiséssemos extrair uma definição geral do amor. O amor não é aquilo que ele *faz* e

---

[31] Idem, *Resistência e submissão*, cit., p. 185 (projeto de um estudo). "Das 'Für-andere-da-sein' Jesu ist die Transzendenzerfahrung! Aus der Freiheit von sich selbst, aus dem 'Für-andere-da-sein' bis zum Tod entspringt erst die Allmacht, Allwissenheit, Allgegenwart. Glaube ist das Teilnehmen an diesem Sein Jesus... Unser Verhältnis zu Gott ist kein 'religiöses' zu einem denkbar höchsten, mächtigsten, bestem Wesen — dies ist keine echte Transzendenz —, sondern unser Verhältnis zu Gott ist ein neues Leben im 'Dasein-für-andere', in der Teilnahme am Sein Jesu. Nicht die unendlichen, unerreichbaren Aufgaben, sondern der jeweils gegebene erreichbare Nächste ist das Transzendente. Gott in Menschengestalt!... 'des Mensch für andere'!, darum der Gekreuzigte. Der aus dem Transzendenten lebende Mensch" (pp. 191s).

[32] Hegel, *Fenomenologia do espírito*, cit., p. 140.

[33] Idem, ibidem, pp. 125s.

[34] Bonhoeffer, *Ética*, cit., pp. 19s. "Selbsterkenntnis ist nie zum Ende gelangende Bemühung des Menschen, die Entzweiung mit sich selbst denkend zu überwinden durch unaufhörliches Sichunterscheiden von sich selbst, zur Einheit mit sich selbst zu kommen" (*Ethik*, p. 28).

[35] Idem, ibidem, p. 21. "Nicht der Zerfall des Menschen mit Gott, mit den Menschen, mit den Dingen, mit sich, sondern die wiedergefundene Einheit, die Versöhnung ist der Grund, von dem aus gesprochen wird, ist die 'Entscheidungsstelle des spezifisch ethischen Erlebnisses' geworden" (p. 29).

sofre, mas o que *ele* faz e sofre. Ele próprio é sempre amor... amor é sempre a revelação de Deus em Jesus Cristo".[36] A norma moral não é um modelo abstrato, universal, meramente ideal, como nas concepções ideológicas, mas uma pessoa viva, concreta, próxima a nossa dor: "Jesus Cristo não é uma humanidade excelsa transfigurada, mas o 'sim' de Deus ao homem real: não o desapaixonado 'sim' do juiz, mas o misericordioso 'sim' do companheiro de sofrimento. Nesse 'sim' está compreendida toda a vida e a esperança do mundo. No homem Jesus Cristo pronunciou-se uma sentença contra toda a humanidade, mas não como fria sentença de um juiz, e sim como julgamento misericordioso daquele que toma sobre si e sofre ao máximo o destino de toda a humanidade".[37] Por esse prisma, compreende-se o duríssimo julgamento histórico que Bonhoeffer pronuncia em sua *Ética* contra o processo desencadeado pela Revolução Francesa, que, para ele, precisamente por ser governado por um projeto ideológico, desemboca inexoravelmente no niilismo: "O senhor da máquina torna-se seu escravo, a máquina converte-se em inimiga do ser humano. A criatura volta-se contra seu criador — singular repetição do pecado de Adão. A emancipação das massas desemboca no terror da guilhotina. O nacionalismo inevitavelmente conduz à guerra. O ideal absoluto da libertação conduz o homem à autodestruição. No final do caminho que se iniciou com a Revolução Francesa está o niilismo".[38] No início de todas as vias do Deus não-ideológico, que chama a compartilhar o sofrimento e a procurar o caminho em comunhão, para além do alienante declínio das presunções ideológicas, existe a Cruz.

---

[36] Idem, ibidem, pp. 40ss. "So ist also Liebe Offenbarung Gottes... Offenbarung Gottes aber ist Jesus Christus... Nicht in uns, sondern in Gott hat die Liebe ihren Ursprung, nicht ein Verhalten der Menschen, sondern ein Verhalten Gottes ist die Liebe... Jesus Christus ist die einzige Definition der Liebe. Es wäre aber wieder alles mißverstanden, wenn nun doch aus dem Blick auf Jesus Christus und sein Tun und Leiden eine allgemeine Definition der Liebe erhoben werden sollte. Nicht was er *tut* und *leidet*, sondern was *er* tut und leidet, ist Liebe. Liebe ist immer Er selbst... Liebe ist immer Offenbarung Gottes in Jesus Christus" (pp. 155s).

[37] Idem, ibidem, p. 63. "Jesus Christus ist nicht die Verklärung hohen Menschentums, sondern das Ja Gottes zum wirklichen Menschen, nicht das leidenschaftslose Ja des Richters, sondern das barmherzige Ja des Mitleidenden. In diesem Ja ist das ganze Leben und die ganze Hoffnung der Welt beschlossen. In dem Menschen Jesus Christus ist das Urteil über die ganze Menschheit ergangen, wiederum nicht das teilnahmslose Urteil des Richters, sondern das barmherzige Urteil dessen, der das Geschick der ganzen Menschheit selbst durchleidet und trägt" (pp. 76s.). Amando concretamente o homem real, Jesus assume-lhe a culpa, sofre em seu lugar: a assunção da culpa e a representação são conceitos-chave da ética de Bonhoeffer; cf., por exemplo, *Ética*, cit., p. 134.

[38] Idem, ibidem, p. 61. "Der Herr der Maschine wird ihr Sklave, die Maschine wird der Feind der Menschen. Das Geschöpf wendet sich gegen seinen Schöpfer — seltsame Wiederholung des Sündenfalls! — Die Befreiung der Masse endet in der Schreckens-herrschaft der Guillotine. Der Nationalismus führt unabwendlich in den Krieg. Die Befreiung des Menschen als absolutes Ideal führt zur Selbst-zerstörung des Menschen. Am Ende des Wegs, der mit der französischen Revolution beschritten wurde, steht der Nihilismus" (p. 108).

A fé no Deus crucificado e abandonado acompanha Bonhoeffer na silenciosa eloqüência da oferta suprema: Dr. H. Fischer-Hüllstrung, o médico que assistiu a sua execução, testemunha: "Na manhã daquele dia, por volta das 5 ou 6 horas, os prisioneiros, entre os quais o almirante Canaris, o general Oster, o general Thomas e o conselheiro Sak do tribunal do Reich, foram conduzidos para fora das celas e foram lidas as sentenças condenatórias do tribunal militar. Por meio de uma porta entreaberta de um cômodo da cabana, vi o pastor Bonhoeffer, que, antes de tirar o uniforme de prisioneiro, estava ajoelhado em profunda oração com seu Deus. O abandono e a certeza de uma oração que teria sido ouvida, nesse homem extraordinariamente simpático, impressionaram-me de maneira profunda. Junto do próprio local da execução, elevou uma breve oração e então subiu com coragem para o patíbulo. A morte aconteceu depois de alguns segundos. Em minha atividade de médico há cerca de cinqüenta anos, quase nunca vi um homem morrer tão abandonado a Deus".[39] Essa cena parece oferecer-se como uma confirmação da interpretação de Bonhoeffer aqui proposta: na transição epocal da modernidade a seu além, esse homem profundamente fiel, que soube intuir a direção dos eventos de maneira singularmente eficaz, em nome do Evangelho faz sua escolha claramente antiideológica, mas também, ao mesmo tempo, resistente a qualquer sedução niilista e a qualquer decadência. Não é a visão humana do mundo com a totalidade de suas explicações e de seus projetos que salvará o mundo: nem poderá salvá-lo uma teologia ideológica, que fale de Deus a partir da crise como refúgio e alternativa no naufrágio. Tampouco, no tempo da ausência de pátria, caracterizado pelo declínio de todos os valores, o triunfo da máscara decadente, que gostaria de tudo cobrir com sua face enganosa, é o desfecho inevitável. Para além do fim da ideologia, como alternativa à renúncia niilista, para Bonhoeffer é possível ainda empreender o caminho de uma μετανοια teológica e espiritual, que reconheça no Deus crucificado horizontes não-ideológicos de sentido. Para além da crise de uma teologia muito segura de si, em que a Graça é exibida a bom mercado, é o pensar o abandono de Deus, estando junto com ele na mais total fidelidade à terra, à qual ele se fez fiel até o abismo da Cruz, é esse cristianismo não-religioso do seguimento e da participação no sofrimento divino que oferece o sentido do ser e da labuta do existir, apesar de todo o mal do mundo.

---

[39] "Lettera del 4 aprile 1955". In: ZIMMERMANN, W. D. *Ho conosciuto Dietrich Bonhoeffer.* Brescia, 1970. p. 248.

Aos órfãos da ideologia, Bonhoeffer, o mártir assassinado precisamente pela barbárie ideológica, indica assim, em um percurso do mais elevado amor intelectual e espiritual, o caminho da redenção: o Crucificado não condena o mundo e suas presunções, mas assume sobre si a culpa e, precisamente desse modo, dá sentido ao horizonte penúltimo. Para além do "requiem aeternam Deo" da ideologia, como alternativa ao "Deus otiosus", que se delineia no cenário da decadência, o Prisioneiro de Tegel testemunha o Evangelho do Deus que morre e, justamente no abandono da dor e da morte, redime a história: é o Deus que, convidando-nos a participar de sua dor para viver na companhia de seu abandono, oferece à nossa vida um sentido não-ideológico, não-religioso, a ponto de proporcionar razões de compaixão e de amor para continuarmos vivendo, sofrendo, amando e vencendo a morte para além da queda de todos os valores. Em um "fragmento", em uma vicissitude teológica afinal de contas "menor", incompleta como é e que se restringe a repetir tão-só a essencialidade nua da mensagem como alternativa ao triunfo da idéia ou do nada, a boa-nova da fé vem assim a ecoar ainda, para além do tempo da ideologia e de sua queda dramática na fraqueza decadente e vazia de alguns vultos da pós-modernidade.[40] Com sua morte, lida pela perspectiva da linha vermelha de sua vida, que é o duplo "não" ao totalitarismo moderno da idéia e ao niilismo renunciatário do insurgente pós-moderno, pronunciado em nome do Deus Crucificado, Dietrich Bonhoeffer continua falando à vida, à teologia, à fé, e oferece a nosso presente, marcado pelo colapso das ideologias e pelo triunfo aviltante da máscara, uma possibilidade totalmente provocante e atual da existência significativa e plena: aquela consumada na paixão pela verdade, vivida até o fim, até o preço mais elevado do fazer companhia a Deus em sua dor, não em outro lugar, mas aqui, nesse mundo penúltimo, onde quis estar para que aprendêssemos a permanecer com seu próprio infinito, terníssimo e "compassivo" amor.

---

[40] Cf. a recente revisão da obra bonhoefferiana de BELLIA, G. *Elogio del frammento. Invito all'etica conversando con Bonhoeffer.* Assisi, 1992. Com abordagem mais sistemática, aplicando o método regressivo capaz de evidenciar a continuidade no desenvolvimento do pensamento de Bonhoeffer, cf. CIOLA, N. *La crisi del teocentrismo trinitario nel Novecento teologico.* Roma, 1993, cap. II (Dio in Gesù Cristo. La prospettiva di Dietrich Bonhoeffer), pp. 59-238.

CONCLUSÃO

ESCUTANDO O OUTRO...

De sutilíssimas auroras
enleia-se a palavra
em sílabas de luz
extinguindo-se
em profundíssimos silêncios.

Aí estás, contudo,
Outro, não és mais Outro:
em teu mar,
náufrago,
abandono-me.

É noite no coração
da fé inquisidora;
é noite no amor;
só vigia,
a esperança.

Teu abraço
vence já o medo
do último silêncio,
onde habita
o nada da morte.

Aí estás, contudo,
Outro não és mais Outro:
o teu mar
inunda-me
na paz.

Quem viverá a agonia,
custodiada pelo Verbo,
até o último dia
de teu advento
de luz gloriosa?

Alternam-se, no entanto,
as noites aos meios-dias
de primavera, de verão,
rutilantes,
de tenebroso esplendor.

Alternam-se as horas
dos frios invernos,
dos incertos outonos,
tenebrosos,
de intermitentes claro-escuros.

Aí estás, contudo,
Outro não és mais Outro:
És o meu Deus,
criatura tua
sou.

"Nada mais és.
Sou quem por ti é.
Dormes no abrigo
de meu
último abraço".

Então, não mais sendo,
és. Eu em ti estou.
Em mim estás.
Sou quem és.
És quem sou.

ÍNDICE ONOMÁSTICO

A

Abromeit, H.-J., 147
Adorno, Th. W., 134
Agostinho de Hipona, 81, 98, 101
Alexandre de Halles, 101
Askoldov, S., 90

B

Baccarini, E., 112
Baio, 97
Balthasar, H. U. von, 31, 136
Barth, K., 56, 59, 62, 63, 64, 68, 74, 138, 149, 150, 151
Bausola, A., 24
Belinskij, V. G., 91
Bellia, G., 164
Berdjaev, N. A., 90
Bethge, E., 147, 149, 151
Bloch, E., 18, 22, 78, 132, 143, 145
Blondel, M., 96
Boaventura de Bagnoreggio, 98, 101
Bodei, R., 18, 22
Bonhoeffer, D., 11, 139, 147, 148, 149, 152, 154, 157, 163, 164
Borruso, G., 15, 157
Brezzi, F., 113
Buber, M., 121
Bultmann, R., 53, 59, 75, 140, 141, 151, 152, 153

C

Cacciari, M., 122
Cajetano (Tomás De Vio), 98, 101
Caracciolo, A., 50, 105
Carlini, A., 110
Celada Ballanti, R., 53
Certeau, M. de, 77
Chiodi, P., 112
Ciola, N., 164
Claudel, P., 96
Coda, P., 112
Costa, F., 53, 112

D

De Lubac, H., 10, 89, 96, 97, 98, 101
Dilthey, W., 147
Dionísio Areopagita, 112
Dostoiévski, F., 10, 89, 90, 91, 93, 94, 95
Durante, G., 32

E

Eliade, M., 117, 121

F

Feil, E., 147
Fischer-Hüllstrung, H., 163
Forte, B., 52, 67, 111, 129, 137, 139

167

Fries, H., 53

G
Gadamer, H. G., 15
Gefken, G., 53
Gibellini, R., 142
Gigante, G., 90
Givone, S., 91, 110
Gogarten, F., 61

H
Harnack, A. von, 32, 33, 42
Hegel, G. W. F., 41, 42, 43, 44, 46, 52, 59, 62, 70, 154, 157, 161
Heidegger, M., 50, 60, 63, 64, 66, 67, 68, 71, 78, 103, 115
Hoffmeister, J., 16, 16, 132
Horkheimer, M., 134
Husserl, E., 112

I
Irineu de Lyon, 98

J
Jaspers, K., 10, 49, 53, 55
João da Cruz, 80, 81, 85

K
Kant, I., 70
Kunert, G., 53

L
Lasson, G., 15, 147
Lévinas, E., 8, 10, 112, 114, 116
Lo Gatto, E., 91, 92
Loewenich, W. von, 111
Löwith, K., 120, 127, 128
Luporini, M. B., 92
Lutero, M., 111

M
Malka, S., 112
Mancini, I., 32, 65, 67, 142
Marion, J. L., 110
Masini, F., 123
Mazzarella, E., 106
Melchiorre, V., 85
Metz, J. B., 69
Miegge, G., 35
Moltmann, J., 35, 61, 136, 142, 145
Moretto, G., 79
Mounier, E., 10, 77, 78, 83, 84, 85, 88
Mura, G., 112

N
Neher, A., 49, 121
Niesel, W., 46, 150
Nietzsche, F., 10, 107, 117, 122, 124, 127, 129

O
Oberti, E., 15, 157

Olivetti, M. M., 50
Otto, R., 140
Overbeck, F., 34, 122

P

Pannenberg, W., 120, 137
Pareyson, L., 91
Pascal, B., 89
Penzo, G., 53, 112
Petrosino, S., 112
Platão, 12, 18, 25, 26, 118
Pozo, C., 144

R

Rahner, K., 60, 69, 75
Regina, U., 112, 123
Renan, E., 137
Rendtorff, T., 120
Ricoeur, P., 89
Ritschl, A., 137
Rozanov, V., 94
Russo, A., 96

S

Schelling, F. W. J., 41, 43, 44, 46, 59, 62
Schleiermacher, F. D. E., 32, 74, 137
Schultz, H. J., 69

Schweitzer, A., 138
Scilironi, C., 104
Stepun, F., 90
Suarez, F., 97

T

Tilliette, X., 53
Tomás de Aquino, 78, 97, 98, 101
Tomatis, F., 27
Troeltsch, E., 136

V

Vagaggini, C., 79
Vanzan, P., 69
Vattimo, G., 107, 135
Vigée, C., 49
Vitiello, V., 104, 125

W

Weiss, J., 137
Wilckens, U., 120

Y

Yannaras, C., 112

Z

Zahrnt, H., 53
Zimmermann, W. D., 163

SUMÁRIO

Introdução 7

Capítulo I
Triunfo e crise da "Offenbarung". *Hegel e Schelling* 13
   1. O triunfo da "Offenbarung": a filosofia hegeliana da revelação 14
   2. A crise da "Offenbarung": o segundo Schelling 23

Capítulo II
A redescoberta do objeto puro. *Karl Barth* 31
   1. A irrupção do totalmente Outro no mundo da identidade 31
   2. A salutar Diferença contra a nociva infinitude 41

Capítulo III
Fé filosófica e fé revelada. *Karl Jaspers* 49
   1. Revelação da Palavra e do Silêncio 49
   2. "Fé filosófica" e "fé revelada": dialogando com Karl Jaspers 53

Capítulo IV
Revelação e antropologia. *Bultmann e Rahner* 59
   1. A antropologia existencial de Rudolf Bultmann e a revelação 60
   2. A revelação como realização da autotranscendência humana em Karl Rahner 69

Capítulo V
Revelação e pessoa. *Emmanuel Mounier* 77
   1. Do rezar ateu "a um Deus" ao rezar cristão "em Deus" 78
   2. A revelação do ser pessoal no ato do rezar "em Deus" 82

Capítulo VI
Natureza e graça. *Dostoiévski e De Lubac* 89
   1. O abismo dos "pensamentos duplos" 90
   2. O Evangelho da graça 95

Capítulo VII
Ontologia e revelação. *Heidegger e Lévinas* 103
   1. O "pastor do ser" e a questão da Diferença 103
   2. O semblante dos outros e a superação da identidade absoluta 112

Capítulo VIII
Tempo e revelação. *Friedrich Nietzsche* 117
   1. Tempo circular e tempo linear 117
   2. A redenção "a partir do" tempo e a redenção "do" tempo 122

Capítulo IX
Revelação e "éschaton". *A questão escatológica* 131
   1. A questão do futuro e a crise da modernidade 131
   2. A redescoberta da escatologia e a revelação 136

Capítulo X
Resistência e revelação. *Dietrich Bonhoeffer* 147
   1. A transição epocal e a falsa alternativa: a "teologia da crise" 147
   2. O verdadeiro desafio: a "crise da teologia" 154

Conclusão
Escutando o Outro 165

Índice onomástico 167

Impresso na gráfica da
Pia Sociedade Filhas de São Paulo
Via Raposo Tavares, km 19,145
05577-300 - São Paulo, SP - Brasil - 2010